생명의 형법적 보호

Der strafrechtliche Schutz des Lebens

Der strafrechtliche Schutz des Lebens

생명의 형법적 보호

김재윤 저

전남대학교출판부

머리말

21세기는 "생명의 시대"라고 하듯이, 생명공학과 의료기술이 비약적으로 발전하고 있다. 이에 따라 생명윤리학과 (법)철학의 영역을 중심으로 인류에게 생명이란 무엇인가, 죽임이란 무엇인가, 안락사가 도덕적으로 정당한가 등 생명윤리에 대한 논의가 활발히 전개되고 있으며, 이러한 논의는 형법학에도 커다란 영향을 미치고 있다. 즉 생명공학과 의료기술의 남용에 따른 법익침해 내지 법익침해의 위험과 관련하여 이에 대해 일정 정도 형법적 규제가 필요할지라도 최후수단성과 단편적 성격을 갖는 형법이 이러한 새로운 생명윤리 영역에 적극적으로 개입하는 것이 타당한지, 그 한계는 어디까지인지가 지속적으로 문제되고 있다.

이러한 학문적 의문과 관련하여 이미 필자는 2013년 "생명공학과 의료기술의 발전에 따른 형사법적 쟁점과 과제"(법학논총 제33집 제2호, 전남대학교 법학연구소)라는 연구논문을 통해 개략적으로나마 배아 단계에서의 수정란 보호, 낙태죄와 관련한 태아의 생명보호, 수혈거부, 뇌사와 장기이식, 소극적 안락사(존엄사) 등의 문제를 다루었다. 그러나 15쪽 내외의 제한된 지면만이 허락되는 국내 연구논문의 지면상의 한계로 인해 보다 깊이 있게 "생명의 형법적 보호"라는 주제를 다루지 못한 아쉬움이 있었다. 이에 기존의 논의를 보완하는 한편, 그 동안 학술지에 발표한 글들을 수정 · 보완하여 한 권의 단행본으로 출간하기에 이르렀다. 이 책은 "생명의 형법적 보호"라는 주제와 관련하여 그동안 개별 연구자에 의해 깊이 있지만 단편적이고 산발적으로 진행되어 온 문제점을 다소나마 극복하고 관련 쟁점을 종합적이고 체계적으로 기술함으로써 형법학에 있어 새로운 전문분야의 하나로 자리 잡고 있는 '생명형법'(Biostrafrecht)의 기본 체계를 구축하고자 하였다.

그러나 출간을 앞두고 전체 원고를 다시금 꼼꼼히 살펴보면서 이러한 집필의도가 얼마만큼 충실히 달성되었는지 의문이 드는 것도 사실이다. 예컨대 보라매병원 사건이나 김 할머니 사건을 계기로 우리 사회에서 본격적인 논의가 시작된 소극적 안락사(존엄사) 문제만 하더라도 이미 발표한 필자의 연구논문을 수정 · 보완하는 선에서 머무르다보니 논의의 근저에 놓여 있는 종교적·윤리적·(법)철학적 배경, 외국의 관련 법제에 대한 비교법적 분석, 관련 법률안의 검토 등 많은 부분들이 생략되어 있기 때문이다. 이렇듯 필자의 학문적 역량의 부족으로 책의 여러 곳에서 미흡한 부분이 많이 발견됨에도 불구하고 책을 출간하고자 하는 이유는 개인적으로 생명형법의 기본 체계의 구축이라는 의미 있는 시도와 아울러 독자들에게도 "생명의 형법적 보호"라는 주제와 관련하여 형법학의 영역에서 어느 지점까지 논의가 진행되고 있는가를 전체적으로 조망할 수 있는 기회가 될 수 있지 않을까 해서이다.

본 연구서가 출간되기까지 많은 도움을 주신 분들께 감사의 인사를 전하고 싶다. 우선 2011년 『새로운 형법총론』에 이어 2013년 『새로운 형법각론』에 이르기까지 공저자로서 이름을 올려 주신 건국대학교 법학전문대학원 손동권 교수님께 깊은 감사의 말씀을 드린다. 이 책의 곳곳에서 교수님의 명저에 기술된 기본 개념을 많이 인용하였을 뿐만 아니라, 낙태, 안락사, 뇌사 등 주요 쟁점과 관련된 기본적 입장 정리에 많은 도움이 되었기 때문이다. 그리고 평소 생명형법과 관련된 주제에 대해 많은 연구를 진행해 오신 황만성 교수님(원광대학교 법학전문대학원), 이석배 교수님(단국대학교 법과대학), 최호진 교수님(단국대학교 법과대학)께 고맙다는 말씀드린다. 이 책의 개별 주제와 관련하여 세 분의 교수님께 학술대회에서는 물론이고 사석에서도 많은 학문적 조언을 얻었기 때문이다. 나아가 전남대학교 법학전문대학원 교과목으로 개설된 의료형법과 전남대학교 교양과목으로 개설된 생활법률(의료분쟁과 법) 수업에 참여하여 활발한 발표와 토론을 해준 모든 수업참여자에게 고마움을 표한다. 수업에 참여해준 예비법조인들과 아울러 의과대학 예과 1학년 학생들과의 학문적 교감을 통해 관련 주제에 대해 보다 깊이 있게 생각할 수 있는 기회가 되었기 때문이다. 또한, 본서의 출간을 위해 도움을 주신 전남대학교출판부의 송미숙 계장님을 비롯한 여러 직원 분들께 고마움을 표한다.

끝으로, 꼼꼼한 성격의 태영, 재롱둥이 태우, 그리고 자기 자신보다 세 남자를 먼저 챙기다 어느 새 흰머리가 보이게 된 아내 미선에게 감사의 마음을 전한다. 연구의 결실은 따뜻한 가정의 공기에서 시작되기 때문에….

2014년 1월 연구실에서

김재윤

차례

제2부_삶속에서 생명의 형법적 보호

서론

생명공학과 의료기술의 발전은 인류에게 빛과 어둠을 동시에 선사하고 있다. 즉 불임부부에게 인공수정시술에 의한 생명의 탄생, 최첨단의료기기에 의한 질병의 조기발견과 불치・난치병의 치유, 뇌사자로부터 장기이식에 의한 생명의 연장 등은 인간의 삶을 더욱 풍요롭게 하는 빛으로 다가온다. 반면에 복제인간의 출현을 가능케 하는 인간개체복제, 손쉬운 낙태, 장기의 불법매매, 수많은 형태의 식물인간 등은 어둠의 그림자가 아닐 수 없다. 이러한 빛과 어둠을 공존케 하는 생명공학과 의료기술의 급속한 발전은 생명윤리학과 철학의 영역에서 인류에게 생명이란 무엇인가, 생명권은 언제부터 보호되어야 하는가, 삶이란 무엇인가, 죽음이란 무엇인가라는 근원적 질문을 던진다. 이에 그간 생명윤리학과 철학의 영역에서는 의사는 불치병에 걸린 환자에게 '당신은 곧 죽을 겁니다'라고 말해주어야 할 도덕적 의무가 있는가, 안락사(euthansia)가 도덕적으로 정당한 일인가, 대리모(surrogate motherhood)가 도덕적으로 정당한 일인가, 환자의 개인적 의료비밀(medical confidentiality)을 유출하는 것이 도덕적으로 정당화될 수 있는가 등의 전형적 문제들을 탐구해왔다.[1] 그리고 이러한 생명윤리학적 질문은 낙태를 제한하는 법률을 제정하는 사회는 정당화될 수 있는가, 의사의 조력자살(physician-assisted suicide)을 금지하는 법률을 제정해야 하는가, 인간배아복제는 아무런 제한 없이 허용되어야 하는가, 유전자질환을 갖는 부부에게 착상전 유전자진단(preimplantation genetic diagnosis)을 허용하여 유전적 결함이 없는 태아의 임신을 허용할 것인가 등의 법률의 도덕적 정당화 가능성과 관련을 지어 생명윤리와 법이 또 다른 한 축으로 연구가 진행되어 왔다.[2]

1) 이와 관련한 국내외의 대표적인 연구저술서로는 구영모, 생명의료윤리, 동녘, 1999; 구인회, 생명윤리의 철학, 철학과 현실사, 2006; Michael J. Sandel/강영신(역), 생명의 윤리를 말하다: 유전학적으로 완벽해지려는 인간에 대한 반론, 동녘, 2010; Alastair V. Campbell, The Body in Bioethics, Routledge-Cavendish, 2009 참조.

이러한 생명공학과 의료기술의 비약적 발전에 따른 생명윤리에 관한 국내외의 활발한 연구는 절대적 생명보호원칙이라는 표제 아래 생명가치의 등급화, 생명의 기능에 대한 평가가 금지되며 인간의 생명은 모든 단계에서 무한한 가치를 가지는 것으로 이해하는 형법학에도 커다란 영향을 미치고 있다. 주지하듯이 형법은 법이 보호할 가치가 있는 인간의 이익이라고 정의되는 법익(대표적으로 생명, 신체의 건재 내지 건강, 의사결정의 자유, 재산, 명예 등)[3]을 침해한 행위를 범죄로 규정하고 이에 대해 형벌을 부과하는 가장 강력한 법적 규제수단으로 이해되고 있는데, 생명공학과 의료기술의 남용에 따른 위험성과 관련하여 이에 대해 일정 정도 형법적 규제가 필요할지라도 최후수단성과 단편적 성격을 갖는 형법이 이러한 새로운 생명윤리 영역에 적극 개입하여 효율적 문제 해결에 도움이 되는지, 개입의 필요성이 인정되더라도 그 한계는 어디까지인지가 지속적으로 문제되고 있다. 단적인 예로 형법상 낙태죄(제269조)는 태아의 생명권을 보호하기 위한 규정이나 이미 사문화되었다는 비판이 오래 전부터 있어왔고, 소위 '보라매병원 사건'의 판결[4]에서 보여주듯이 소극적 안락사에 대한 명확한 관련 법률이 없는 상황에서 보호자인 부인의 강청에 따라 치료를 요하는 환자에 대하여 치료중단 및 퇴원을 허용하는 조치를 한 의료진에게 작위에 의한 살인방조죄를 묻는 것이 타당한가라는 의문이 지속적으로 제기되고 있기 때문이다. 따라서 생명윤리의 여러 난제가 생명윤리학과 철학의 담을 넘어 법, 특히 형법이 인간의 생명보호를 위해 어느 정도까지 개입해야 하는가라는 새로운 문제를 제기하고 있다.

그러나 현재까지 형법학의 영역에서 생명의 형법적 보호와 관련한 국내의 기존 연구는 배아 단계에서의 수정란 보호, 인간배아복제의 허용여부, 낙태죄와 관련한 임신 기간 중의 태아의 생명보호, 착상전 유전자진단을 둘러싼 법적 문제, 뇌사와 장기이식의 허용과 그 한계, '보라매병원 사건'의 판결과 '김 할머니 사건'의 판결[5]을 계기로 연명치료중단 내지 소극적 안락사(존엄사)의 허용 가능성과 그 한계 등을 주

---

2) 이와 관련한 국내외의 대표적인 연구저술서로는 권복규/김현철, 생명윤리와 법, 이화여자대학교출판부, 2009; 石原 明, 法と生命倫理20講, 日本評論社, 1997 참조.

3) 법익(Rechtsgut)의 개념과 그 생성 및 전개에 대한 상세한 설명으로는 김재윤, 현대형법의 위기와 과제, 전남대학교출판부, 2009, 162면 이하 참조.

4) 대판 2004.6.24, 2002도995.

5) 대판 2009.5.21, 2009다17417 전원합의체.

요 내용으로 하여 개별 연구자에 의해 깊이 있지만 단편적이고 산발적으로 진행되어 왔다. 하지만 이러한 개별적이고 단편적인 연구 경향은 형법학의 차원에서 생명의 형법적 보호, 즉 형법학에 있어 새로운 전문분야의 하나로 자리 잡고 있는 생명형법(Biostrafrecht)의 종합적인 체계를 구축하는 데 한계를 나타낼 수밖에 없다. 따라서 이 책은 생명의 형법적 보호와 관련된 생명형법의 주요 쟁점과 과제를 종합적이고 체계적으로 연구함으로써 기존 국내연구의 한계를 극복하고 생명형법이라는 새로운 전문법학의 종합적 체계를 구축하고자 하였다.

이 책은 생명의 형법적 보호를 중심 내용으로 하는 생명형법의 종합적 체계의 구축이라는 연구목적을 달성하기 위해 생명의 시작 단계, 삶의 단계, 생명의 마지막 단계로 크게 3부로 나누어 개별 쟁점을 중심으로 고찰하고자 한다. 제1부 생명의 시작 단계에서 생명의 형법적 보호에서는 인간배아의 생명권 보호 –인간배아보호의 형법적 법익은 무엇인가(§ 1), 착상전 유전자진단 –유전적 결함 있는 아기는 태어나서는 안 되는가(§ 2), 인공임신중절 –낙태는 자유인가 살인인가(§ 3)의 쟁점을 비교법적 차원에서 분석하고 관련 법률의 문제점과 개선방안을 검토하고자 한다. 첫째, 인간배아의 생명권 보호에서는 '생명윤리 및 안전에 관한 법률'은 인간배아복제 중에서 인간개체복제를 전면적으로 금지하는 동시에 임신외의 목적으로 배아생성까지도 원칙적으로 금지하고 이를 위반할 경우에 형벌을 부과하고 있는데, 이는 인간배아보호에 일정한 형법상 법익이 있음을 전제로 한 것이다. 왜냐하면 형벌을 부과할 수 있는 범죄란 법익을 침해한 행위로 정의되기 때문이다. 그렇다면 인간배아보호에 대한 형법상 법익이 구체적으로 무엇인지가 문제되는데, 이에 대해서는 배아를 생명권의 주체로 파악하여 배아의 생명권이 법익이 된다는 견해가 지배적이다. 이는 형법상 생명보호를 기존의 보호객체인 출생한 인간과 태아(fetus)를 넘어 그 이전 단계인 발생학상 수정한 때로부터 원시선(primitive streak)이 생기는 14일까지의 존재인 '초기배아'(pre–embryo)와 2주부터 모든 장기가 형성되는 8주까지의 존재인 '후기배아'(post–embryo) 단계까지 확장한다는 의미이다. 이와 관련하여 다시 헌법적 차원에서 배아의 생명권을 언제부터 인정하여 기본권의 주체 내지 국가의 보호의무를 부과할 수 있는가와 관련하여 '수정시설', '수정후14일설', 그리고 '재산권대상설'의 견해 대립이 있으므로 이를 살펴보고 배아의 생명권을 보호법익을 파악하더라도 그 보호에 한계가 있음을 분석하고자 한다. 둘째, 착상전 유전자진단과 관련해서는 착상전 유전자진단을 전면적으로 허용하지 않던 독일이 2011년 7월 배아보호법 제3조a를 전면 개정하여 이를 허용하였는데, 비교법적 차원에서 개정된 독일 배아보호법 제3조a의 주요 내용과 문제점을 살펴보고, 우리나라 생명윤리 및 안전에 관한 법률상 착상전 유전자진단 규정(동법 제25조 제2항)과 비교함으로써 시사점을 찾고자 한다. 셋째, 인공임신중절(낙태)과 관련해서는 그간의 낙태 논쟁을 간략히 살펴보고, 모자보건법 제14조의 임공임신중절수술의 허용사유에 "사회적 · 경제적 사유"를 인정할 필요가 있으며, 엄격한 절차적 제한을 마련할 필요가 있음을 논증하고자 한다.

제2부 삶속에서 생명의 형법적 보호에서는 인체파생물질 - 타인의 인체파생물질은 재물성이 인정되는가(§ 4), 무면허 대체의료행위-민간요법은 어디까지 허용되어야 하는가(§ 5), 수혈거부-여호와의 증인의 수혈거부는 종교의 자유로 인정되어야 하는가(§ 6) 등의 쟁점을 분석함으로써 관련 법률의 문제점과 개선방안을 제시하고자 한다. 우선 인체파생물질과 관련해서는 인체파생물질을 매개로 한 생명의료과학분야의 연구는 복제인간의 탄생과 같은 윤리적 문제뿐만 아니라 다양한 법적 문제를 야기하는데, 무엇보다 의료인이 타인의 인체파생물질을 사용하였을 경우 업무상 횡령죄의 성립 여부와 관련하여 인체파생물질이 재산죄에 있어 재물이 되는지의 문제를 살펴보고, 의료인이 타인의 인체파생물질을 연구에 사용할 경우 이것이 정당화되기 위해서는 피해자의 승낙이나 추정적 승낙이 중요함을 제시하고자 한다. 둘째, 무면허 대체의료행위와 관련해서는 최근 인간의 온갖 질병과 고통을 약물과 수술이 아닌 자연치유능력에 맞추어 조율하고 복원하는 '대체의학'(alternative medicine)에 많은 관심이 고조되고 있는데, 이러한 대체의학과 관련하여 가장 큰 문제점은 전문의료인이 아닌 비의료인이 수지침시술, 안마, 지압, 척추교정, 활법, 기(氣)치료, 명상치료 등을 민간요법 내지 대체요법이라는 이름으로 무책임하게 사이비 의료행위를 함으로써 국민건강을 위협하는 요인으로 작용하고 있다는 데 있다. 이와 관련하여 대법원은 2000년 수지침 사건에 대한 판결[6]을 계기로 무면허 대체의료행위가 정당화되기 위한 일정한 기준을 제시하고 있으므로 이에 대한 타당성 여부를 검토하고자 한다. 셋째, 수혈거부와 관련해서는 [대법원 1980.9.24. 선고 79도1387 판결], [광주지방법원 2009.12.2. 선고 2009노1622 판결] 및 2010년말 심장만이 아니라 신

---

6) 대판 2000.4.25, 98도2389.

장, 간 등 여러 다른 장기에서도 부족한 부분을 안고 태어난 생후 2개월의 영아가 여호와의 증인 신도인 부모의 종교적 신념에 따라 수혈 방식의 심장수술을 거부하다 사망한 사안에 대해 경찰이 무혐의 결정을 내렸는데 이 세 가지 사례를 중심으로 수혈거부에 따른 형사책임의 문제를 살펴보고자 한다.

제3부 생명의 마지막 단계에서 생명의 형법적 보호에서는 완화의료 -말기 암환자의 암성 통증관리의 한계는 어디까지인가(§ 7), 뇌사와 장기이식 -뇌사자는 죽은 자인가(§ 8), 소극적 안락사(존엄사) -무의미한 연명치료는 누구에 의해, 어떤 방법에 의해 중단되어야 하는가(§ 9), 사형제도와 인간의 존엄성 -사형제도를 폐지할 수 없다면 그 보완책은 무엇인가(§ 10) 등의 쟁점을 검토하고 관련 법률의 문제점과 개선방안을 제시하고자 한다. 첫째, 완화의료와 관련해서는 우리나라에서 매년 암으로 사망하는 7만여명 중 절반 이상이 격심한 통증으로 고통을 받고 있으나 의료적 요인, 문화적 요인 및 법제도적 요인으로 인해 효과적인 암성 통증관리가 이루어지고 있지 않는데, 마약류 의약품에 대한 강력한 법적 규제 일변도의 정책이 가장 큰 원인으로 작용하고 있음을 지적하고, 이러한 문제점을 극복하고 말기 암환자에 대한 효과적인 암성 통증관리가 이루어질 수 있는 대안으로 암성 통증관리에 사용되는 마약류 의약품에 대한 지나친 법적 규제를 완화할 필요성이 있음을 제시하고자 한다. 둘째, 뇌사와 장기이식과 관련해서는 2010년 5월 31일 전부 개정되어 2011년 6월 1일부터 시행된 '장기등 이식에 관한 법률'이 뇌사를 사망으로 인정함을 여전히 엄격하고 좁은 범위로 한정하고, 뇌사 상태로부터 장기적출이라고 하는 이식의료에 길을 열어 주기 위해 '살아 있는 자', '뇌사자' 그리고 '사망한 자'로 구분[7]하여 필요한 한도 내에서 예외적으로 뇌사를 사망으로 인정하고 있다. 바로 여기서 살아 있으나 불가역적으로 죽어가고 있는 자인 뇌사자를 형법상 어떻게 보호해야 하는가의 문제가 제기된다. 따라서 이러한 문제를 검토하고 뇌사자 장기기증이 활성화될 수 있는 방안을 제시하고자 한다. 셋째, 소극적 안락사(존엄사)와 관련해서는 2004년 대법원의 '보라매병원 사건'의 판결로 불거진 소극적 안락사 논쟁이 2009년 대법원이 '김 할머니 사건'에서 환자의 무의미한 연명치료 강요는 '인간의 존엄성'을 해친다는 이유로 소극적 안락사(존엄사)를 인정하는 판결을 계기로 하여 재 점화된 바 있

7) 장기등 이식에 관한 법률 제4조 제5호.

다. 이러한 논란 가운데 제18대 국회에서는 존엄사 관련 법안들이 제출되었고,[8] 대한의사협회, 대한의학회, 대한병원협의회가 주축이 된 연명치료중지에 관한 지침제정위원회에서는 2009년 9월 연명치료중지에 관한 지침[9]을 공표하였다. 따라서 소극적 안락사에 대한 개념, 허용 여부를 둘러싼 국내외의 논의, 관련 법안 등을 차례로 검토하고, 환자의 의사를 추정하기 어려운 경우에 소극적 안락사(존엄사)는 원칙적으로 허용될 수 없지만 절차적 정당화를 통해 예외적으로 허용될 수 있으며, 이러한 절차적 정당화의 핵심 요소로서 연명치료 중단의 최종적 결정을 환자나 의사가 아닌 가칭 '치료중단윤리위원회' 내지 '국가의료윤리심의위원회'와 같은 제3의 공적 기구를 설치하여 이 틀 속에서 환자가족의 종교인 및 사회상담원과의 상담결과와 담당의사 및 병원의 소명을 바탕으로 치료중단의 여부가 결정되는 것이 바람직하다는 견해를 제시하고자 한다. 넷째, 사형제도와 인간의 존엄성과 관련해서는 사형제도의 존폐에 관한 본질적 논쟁보다 사형제도가 현존하는 현 시점에서 사형을 선고받기 전인 제1심 단계에서부터 피고인을 사전적으로 구제할 수 있는 국민참여재판제도(이른바 '배심제도')와 이미 최종적으로 사형을 선고받은 피고인을 사후적으로 구제할 수 있는 사면제도 및 재심제도에 관하여 고찰함으로써 이러한 사형 구제제도가 올바르게 자리매김하기 위해서 어떠한 방향으로 개선되어야 하는지를 제시하고자 한다.

---

8) 신상진 위원 대표발의의 "존엄사법안"(2009.2.5.), 김세연 의원 대표발의의 "삶의 마지막 단계에서 자연스러운 죽음을 맞이할 권리에 관한 법률안"(2009.6.22.), 김충환 의원 대표발의의 "호스피스·완화의료에 관한 법률안"(2008.12.9.)이 있다. 이들 법안에 대한 상세한 분석으로는 조규범, "존엄사에 대한 입법론적 고찰", 조선대 법학논총 제17집 제1호, 2010, 217면 이하 참조.

9) 이 지침에 대한 상세한 분석으로는 김혁돈, "존엄사 입법화에 대한 비교법적 제안", 단국대 법학논총 제33권 제2호, 2009, 594면 이하 참조.

제1부

생명의 시작 단계에서 생명의 형법적 보호

(생명윤리법)

[§ 1]

인간배아의 생명권 보호

— 인간배아보호의 형법적 법익은 무엇인가?

Ⅰ. 들어가는 말

생명공학의 발전, 특히 배아연구와 관련된 최근의 발전은 무엇이 인간인가, 언제부터 인간생명은 시작되는가, 복제된 배아를 인간으로 볼 수 있는가 등 (법)철학과 윤리학의 영역에서 근원적 물음을 제기하고 있다.[1] 이러한 근원적 물음은 헌법에서 배아의 인간존엄과 생명권 인정 여부,[2] 민법학에서 배아의 권리주체 및 권리객체의 인정 여부,[3] 형법에서 배아보호의 형법적 법익이 무엇인가[4] 등 법학 전반에 걸쳐 확대·재생산되고 있다. 특히 배아연구에 종사하는 연구자, 의료인 및 이와 관련된 사람은 2004년에 제정된 '생명윤리 및 안전에 관한 법률'(이하 '생명윤리법'이라 함)에 따라 일정한 위반 내용이 있을 경우 형벌이 부과될 수 있으므로,[5] 이들에게 있어 이

1) 이에 대해 자세히는 박은정, "생명공학시대의 법윤리", 법철학의 문제들, 박영사, 2007, 261면 이하 참조.
2) 대표적으로 김수갑, "인간배아복제의 허용여부에 관한 법적 쟁점과 과제", 충북대 법학연구 제20권 1호, 2009, 1면 이하; 김명재, "배아연구의 법적 규제의 헌법적 문제", 공법연구 제34집 제3호, 2006, 203면 이하 참조.
3) 대표적으로 이은영, "민법에 있어서 권리주체 및 권리객체 개념의 변화 -의료기술 및 생명공학의 발전에 따른 변화를 중심으로-", 전북대 법학연구 통권 제30집, 2010, 69면 이하 참조.
4) 대표적으로 최민영, "배아연구와 형법적 보호법익", 고려법학 제57호, 2010, 59면 이하; 김일수/서보학, "착상이전단계에서 배아생명보호", 형사법연구 제16호, 2001, 17면 이하 참조.
5) 아래 Ⅳ. 1. 참조.

러한 물음은 단순히 철학적 사변으로 끝나지 않는 실질적 문제이다.

주지하듯이 형법은 법이 보호할 가치가 있는 인간의 이익이라고 정의되는 법익(대표적으로 생명, 신체의 건재 내지 건강, 의사결정의 자유, 재산, 명예 등)[6]을 침해한 행위를 범죄로 규정하고 이에 대해 형벌을 부과하는 가장 강력한 법적 규제수단이다. 그런데 생명공학과 의료기술의 남용에 따른 위험성이 있어, 그에 따라 일정 정도 법적 규제가 필요할지라도 최후수단성과 단편적 성격을 갖는 형법이 이러한 새로운 의료영역에 적극 개입하여 효율적 문제 해결에 도움이 되는지, 개입의 한계는 어디까지인지가 지속적으로 문제되고 있다. 단적인 예로 생명윤리법은 인간배아복제[7] 중에서 인간개체복제를 전면적으로 금지하는 동시에 임신외의 목적으로 배아생성까지도 원칙적으로 금지하고 이를 위반할 경우에 형벌을 부과하고 있는데, 이는 배아보호에 일정한 형법상 법익이 있음을 전제로 한 것이다. 왜냐하면 형벌을 부과할 수 있는 범죄란 법익을 침해한 행위로 정의되기 때문이다.[8] 그러나 무엇보다 최후수단성이라는 형법의 본래적 특성을 고려할 때 인간배아연구, 특히 배아줄기세포연구 등과 같은 신기술에 대한 법적 규제수단으로 형법이 얼만 만큼의 역할을 할 수 있는지는 의문이다.

따라서 이하에서는 배아연구의 가벌성을 인정하고 있는 생명윤리법이 정당하기 위해서는 인간배아보호에 있어 형법적 법익은 무엇인지, 형벌을 수단으로 한 인간배아보호의 한계는 무엇인지를 고찰하고자 한다. 이를 위해 생명윤리법상 인간배아의 개념 및 인간배아연구의 자유와 한계를 살펴보고(Ⅱ), 외국에서는 인간배아를 어떻게 보고하고 있는지를 검토하고자 한다(Ⅲ). 나아가 생명윤리법과 같이 형벌을 통해 형벌을 수단으로 한 인간배아보호의 내용과 한계는 무엇인지를 살펴보고자 한다(Ⅳ).

---

6) 법익(Rechtsgut)의 개념과 그 생성 및 전개에 대한 상세한 설명으로는 김재윤, 현대형법의 위기와 과제, 전남대학교출판부, 2009, 162면 이하 참조.

7) 인간배아복제란 사람의 정자와 난자의 수정을 통하지 않고, 인공으로 수정란을 분할하거나 혈액·살점 등의 체세포만을 이용해 사람의 난자에 핵이식하여 복제해낸 배아를 말한다. 통상 '배아복제' 또는 '인간배아복제'는 난자에서 핵을 제거한 다음, 그 핵이 제거된 난자에 복제하려는 사람의 체세포의 핵을 이식하여 실험실에서 조작을 하면 정자와 난자가 만난 수정란처럼 배아단계로 발전하게 되는데, 이를 '핵이식에 의한 체세포복제'(SCNT)라고 한다. 이러한 인간배아복제는 복제된 배아를 자궁에 착상하여 인간을 출생케 하는 '인간개체복제'(reproductive cloning)와 치료의 목적으로 행해지는 '치료복제'(therapeutic cloning)로 구분되며, 인간개체복제는 생명윤리법에 의해 전면적으로 금지되고 있다(김수갑, 앞의 논문, 6-7면).

8) 대표적으로 이재상, 형법총론(제7신판), 박영사, 2010, § 5 Rn. 5.

Ⅱ. 인간배아의 개념 및 인간배아연구의 자유와 한계

1. 인간배아의 개념

(1) 발생학상의 배아개념

인간배아는 발달의 초기단계의 조직체를 말하며 태아(fetus)가 되기 전까지 수정한 때로부터 발달하는 조직체(developingorganism)를 말한다.

우선 자연임신·인공수정을 통한 배아의 발달단계를 살펴보면, 인간배아는 난자가 정자에 의하여 수정되면 23쌍의 인간 염색체 수를 지닌 단세포 수정란(fertilized egg), 즉 접합체(zygote)으로부터 시작되어 수정 후 하루 정도 지나면 세포분열을 시작하여 여러 개 세포로 이루어진 덩어리가 된다. 그 접합체는 약 30시간이 지난 후 2세포기로 발전하고, 약 40시간이 되면 4세포기가 되며, 수정 후 약 3일이 되면 3-4차례의 분열 후 12-16세포기가 된다. 이 시기의 세포는 다양한 조직 및 세포로 분화할 능력이 있으며 각각 하나의 완전한 개체로 성장할 능력이 있는 배아세포로 '전능세포'(totipotent cell)라고 부른다. 그 이후부터는 기관발생이 완료되는 8주까지 각 세포는 어느 정도 성격이 특정되어 전능성을 상실하지만 각 세포의 능력이 특정기관의 발생으로 고정되는 것은 아니므로 이 단계의 세포를 다능세포(pluripotent cell)라고 한다. 그리고 16분할 이후에는 더 이상 분할을 추측할 수 없는 단계로 되는데 이때의 모양이 뽕나무 열매와 비슷하다고 해서 상실배(桑實胚, morula)라고 한다. 착상을 위해 자궁으로 들어갈 때쯤에는 액체가 투명 층을 지나 안쪽 집단세포들 사이의 공간으로 들어간다. 그러면 이들 세포 사이 공간들이 서서히 합쳐 포배강(blastocele)이라는 하나의 공간을 형성하며, 이 시기의 수정란을 '배반포'(blastocyst)라고 부른다. 배반포는 자궁강 내에서 48시간 정도 떠다니다가 자궁내막에 착상된다. 그리고 수정 후 14일이 경과하면 배반포의 한쪽 끝에 원시선(primitive streak)이 생겨난다. 이 원시선은 후에 척추의 기원이 되고는 자리로 이곳을 근거로 하여 개별기관들이 발생하기 시작한다. 발생학에서는 수정한 때로부터 원시선이 생기는 14일까지의 존재(접합체, 상실배, 배반포)를 초기배아(pre-embryo, 전배아), 그 이후를 배아(embryo)로 구분한다. 그리고 8주 이후 장기들이 단순히 양적인 성정을 하는 때의 존재는 태아(fetus)로 분류한다.[9]

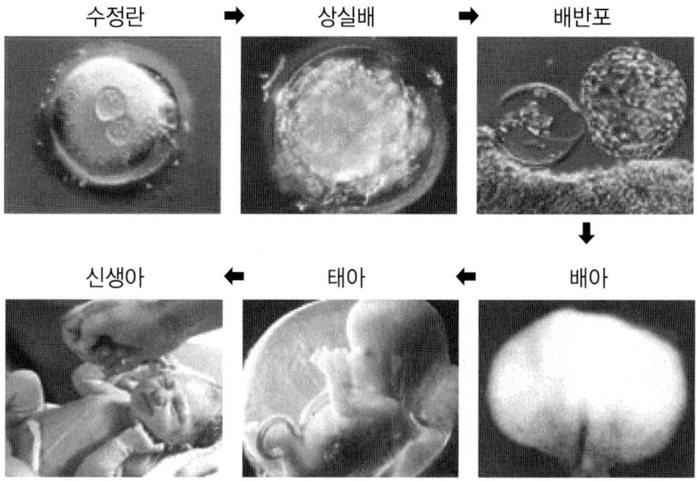

사진 왼쪽부터 수정 후 20시간이 경과된 수정란, 자궁에 착상하기 전 상실배, 자궁벽에 착상하고 있는 배반포, 하단부에 검게 나타나는 배아의 원시선, 사람의 형체를 이루는 태아, 출산 직후 신생아의 모습, 수정란 상실배 배아의 출처 : A child is born (Lennart Nilson & Lars Hamberger 저/dela corte 간), 태아 신생아의 출처: 국민일보 자료.

[그림 1-1] 인간배아의 발달과정

배반포 단계에서 내세포 덩어리를 꺼내어 배양 접시 위에 올려놓고 세포 배양기에 잘 배양하면 죽지 않고 계속 분열하며 소위 전분화능(pluripotent), 즉 신경, 혈관, 근육 등 인체를 이루는 여러 다양한 조직으로 분화될 수 있는 가능성을 가진 '줄기세포'(stem cell)가 된다. 이 줄기세포는 배아에서 유래했기 때문에 '배아줄기세포'(embryonic stem cell)라고 부르며, 유산된 태아나 성인의 신체 조직에서 발견되는 줄기세포는 '태아줄기세포'(fetal stem cell), 그리고 '성체줄기세포'(adult stem cell)라는 이름으로 부른다. 때로는 태아줄기세포를 성체줄기세포의 범주에 넣기도 한다.

이 줄기세포를 40~70회 정도를 분열시키면 불멸화(immortalized)되어 무한정 분열할 수 있는 세포가 되는데 이를 '줄기세포주'(stem cell line)라고 하며, 이렇게 만드는 것을 '줄기세포주 확립'이라고 부른다. 이렇게 확립된 줄기세포주는 다른 사람에게 나누어 주어 배양하게 할 수 있는데 이를 '줄기세포 배양'이라고 한다. 배아에

9) 김수갑, 앞의 논문, 3-4면; 정현미, "배아의 생명권과 착상전 유전자진단", 비교형사법연구 제5권 제2호, 2003, 261-262면.

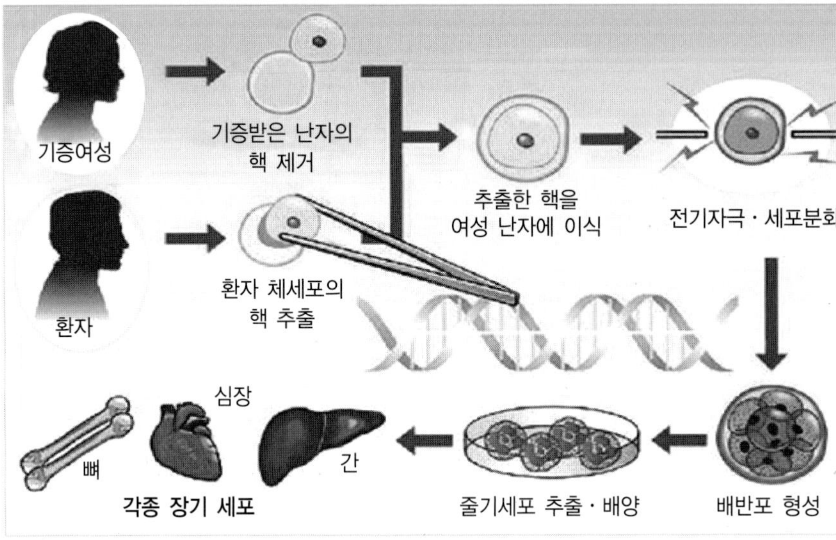

출처: 에이블뉴스(http://www.ablenews.co.kr), 2004.7.6.일자 기사

[그림 1-2] 줄기세포 배양 개념도

서 줄기세포를 확립하는 것이 쉽지 않기 때문에 이렇게 세포주의 형태로 만들어야 의미 있는 인간배아연구가 가능한데 이와 같은 기술을 가진 나라는 몇 개 되지 않는다고 한다. 우리나라에서는 서울대병원과 차병원 등 몇몇 의료기관이 줄기세포주 확립에 성공했으며, 우리나라가 줄기세포 연구에 큰 기대를 걸고 있는 까닭도 여기에 있다고 한다.[10)]

(2) 법의 보호대상으로서의 배아

생명윤리법상 배아는 수정란 및 수정된 때부터 발생학적으로 모든 기관이 형성되는 시기까지의 분열된 세포군을 말하며, 잔여배아는 인공수정으로 생성된 배아 중 임신의 목적으로 이용하고 남은 배아를 말한다고 정의하고 있다(동법 제2조). 생명윤리법이 규율하는 배아개념은 대체로 발생학적인 배아개념과 일치한다.

그러나 외국의 입법례에서는 보호대상으로서의 배아를 원시선이 출현하기 이전의 14일 미만의 존재로서 자궁에 착상되지 않은 상태로 존재하는 초기배아에 한정하는

10) 권복규/김현철, 생명윤리와 법, 이화여자대학교출판부, 2009, 202면.

경우가 많다. 이후의 단계는 태아의 단계로 낙태죄의 보호객체가 된다.

독일의 '배아보호법'(Embryonenschutzgesetz) 제8조 제1항은 배아를 "핵융합 이후 수정되어 분화 능력이 있는 사람의 난자를 말하며, 나아가 일정한 조건하에서 분열하여 개체로 발생할 수 있는 배아로부터 채취된 미분화된 모든 세포를 포함한다."고 정의하고 있다. 즉 배아는 발육능력이 있는 인간의 수정란으로서 세포핵융합의 시점부터를 지칭하며, 배아에서 채취된 분화전능성을 가진 세포로서 기타 필요한 전제조건이 있으면 분열하여 개체로서 발달할 수 있는 각각의 것을 포함한다.[11]

영국의 '인공수정 및 발생에 관한 법률'(Human Fertilization and Embryology Act)은 제1조에서 (a) 배아는 수정이 완성된 살아있는 인간의 배아를 의미하며, (b) 배아라 함은 수정 중에 있는 난자를 포함한다. 또한 수정은 두 개의 세포접합자가 나타날 때까지 완성되지 않은 것으로 본다. 제3조에서 (a) 원시선이 출현한 이후에 배아를 관리하거나 사용하는 것은 허가에 의하여도 할 수 없다고 규정하고 있다.

일본의 '인간에 관한 복제기술 등의 규제에 관한 법률'(ヒトにクロン關する技術等の規制に關する法律)은 배아를 하나의 세포(생식세포를 제외한다.) 또는 세포군이며, 그 자체로 인간 또는 동물의 태내에 있어서 발생 과정을 거친 것으로서 하나의 개체로 성장할 가능성이 있는 것 중에 태반 형성 개시 전의 것을 말한다고 정의하고 있다(동법 제2조 제1호).[12]

2. 인간배아연구의 자유와 한계

배아줄기세포 연구를 규제하는 견해의 배경에는 연구대상이 인간배아라는 점만 강조되었고, 그 연구를 통해 난치병 치료(예컨대 심근경색증처럼 심장 근육에 산소가 제대로 공급되지 않아 죽은 조직에 심근세포로 분화되는 줄기세포를 심어 주거나, 도파민 분비세포가 못쓰게 된 파킨슨병 환자에게 이 세포로 분화되는 줄기세포를 넣어 주어 병이 완치되도록 치료)와 국민건강을 증진하는데 중요한 기술기반이 된다는 점을 간과하였다는 지적이 있다. 즉 난치병 환자에 대한 치료의무라는 관점에서 인간배아연구의 자유와 그 산출물을 통한 질병치료의 가능성을 국가가 정책적으로 확보할 필요가 있다는

---

11) 독일 배아보호법에 대해 상세히는 최민영, 앞의 논문, 86면 이하 참조.

12) 김수갑, 앞의 논문, 5-6면.

주장이 있다. 여기서 인간배아보호와 난치병에 시달리고 있는 많은 환자들의 생명보호라는 법익충돌이 발생한다.

법익간의 충돌이 발생한 이 생명공학의 분야에서 그 법익형량을 위한 변수는 다양하다. 배아줄기세포 연구의 성과는 아직 가설에 불과한 상태이며, 구체적인 임상결과를 가지고 있지 않다는 점은 소극적인 변수로 작용할 수 있지만, 생명과학의 발전은 기대만으로 과대평가 할 수 없지만 반대로 실증자료가 없다고 과소평가 할 수도 없다. 나아가 과거 위험한 첨단의학 기술로 평가받던 체외수정에 의한 시험관 아기의 출생이 이제는 보편적 의학기술로 인정받고 있는 사례를 보면 불확실성을 부정적 변수로 평가할 수만은 없다.

따라서 법익간 충돌이 발생하였을 때 국가가 무엇을 우선적으로 보호할 것인가 하는 가치결정을 위하여 장기간의 공론화를 거쳐야하며, 어떤 가치를 얻을 수 있는지의 문제 보다는 어떤 가치를 잃을 수 있는지 그 가치를 잃었을 때 그 파급효과와 다시 회복할 가능성이 있는지 여부를 따져서 양쪽 법익간의 갈등을 해소하는 것이 바람직하다고 한다.[13)]

Ⅲ. 인간배아보호에 관한 외국의 입법례

1. 임신 이외의 목적으로 생산금지 규정

프랑스의 '인체존중에 관한 법률'에서는 기본적으로 누구도 사람의 종의 완전성을 침해할 수 없다고 하여 사람의 선별화를 목적으로 하는 모든 우생학적 처치를 금지한다는 원칙규정을 두고 있다(민법 제16조의4 삽입규정). 그에 따라 형법규정으로 인간선별의 조직화를 목적으로 하는 우생학적 실험을 실행하는 행위는 30년 이하의 징역형 및 7,500,000유로의 벌금에 처하고(형법 제214-1조), 방법 여하를 불문하고 대가를 지급하고 인간배아를 취득한 행위는 7년의 구금형 및 100,000유로의 벌금형에 처한다(형법 제511조의15)는 규정을 두고 있다. 또한 검사, 연구 또는 실험의 목적으

---

13) 민영선, "인간배아 복제의 규제와 법정책", 정책연구과정 연구논문, 검찰청, 2006, 25-26면.

로 사람의 배아를 체외에서 조작하는 행위를 금지하며, 인간배아를 체외에서 조작하는 행위는 금지한다는 규정(공중보건법 제L. 152-8조)을 둠으로써 치료적 복제의 과정 중에서 필수적으로 수반하는 핵치환복제기술에 의한 배아생산을 원칙적으로 금지하고 있다. 나아가 연구의 목적으로 체외에서 인간배아 또는 인간복제를 착수하는 자는 7년의 구금형 및 100,000유로의 벌금형에 처할 뿐만 아니라(형법 제511-18조), 치료목적으로 인간배아복제에 착수한 자는 7년의 구금형 및 100,000유로의 벌금형에 처하여(형법 제511-18-1조) 치료목적 인간배아복제도 금지하고 있다.

독일의 배아보호법도 임신 이외의 목적으로 인간의 배아를 체외에서 계속 배양시킬 수 없도록 하고 있기 때문에(동법 제2조 제2항)[14] 배아줄기세포연구는 물론 핵치환복제기술을 이용하여 복제배아를 생산하는 치료적 복제의 경우도 마찬가지로 금지하고 있다고 해석할 수 있다.

그런데 이에 반해 영국은 최근의 법 개정에서 배아복제에 완화된 입장을 취하고 있다.[15] 개정안은 2000. 8. 발표된 Donaldson Report의 권고사항을 바탕으로 만들어졌고, 기존의 불임치료에만 허용하고 있던 인간배아 연구의 허용범위를 연구목적의 배아생산 및 배아복제 연구까지 확대시킴으로써 세계 최초의 배아복제를 법적으로 허용하는 국가가 되었다.[16]

기본법으로 1990년에 제정된 '인간수정 및 발생에 관한 법률'(The Human Fertilisation and Embryology Act)이 있다. 동 법률은 "인간의 세포나 배아 또는 배아발생물에서 추출한 핵으로 배아세포의 핵을 치환하는 것은 금지된다."라고 명시하여 원칙적으로 배아복제를 금지하고 있다. 2001년 1월에는 위 법률에 따른 '인간수정 및 발생(연구목적)에 관한 규정'[The Human Fertilisation and Embryology

14) 독일 배아보호법 제2조 (인간 배아의 부당한 사용) ② 임신 이외의 목적으로 인간의 배아를 체외에서 계속 배양시킨 자도 제1항과 같다.

15) Stem Cell Research and Regulations under the Human fertilization and Embryology Act 1990.

16) 세포핵치환 복제기술에 의해 창출된 배아를 사용하는 연구를 허가함에 있어 HEFA는 해당연구의 목표를 성취할 아무런 수단이 없다는 것을 스스로 확인하여야 하며, 난자에 생기는 유전적 질병인 미토콘드리아 질병에 대한 이해증진 및 그 치료법개발을 위한 인간난자에 핵치환복제기술을 사용하는 연구는 이 법의 통제에 따라 허가되어야 한다고 건의하고 있다. House of Commons Research Paper: Stem Cell Research and Regulations under the Human fertilization and Embryology Act 1990(Revised edition), 13th December 2000. pp.28-29.

(Research Purposes) Regulations 2001]을 제정하여 허용되는 연구범위를 치료복제를 위한 배아연구를 허용하는 방식으로 확대하였다. 그리고 2001년 12월에 제정된 '인간개체복제법'(Human Reproductive Cloning Act)은 수정 이외의 방법으로 만들어진 인간배아를 여성의 자궁에 이식하는 행위를 처벌하도록 하고, 새로운 인간을 탄생시킬 목적으로 하는 개체복제를 금지하고 있다.

나아가 영국에서는 14일 이전의 잔여 배아를 행정당국의 허가를 받아 연구할 수 있으며, 2002. 3. 인간배아연구 실험이 처음으로 승인되었고, 2004. 8. 인간수정 및 발생 관리청(HFEA)은 뉴캐슬대학의 연구진이 제출한 난치병 치료법 개발을 위한 인간배아 복제를 승인하는 등 정책적으로 생명과학 연구를 보호하고 있다고 한다.[17)]

2. 배아의 매매행위금지

배아를 대가를 받고 취득하거나 양동하는 행위에 대해서는 대부분의 외국의 입법례도 처벌규정을 두고 있다. 예를 들어 프랑스의 '인체의 존중에 관한 법률'(1994. 7.29)에 의하면 어떠한 형태로든 대가를 받고 인간배아를 취득한 행위는 7년의 구금형 및 70,000유로의 벌금형에 처하며, 어떠한 형태이든 대가를 받고 인간배아를 취득하는 것을 용이하도록 하기 위해 주선하는 행위 또는 인간배아를 유상으로 제3자에게 주는 행위도 동일하게 처벌한다고 규정하고 있다(동법 제9조).

독일의 배아보호법 제2조 제1항은 인공수정(체외수정)으로 생성되거나, 자궁에 착상되기 전에 부녀에게서 채취된 인간의 배아를 양도하거나 배아 유지 이외의 목적으로 이를 제공, 취득 또는 사용한 자는 3년 이하의 자유형 또는 벌금에 처한다고 규정하고 있다.

영국의 '인간의 수정과 발생에 관한 법률'에 의하면 의료행위, 보관, 연구를 위한 허가의 일반조건 중에서 명령에 승인됨이 없이 생식체나 배아의 공급에 관하여 금전이나 기타 이익을 수수하지 않을 것을 명시하고 있다(동법 제12조).

일본의 경우 인간배아줄기세포의 수립 및 사용에 관한 지침에 의하면 배아줄기세포의 수립용으로 제공되는 인간배아는 필요한 경비를 제외하고는 무상으로 제공되

17) 민영선, 앞의 논문, 31-33면; 이인영 외, 생명과학기술사회에서의 인권패러다임의 변화와 생명인권보호를 위한 법정책, 삼우사, 2004, 316-317면.

어야 한다고 규정하고 있다(동지침 제4조).[18)]

3. 배아의 부정이용행위의 금지

배아의 부정이용에 관한 외국의 입법례를 살펴보면, 먼저 프랑스의 '인체의 구성요소 및 산출물의 제공과 이용, 생식에 대한 의학적 개조 및 출생 전 진단에 관한 법률'(1994.7.29 제정)에 의하면 인체의 구성요소의 적출 및 인체의 산출물의 적출은 공여자의 사전승낙이 없이는 이를 할 수 없으며, 이 승낙은 언제든지 취소할 수 있다(제2조)고 한다.

독일의 배아보호법은 본인의 동의를 얻지 아니한 수정, 본인의 동의를 얻지 아니한 배아의 이식에 대해서 처벌규정을 두고 있다. 즉 독일 배아보호법 제4조에 따르면 수정된 난자의 공여자 및 수정에 이용된 정자공여자의 동의를 얻지 아니하고 난자를 인공적으로 수정한 자, 본인의 동의를 얻지 아니하고 난자를 인공적으로 수정한 자는 3년 이하의 자유형 또는 벌금형에 처한다.

영국의 '인간의 수정과 발생에 관한 법률'은 부칙3에 생식세포와 배아의 사용에 대한 동의에 관하여 자세한 규정을 두고 있다. 즉 이에 따르면 동의하기 전에 적절한 상담의 기회가 주어져야 하며, 관련된 적절한 정보가 제공되어야 한다고 규정하여 충분한 설명에 근거한 동의의 원칙을 명시하고 있다.[19)] 이러한 공여자의 처분에는 충분한 설명에 의한 동의가 전제되고, 여기서 충분한 설명에 의한 동의(informed consent)는 환자나 연구대상자가 치료 또는 연구의 내용을 실질적으로 이해하고 또한 타인에 의한 강요 없이 환자 스스로 의사나 연구자에게 무엇을 하도록 위임한 경

---

18) 이인영 외, 앞의 책, 317-318면.

19) 부칙 6. [체외수정과 그 후의 배아의 이용] (1) 사람의 생식세포는 위의 2항(1)에 언급된 하나의 또는 그 이상의 목적으로 하는 생식세포의 사용과 그로 인하여 조작될 배아에 관하여 그 사람의 유효한 동의가 없는 한 체외에서 배아의 조작을 일으키는 데 사용되어서는 아니 된다. (2) 체외에서 조작된 배아는 위의 2항의 (1)에서 언급된 하나 또는 그 이상의 목적으로 배아를 이용하기 위하여 배아를 조작하는데 사용된 생식세포의 제공자들의 유효한 동의가 없는 한 어떤 목적으로도 제공될 수 없다. (3) 체외에서 조작된 배아는 배아의 이용을 위하여 배아를 조작하는 데 사용되는 생식세포의 제공자들의 유효한 동의가 없는 한 어떠한 목적으로 사용될 수 없으며, 배아는 그들의 동의에 따라 이용되어야 한다. Sheila McLean, Consent and the Law: Review of the current provisions in the Human Fertilisation and Embryology Act 1990, pp.31-40.

우를 의미하며, 기본전제가 충분한 정보에 근거한 자발적 동의라는 성격을 가지고 있어야 한다[20]고 한다.[21]

Ⅳ. 형벌을 통한 인간배아보호의 내용과 한계

1. 생명윤리법상 인간배아보호 규정의 내용

생명윤리법에 따르면 제4장 배아 등의 생성과 연구에 관한 규정을 두고 있으며, 여기에서 인간배아보호를 위해 제시하고 있는 금지유형은 크게 세 가지로 구분할 수 있다. 첫째, 인간배아의 임신 외의 목적에의 생성금지규정(제23조 제1항)이다. 임신 외의 목적으로 배아를 생성하는 것을 금지하는 것은 체세포핵치환복제기술을 이용하여 배아를 인위적으로 체외에서 생성하는 것도 금지하고 있는 것으로 해석할 수 있으며, 치료적 복제행위도 금지하는 규정으로 해석할 수 있다.

그런데 희귀·난치병의 치료를 위한 연구 목적 외에는 체세포핵이식행위 또는 단성생식행위를 해서는 아니 된다고 규정하고 있으며, 체세포핵이식행위 또는 단성생식행위를 할 수 있는 연구의 종류·대상 및 범위는 국가위원회의 심의를 거쳐 대통령령으로 정한다고 규정하고 있다(제31조 제1항, 제2항). 임신 외의 목적으로 배아를 생성하는 행위는 3년 이하의 징역에 처한다(제66조 제1항 제3호). 임신의 목적으로 배아를 생성할 수 있는 기관인 배아생성의료기관은 보건복지부령으로 정하는 시설 및 인력 등을 갖춘 지정받은 의료기관이어야 하며(제22조 제1항, 제2항), 이를 위반하여 배아생성의료기관으로 지정받지 아니하고 인간의 난자 또는 정자를 채취·보존하거나 이를 수정시켜 배아를 생성한 자는 1년 이하의 징역 또는 2천만원 이하의 벌금에 처한다는 규정을 두고 있다(제68조 제1호).

둘째, 배아생성의료기관은 연구에 필요한 잔여배아를 배아연구기관에 제공하거나 잔여난자를 체세포복제배아등의 연구기관에 제공하는 경우에는 무상으로 하여야 하

20) Sheila McLean, Consent and the Law: Review of the current provisions in the Human Fertilisation and Embryology Act 1990, 1997. 9, pp. 4-13.

21) 이인영 외, 앞의 책, 318-319면.

며(제26조 제1항), 이를 위반한 경우 1년 이하의 징역 또는 2천만원 이하의 벌금에 처한다는 규정을 두고 있다(제68조 제3호). 배아를 생성하기 이전의 단계에서 금전 또는 재산상의 이익 그밖에 반대급부를 조건으로 정자 또는 난자를 제공 또는 이용하거나 이를 유인 또는 알선하는 행위는 3년 이하의 징역에 처한다(제23조 제3항, 제66조 제1항 제4호).

셋째, 배아의 부정이용금지에 관한 규정으로 보존기간이 원칙적으로 5년으로 정해진 잔여배아 및 잔여난자를 연구 목적으로 이용하기 전에 이에 대한 충분한 설명을 통해 난자 기증자, 정자 기증자, 체외수정 시술대상자 및 해당 기증자 · 시술대상자의 배우자가 있는 경우 그 배우자(이하 '동의권자'라 한다)의 서면동의를 받아야 한다(제24조 제1항).[22] 배아의 보존기간(5년)이 지난 잔여배아는 발생학적으로 원시선(原始線)이 나타나기 전까지만 체외에서 난임 치료법 및 피임기술의 개발을 위한 연구, 근이영양증(筋異營養症), 그밖에 대통령령으로 정하는 희귀 · 난치병의 치료를 위한 연구, 그밖에 국가위원회의 심의를 거쳐 대통령령으로 정하는 연구목적으로 이용할 수 있다(제29조 제1항). 이를 위반하여 잔여배아를 이용한 자는 3년 이하의 징역 또는 5천만원 이하의 벌금에 처한다(제66조 제2항).[23]

2. 인간배아보호의 형법적 보호법익

앞서 살펴본 바와 같이, 생명윤리법은 인간배아의 보호를 위해 크게 임신 외의 목적으로 배아생성금지, 배아의 유상제공 · 이용 및 이의 유인 · 알선행위금지, 배아의 부정이용금지를 규정하고 이를 위반할 경우 형벌을 부과하고 있는데, 이는 배아보호에 일정한 형법상 법익이 있음을 전제로 한 것이다. 그렇다면 인간배아보호에 대한 형법상 법익이 구체적으로 무엇인지가 문제되는데, 이에 대해서는 인간배아를 생명권의 주체로 파악하여 배아의 생명권이 법익이 된다는 견해가 지배적이다.[24] 이는

---

22) 이러한 '충분한 설명에 근거한 동의'(informed consent)는 환자나 연구대상자가 치료 또는 연구의 내용을 실질적으로 이해하고, 타인에 의한 강요 없이 환자 스스로 의사나 연구자에게 무엇을 하도록 한 경우를 의미하며, 기본전제가 충분한 정보에 근거한 자발적 동의라는 성격을 가지고 있다고 한다(Sheila McLean, Consent and the Law: Review of the current provisions in the Human Fertilisation and Embryology Act 1990, 1997. 9, pp. 4-13).

23) 이인영 외, 앞의 책, 306-309면.

형법상 생명보호를 기존의 보호객체인 출생한 인간과 태아(fetus)를 넘어 그 이전 단계인 발생학상 수정한 때로부터 원시선이 생기는 14일까지의 존재인 초기배아와 2주부터 모든 장기가 형성되는 8주까지의 존재인 후기배아 단계까지 확장한다는 의미이다. 이와 관련하여 다시 헌법적 차원에서 인간배아의 생명권을 언제부터 인정하여 기본권의 주체 내지 국가의 보호의무를 부과할 수 있는지 여부에 대해 견해가 대립되고 있다.[25]

(1) 학설의 대립

가. 수정시설

우선 수정시설은 생명의 시기를 정자와 난자가 합쳐진 때로부터 생명체로 보아야 한다고 한다. 이 견해에 따르면 수정 이전에는 아직 개개의 정자세포나 난자세포로부터는 아무 것도 발생될 수 없기 때문에 인간성을 인정할 여지가 없지만 수정의 시점부터는 어떤 특정 인간으로 발전할 완전한 프로그램을 갖추므로 생명력과 발전능력을 가진 인간의 법적·도덕적 지위가 인정된다고 본다. 즉 이 관점에서는 현행 생명윤리법 제23조 제1항과 마찬가지로 임신목적 이외의 배아연구는 원칙적으로 금지된다. 수정 이후의 인위적 개입은 생명에 대한 침해로 인정되므로 착상전 유전자진단을 포함하여 착상전 배아에 손상을 주는 행위나, 냉동 및 대부분의 배아연구와 조사 등은 원칙적으로 금지된다고 할 수 있다. 다만, 이 견해는 인간의 생명보호에는 충실하나, 생명공학의 가능성을 지나치게 제한하는 단점을 갖는다.[26]

---

24) 특히 인간배아복제를 전면적으로 금지하고(생명윤리법 제20조), 이를 위반하여 체세포복제배아 등을 자궁에 착상시키거나 착상된 상태를 유지하거나 출산한 사람을 10년 이하의 징역에 처하도록 한 규정(동법 제64조 제1항)의 보호법익과 관련하여 다수설과 같이 배아의 생명권이 아니라 개별적인 인간의 존엄성 또는 독자성이 인간배아복제 금지가 추구하는 법익이라는 견해, 사회체계의 기능유지 자체를 법익으로 파악하여 인간배아복제의 허용과 그에 따른 남용은 인적 동일성에 바탕을 둔 사회체계 자체를 위협할 수 있다는 견해, 인간의 위협감정을 법익으로 파악하여 인간배아복제가 폭넓게 허용되면 자기 자신도 언제가 복제될 수 있는 위협감정을 느낄 수 있는데, 이러한 위협감정은 '평온한 감정'이라는 법익을 침해하는 것으로 파악하여 인간배아복제를 형법적으로 금지할 수 있다는 견해 등이 제시되고 있다. 이에 대한 자세한 분석과 논증으로는 양천수, "인간배아복제 연구를 둘러싼 논쟁의 논증분석 -법철학의 관점에서-", 조선대 법학논총 제15집 제2호, 2008, 374면 이하 참조.

25) 이에 대해 자세히는 김수갑, 앞의 논문, 11-13면; 정현미, 앞의 논문, 262-265면; 조홍석, "생명복제와 인간의 존엄", 공법연구 제30집 제1호, 2001, 27-29면 참조.

나. 수정후14일설

다음으로 수정후14일설은 배아가 원시선이 형성되어 하나의 정체성을 갖는 시점인 수정후 14일부터 생명체로 보아야 한다는 견해로 인간배아는 '잠재적 인간존재'로서 성장하면서 점진적으로 도덕적 지위를 획득한다는 사고를 바탕으로 한다. 이는 수정시설과 달리 원시선이 형성되는 14일 이전까지의 수정란은 인간으로 볼 수 없다는 입장이다. 왜냐하면 14일 이전까지 수정란의 각 세포들 사이에는 상호작용이 없고 14일 이후 비로소 원시선이 생기면서 인체의 근본이 되는 척추가 형성되며 각종 신체기관이 형성되기 시작하므로 그 전까지의 배아는 세포더미에 불과하다고 보기 때문이다. 이 견해에 따르면 수정후 14일 이전에는 배아를 인간개체로 볼 수 없기 때문에 그 기간까지 배아연구의 허용을 주장한다. 이 견해는 14일 이전에 배아연구가 가져오는 효용성 때문에 상당한 지지를 받고 있다고 한다.[27]

다. 재산권대상설

마지막으로 자궁에 착상되기 전의 인간배아는 단순한 세포덩어리에 불과하여 인간성을 인정할 수 없으며 공여자의 소유물로 취급될 뿐이라는 재산권대상설이 있다. 이 견해를 따르면 배아에 대한 결정권을 가진 자가 동의하는 한 배아연구 내지 진단, 실험 등 배아에 대한 어떤 행위도 제한받지 않고 허용된다.[28]

(2) 헌법재판소의 입장[29]

가. 사건의 개요

이 사건 청구인 배아 일(1)(이하 '청구인 1'이라고 한다), 배아 이(2)(이하 '청구인 2'라고 한다)는 2004. 12. 9. 부산 동구 초량3동 소재 ○○의료재단 부산분원 내에서 임신의 목적으로 청구인 남○민(이하 '청구인 3'이라고 한다)으로부터 채취된 정자와 청구인 김○미(이하 '청구인 4'라고 한다)로부터 채취된 난자의 체외 인공수정으로 생성된 배아 중 청구인 4의 체내에 이식되지 않고 남아 위 의료재단에 보존되어 있는 배아들이

26) 정현미, 앞의 논문, 263면.
27) 정현미, 앞의 논문, 263면.
28) 정현미, 앞의 논문, 262-263면.
29) 이하 이영애, "인간배아의 생명권 - 헌법재판소 2005헌마346결정에 대한 평석-", 김찬진 외 8인, 초기 인간생명 보호를 위한 제언, 세창출판사, 2012, 187-193면.

다. 청구인 3, 4는 부부로서 임신의 목적으로 위와 같이 정자 또는 난자를 제공하여 청구인 1, 2를 생성하게 한 배아생성자들이고, 청구인 5 내지 13은 의사, 교수, 대학생, 철학자, 임상병리학자 등이다.

이 사건의 핵심은 배아의 생명권이므로 이 문제와 관련된 청구인 1, 2의 주장과 이 주장에 대한 헌법재판소의 판단을 중심으로 검토하고자 한다.

나. 배아의 이용과 폐기에 관한 청구인 1, 2의 주장과 판단

(가) 청구인 1, 2의 주장

청구인들은 생명윤리법((2004. 1. 29. 법률 제7150호로 제정된 것) 제16조 제1항, 제2항 등이 임신목적의 배아 생성을 허용하면서 인공수정배아를 인간이 아닌 세포군으로 규정하여 이에 대한 연구목적의 이용 가능성을 열어두고 있고, 잔여배아의 보존기간과 그 폐기 및 연구에 관해 불충분하게 규율하고 있으며, 생성배아의 수효에 관한 제한 및 인공수정을 할 수 있는 전제와 기준·방법 등에 대하여 규율하지 않고, 체세포핵이식행위를 통해 생성된 체세포복제배아의 연구·폐기를 허용하고 있어서 청구인 1, 2의 인간으로서의 존엄과 가치, 생명권, 신체의 자유, 평등권을 침해하고 있다고 주장하였다.

(나) 헌법재판소의 판단

헌법재판소는 청구인 1, 2의 주장과 관련하여 청구인 1, 2의 헌법상 기본권 주체성을 인정할 수 없으므로 청구인 적격이 없어 각하한다고 판시하였다. 배아의 폐기와 이용이 인간의 존엄과 가치, 생명권을 침해하는가에 대한 판단에 들어가지 전에 기본권 주체성이 없다는 이유로 청구를 각하한 것이다.

헌법재판소가 청구인 1, 2의 기본권 주체성을 인정할 수 없는 이유로 "① 초기배아는 수정이 된 배아라는 점에서 형성 중인 생명의 첫걸음을 떼었다고 볼 여지가 있기는 하나 아직 모체에 착상되거나 원시선이 나타나지 않은 이상 현재의 자연과학적 인식 수준에서 독립된 인간과 배아 간의 개체적 연속성을 확정하기 어렵다고 봄이 일반적이라는 점, ② 배아의 경우 현재의 과학기술 수준에서 모태 속에서 수용될 때 비로소 독립적인 인간으로의 성장가능성을 기대할 수 있다는 점, ③ 수정후 착상전의 배아가 인간으로 인식된다거나 그와 같이 취급하여야 할 필요성이 있다는 사회적 승인이 존재한다고 보기 어려운 점 등"을 제시하고 있다. 이는 수정후 원시선

이 생기기 전 초기배아에 한하여 인간존엄과 생명권의 기본권 주체성을 부정하는 것으로 '수정후14일설'의 입장을 취하고 있는 것으로 볼 수 있다. 다만, 헌법재판소는 "인간으로 발전할 잠재성을 갖고 있는 초기배아라는 원시생명체에 대하여도 위와 같은 헌법적 가치가 소홀히 취급되지 않도록 노력해야 할 국가의 보호의무가 있음"을 분명히 하고 있다.[30)]

다. 헌법재판소의 판시에 관한 검토

이러한 헌법재판소의 판시에 대해 이영애 변호사는 헌법재판소가 제시한 논거인 개체적 연속성, 성장가능성, 사회적 승인과 관련하여 의문을 제기하고 있다. 즉 우선 개체적 연속과 관련하여 헌법재판소는 아직 모체에 착상되거나 원시선이 나타나지 않은 이상 현재의 자연과학적 인식 수준에서 독립된 인간과 배아 간의 개체적 연속성을 확정하기 어렵다고 하나, 배아의 성장단계에 선을 그어 어느 시점까지는 인간생명이 아니고 어느 시점부터는 인간생명이라고 구분할 수 있는 의미 있는 질적 변화과정은 없기 때문에 배아와 그 이후의 인간존재는 개체적 연속성이 있으며, 모체에 착상되거나 원시선이 나타나는 시점이 어떻게 그 이전의 생명과 그 이후의 생명의 인격 여부를 가르는 선이 되는지 설명하고 있지 않다고 한다.

다음으로 성장가능성과 관련하여 헌법재판소는 배아의 경우 현재의 과학기술 수준에서 모태 속에서 수용될 때 비로소 독립적인 인간으로의 성장가능성을 기대할 수 있다고 하나, 착상은 배아가 성장하는 하나의 환경조성에 지나지 않을 뿐 착상이 되느냐 아니냐 하는 문제가 인간배아의 본질을 변화시키는 것은 아니며, 착상가능성 여부에 따라 인간배아가 인간생명인지를 결정하는 것은 논리적, 과학적, 규범적 근거가 없다고 한다.

마지막으로 사회적 승인과 관련하여 헌법재판소는 수정후 착상 전의 배아가 인간으로 인식된다거나 그와 같이 취급하여야 할 필요성이 있다는 사회적 승인이 존재한다고 보기 어렵다고 하나, 여기서 사회적 승인이 무엇을 의미하는지 구체적 설명이 없을뿐더러 인간인지 아니냐를 사회적 승인 여부로 결정한다는 논리는 자칫 과거 나치가 살 가치가 있는 인간과 가치가 없는 인간을 자의적으로 나누어 학살하였던 뼈아픈 역사적 실수를 반복할 우려를 낳게 할 수 있다고 한다.[31)]

---

30) 헌법재판소 2010.5.27. 선고 2005헌마346 결정.

(3) 검토 및 소결

생각건대, 수정이후 배아는 인간으로 발전할 잠재적 가능성이 있는데 이를 단순히 세포덩어리로 보는 재산권대상설은 우선적으로 지지할 수 없다. 뿐만 아니라 헌법재판소의 태도에 따르면 원시선이 생기기 전인 14일 미만의 배아는 단순한 세포군에 불과하기 때문에 연구나 실험의 객체 내지 물건으로 인정할 수 있다는 결론에 도달하나 원시선이 인간성의 여부를 결정하는 기준이 될 수 있는지 의문이다. 따라서 착상 이전의 초기배아도 원시선의 출현단계 이전·이후를 불문하고 수정된 때로부터 모두 인간의 잠재성을 지닌 개체라고 보고 인간으로서의 생명권이 인정된다고 보는 수정시설이 타당하다고 본다.[32] 다만, 수정시부터 초기배아에게 생명권인 인정된다고 하더라도 그것은 절대적으로 보호받아야 하며, 결코 희생될 수 없다는 의미는 아니다. 형법상 살인죄, 영아살해죄, 낙태죄가 인간생명의 발달단계에 따라 법적 보호수준을 달리하고 있는 것은 생명권은 인간의 존엄과 가치와 달리 인간생명의 발달단계에 따라 그 보호를 단계적으로 달리할 가능성을 법률적 차원에서 인정하고 있기 때문이다. 이는 통상적인 배아, 잔여배아, 복제된 배아 모두 생명권의 주체가 되지만 일정한 경우 제한될 수 있음을 의미한다. 따라서 생명윤리법 제23조 제1항의 임신 외의 목적으로 한 배아생성을 금지하고 이를 위반하였을 경우 3년 이하의 징역에 처하도록 함으로써 보호하고자 하는 형법상 법익은 배아의 생명권이라고 본다. 마찬가지로 인간개체복제를 전면적으로 금지하는 동시에 영아살해죄(형법 제251조)와 동일한 형인 10년 이하의 징역으로 강력히 처벌하여 보호하고자 하는 형법상 법익도 일차적으로 배아의 생명권이며 부수적으로 복제인간의 출현에 따른 공공의 안녕질서에 중대한 위해발생을 방지하기 위함이라고 보인다. 다만, 임신목적의 배아생성과 생명윤리법 제29조의 잔여배아연구, 동법 제31조에 따른 희귀·난치병의 치료를 위한 연구목적의 체세포이식행위(소위 '치료복제')를 예외적으로 허용함은 그 목적의 정당성, 원칙적 금지·예외적 허용이라는 규범구조상 규율방법의 적정성과 침해의 최소성이 인정되며, 불치·난치병 등의 치료를 위한 연구는 현재 세대뿐만 아니라 장래 세대를 위하여도 절실하게 필요하므로 법익의 균형성까지 갖추었다고

---

31) 이영애, 앞의 논문, 189-193면.

32) 같은 견해로는 정현미, 앞의 논문, 265-266면.

판단된다.[33)]

3. 형벌을 통한 인간배아보호의 한계

그런데 형벌을 통한 인간배아보호와 관련하여 형법적 차원에서 낙태죄의 규정도 사문화되었다는 비판이 끊임없이 제기되는 마당에 생명공학의 영역에까지 가벌성을 확대하는 것이 타당한가라는 의문이 제기된다.

이와 관련하여 헌법상 배아의 생명권이 인정된다고 하더라도 그 보호를 위해 현행 생명윤리법과 같이 형법적 규제수단을 우선적으로 사용하는 것이 바람직한지는 다음과 같은 이유에서 의문이다. 하나는, 형법은 사회문제, 특히 최첨단의 생명과학의 영역에서 발생하는 문제해결의 만병통치약이 아니라 최후수단이라는 점을 언제나 상기해야 한다. 배아의 생명권을 보호법익으로 파악하여 원칙적으로 인간개체복제와 임신외의 목적으로 한 배아생성을 금지하고 있지만 치료목적을 위한 잔여배아 및 체세포복제배아의 연구와 임신목적의 배아생성을 허용하는 예외를 두고 있으나, 생명공학의 발달로 인해 치료와 개선을 구분하기가 어렵고 생명윤리법 시행령 제12조에서 나열된 17가지 질병목록[34)]에 해당하는 연구가 아니어도 생명과학 연구자에 의해 이러한 목록에 해당하는 연구로 손쉽게 변질될 가능성이 있으므로 원칙은 사라지고 예외만이 남을 가능성이 높다. 따라서 생명윤리법이 원칙적으로 형법에서 낙태죄를 엄격히 처벌하고자 하나 예외적으로 모자보건법에서 허용하는 사유를 나열하여 태아의 생명보호는 어디론가 사라져버린 전철을 밟지 않기 위해서는 형법적 규제는 가능한 최후수단으로 머물러야 한다.

다른 하나는, 형법적 규제를 인정한다고 하더라도 그 형량은 범죄와 비례하여 적정성을 갖출 필요가 있다. 그런데 인간개체복제 행위는 영아살해죄(형법 제251조)와 동일한 형인 10년 이하의 징역형으로, 임신 외의 목적으로 한 배아생성은 3년 이하

33) 김재윤, "생명공학과 의료기술의 발전에 따른 형사법적 쟁점과 과제", 전남대 법학논총 제31집 제2호, 2011, 39-40면.

34) 생명윤리 및 안전에 관한 법률시행령 제11조는 희귀병으로 다발경화증, 헌팅톤병(Huntington's disease), 유전성운동실조, 근위축성측삭경화증, 뇌성마비, 척수손상, 선천성면역결핍증, 무형성빈혈, 백혈병, 골연골형성이상을 들고, 난치병으로 심근경색증, 간경화, 파킨슨병(Parkinson's disease), 뇌졸중, 알츠하이머병(Alzheimer's disease), 시신경손상, 당뇨병을 열거하고 있다.

의 징역형으로 규정하고 있는데, 1년 이하의 징역형 또는 200만원 이하의 벌금형으로 규정된 낙태죄(형법 제269조 제1항)보다 중한 형벌이다. 배아의 생명권을 보호법익으로 인정할지라도 인간배아는 영아나 태아보다 전단계임을 고려하면 그 형법적 보호수준은 이들보다 낮아야 한다는 측면에서 형벌의 적정성의 원칙에 위배되는 것은 아닌지 의문이다. 따라서 이들 규정의 형벌이 범행에 비례하고 전체 형사법의 체계와 조화를 이룰 수 있도록 보다 하향될 필요가 있다고 본다.[35]

V. 맺는 말

생명공학과 의학기술의 발전은 급속하고, 이렇게 논의하고 있는 사이에도 새로운 움직임이 계속해서 나타나고 있다. 21세기는 "생명의 시대"라고 하듯이, 생명의 보호가 전지구적 차원의 중요한 과제가 되어 인류는 모든 지혜를 기울여 임하지 않으면 안 된다. 이에 따라 본 장에서는 형법의 영역에서 생명공학과 의학기술의 발전에 따라 생명보호를 위해 새롭게 제기되는 여러 쟁점 가운데 인간배아의 생명보호를 중심으로 검토하였다.

이러한 배아의 생명보호와 관련하여 우선 형법은 전통적으로 수정란이 초기배아단계를 지나 자궁점막에 착상한 때인 태아를 낙태죄를 통해 보호하지만 태아 이전의 단계인 배아에 대해서는 이를 보호하는 규정을 찾아볼 수 없다. 다만, 태아 이전의 배아일지라도 인간배아의 전체적인 성장과정이 인간의 존엄성 보장의 영역 내에 속해 있기 때문에 인간배아도 생명권 존중의 대상이 되므로 생명윤리법은 인간배아의 보호를 위해 크게 임신 외의 목적으로 배아생성금지, 배아의 유상제공·이용 및 이의 유인·알선행위금지, 배아의 부정이용금지를 규정하고 이를 위반할 경우 형벌을 부과하고 있다. 이 때 인간배아보호에 대한 형법상 법익은 배아의 생명권이라 본다. 그리고 인간배아의 생명권을 언제부터 인정하여 기본권의 주체를 인정할지 여부에 대해 수정시설, 수정후14일설, 재산권대상설의 견해대립이 있으나, 자궁점막에 착상하기 이전의 배아에 있어 원시선의 출현단계 이전·이후를 불문하고 수정된 때

---

35) 김재윤, 앞의 논문, 40면.

로부터 모두 인간의 잠재성을 지닌 개체라고 보고 인간으로서의 생명권이 인정된다고 보는 수정시설이 타당하다고 본다. 이와 달리 수정후14일설에 따라 초기배아의 생명권을 부인하고 물건으로 취급하여 이용할 수 있다는 헌법재판소의 입장은 인간의 생명권보호에 다소 미흡한 시각이라고 여겨진다.

한편, 수정시설에 따라 배아에게 생명권인 인정된다고 하더라도 형법상 살인죄, 영아살해죄, 낙태죄가 인간생명의 발달단계에 따라 법적 보호수준을 달리하고 있음을 고려할 때 이익형량을 통해 배아의 생명권은 일정한 경우 제한될 수 있다고 본다. 나아가 생명윤리법이 인간배아의 생명권보호를 위해 형벌이라는 형법적 규제수단을 사용하고 있으나, 법은 언제나 생명과학기술의 발전의 그림자를 쫓을 뿐이라는 점, 형법상 태아의 생명권 보호를 위해 낙태죄를 규정하고 있으나 이 규정은 아무런 규범력을 발휘하지 못하고 사문화되어 가고 있다는 점 등을 고려할 때 인간배아의 생명권보호를 위한 형법적 규제는 가능한 최후수단으로 머물러야 할 것이다. 이에 따라 인간배아의 생명권보호를 위해 형법적 규제수단을 우선시하기 보다는 원시선이 출현되기 이전의 초기배아로서 냉동 보관된 잔여배아로 연구 및 실험대상을 제한하고 배아의 생성 및 관리, 연구에의 전용과정이 투명하게 드러나게 함과 아울러 승인된 허용연구범위 내에서 자체 윤리위원회의 심사과정을 거치는 등 생명과학기술계의 내부적인 자율적 규제가 우선될 필요가 있다고 본다.

(생명윤리법)

[§ 2]

착상전 유전자진단*

— 유전적 결함이 있는 아기는 태어나서는 안 되는가?

"부유층은 피할 수 있는 유전적 결함이 가난한 사람들에게 상대적으로 많이 발견될 것이고, 그로 인해 '저소득층'의 질병이 될 것이다. 이러한 경우에 이들을 치료하거나 살 수 있는 환경을 만들어주려는 관심이 감소할 우려가 있다."

– 필립 키처(Phillp Kitcher)

Ⅰ. 들어가는 말

사례 1

환자 A의 경우 첫 임신 당시 정상분만을 통해 여아를 출산하였으나, 23개월 만에 수포성 표피박리증으로 사망하였으며, 그 후 네 번의 임신 경험이 있었으나 출산 후 사망하거나 양수천자와 융모막 융모생검을 통해 돌연변이가 발견되어 인공유산을 하였고 착상전 유전자진단에 의한 임신을 위해서 OO산부인과에 내원하였다. 착상전 유전자진단 결과 이들 부부의 질환원인은 17번 염색체에 위치하고 있는 integrin β4 유전자(ITGB4)에서의 돌연변이로 밝혀졌으며 부부가 각각 서로 다른 위치에 1개씩의 돌연변이를 가지고 있는 것으로 확인되었다. 여성의 경우 ITGB4 exon 7에서 nucleotide C가 삽입(c.601InsC)되어 frameshift가 발생하며 결국 premature termination되는 돌

* 이 글은 원래 김재윤, "착상전 유전자진단의 가벌성에 대한 비교법적 고찰 -독일 배아보호법 제3조a를 중심으로-", 법제연구 통권 제42호(2012.6), 177-209면에 게재된 것으로 최근의 논의까지를 반영하여 수정 · 보완한 것임.

연변이였으며, 남성의 경우 같은 유전자의 exon 11에서 nucleotide A가 C(c.1274A〉C)로 치환되어 glutamine이 proline으로 바뀌는 돌연변이(p.Q425P)를 가지고 있는 것으로 확인되었다. 이들 부부 각각 ITGB4에 돌연변이를 가지고 있었기 때문에 ITGB4 exon 7과 11에 대해 duplex nested PCR 방법으로 증폭시킨 후 direct sequencing 방법으로 진단을 하여 유전질환을 가지 배아는 폐기하고 건강한 배아만을 자궁에 이식하였다. 그 결과 이들 부부는 임신에 성공하여 건강한 아이를 출산하였다.[1)]

사례 2

독일 베를린 소재 산부인과 의사인 피고인은 2005년 어느 부부로부터 체외수정에 따른 유전자 검사를 요청받고 자궁 외에서 인공수정을 시도하였다. 부인은 이미 염색체 이상으로 중증장애를 가진 딸을 가지고 있었다. 피고인은 부부의 요청에 따라 생성된 3개의 배아를 자궁에 이식하기 전 착상전 유전자진단을 통해 심각한 유전적 결함 여부를 검사하였다. 며칠 후 의사는 배아에서 생존할 수 있는 기관으로 발전할 수 없는 세포를 가진 하나의 배아를 제외하고 건강한 배아만을 자궁에 이식하였다. 그 결과 부인은 임신을 하였고 건강한 딸을 출산하였다. 하지만 유전적 손상을 가진 배아는 피고인에 의해 죽게 되었고, 피고인은 배아보호법 위반으로 기소되었다.

[사례 1, 2]는 한국과 독일이라는 장소적 차이는 있지만 부모가 유전적 결함이나 중대한 질병의 유전이 확실한 경우에 아이를 갖고 싶은 소망, 무엇보다 건강한 아이, 즉 유전적 결함이 없는 정상아를 갖고 싶은 소망을 분명하게 보여 준다. 이러한 부모의 소망은 1990년대 이후 급속한 발전을 거듭하고 있는 '착상전 유전자진단'(Preimplantation Genetic Diagnosis: PGD/Präimplantationsdiagnostik: PID)을 통해 더 이상 부질없는 꿈에 그치지 않고 실현가능한 현실이 되고 있다. 이렇듯 착상전 유전자진단은 체외수정을 통해 생성된 배아를 자궁에 착상시키기 전에 유전질환의 유무나 염색체 이상을 진단하여 건강한 아이의 임신을 가능케 함으로써 난치성 유전질환을 갖고 있는 부부에게 커다란 축복이 되고 있다.

그러나 착상전 유전자진단은 생명의 시초가 되는 잔여배아의 폐기에 따른 잠재적

---

1) 이형송/김민지/강인수, "단일 유전자 질환에 대한 착상전 유전진단", 대한의학유전학회지 제6권 제2호, 2009, 139면의 단일 유전자 질환에 대한 착상전 유전진단의 임상학적 적용 사례를 다소 변형시킨 것임.

인간 생명의 침해가능성의 문제를 넘어 부모가 원하는 특정 유전 형질을 가진 배아만을 선택해서 착상시키는 소위 '맞춤아기'(designer baby)[2]의 탄생 내지 영화 '가타카'(Gattaca, 1997)에서 등장하는 유전적으로 완벽한 '슈퍼 아기'(super baby)만이 세상에 태어날 수 있는 문제를 가져오고 있다. 이러한 맞춤아기 내지 슈퍼 아기의 탄생은 착상전 유전자진단의 허용 여부와 그 안전성에 관한 기술적 문제를 넘어 인간이 신을 희롱하여(playing God), 심지어 신의 대리인을 자처하여 생명의 탄생 과정에 개입·통제·조작하여 인간을 인위적으로 창조하는 것이 타당한가라는 근본적 의문을 던지게 함으로써 윤리적, 종교적, 정치적, 법적으로 첨예한 논쟁을 불러일으키고 있다.[3]

이러한 논쟁의 한 가운데서 생명을 최고의 법익으로 하고 출생 이전의 생명인 태아의 생명도 보호하는 형법이 배아의 훼손과 폐기를 담보로 하는 착상전 유전자진단에 어느 정도까지 개입할 수 있는지가 문제된다.[4] 이와 관련하여 [사례 1]과 같이 우리나라는 이미 '생명윤리 및 안전에 관한 법률'(이하 '생명윤리법'이라고 한다) 제50조 제2항을 통해 착상전 유전자진단을 원칙적으로 금지하고 예외적으로 허용하는 것과 달리 독일 배아보호법은 인간배아연구에 대해 초기단계부터 형법적 보호를 강하게 규정하는 방식을 채택하여 착상전 유전자진단을 금지해 오고 있었다.[5] 그러나 [사례 2]의 사안에 있어 독일연방대법원이 피고인의 가벌성을 부인하는 판결[6]을 내림으로

2) 그 대표적인 예가 2000년 8월 미국에서 처음으로 출생한 '아담'이라는 맞춤아기이다. '아담'은 미국 미네소타대학에서 판코니 빈혈이라는 유전질환을 앓고 있는 여섯 살짜리 누나에게 골수를 이식하기 위해 어머니가 자신의 난자 12개를 시험관에서 수정시킨 다음 여기서 얻은 10개의 배아 가운데 유전자 검사에서 목적에 맞는 하나를 골라 착상시킨 후 태어났다(김장한, "착상전 유전자 진단 및 산전 진단에 대한 법적 윤리적 고찰", 대한산부회지 제49권 제12호, 2006, 2502면).

3) 이러한 논쟁에 대한 전반적인 소개로는 신동일, 착상전진단술에 대한 생명형법적 고찰, 한국형사정책연구원, 2006, 23-37면 참조.

4) 착상전 유전자진단의 허용여부의 문제는 형법뿐만 아니라 헌법의 영역에서 배아의 생명권 내지 인간존엄권의 문제, 배아와 부모의 기본권의 충돌의 문제, 의사의 직업선택의 자유와 학문의 자유에 대한 제한의 문제, 그리고 국가의 생명과 존엄권에 대한보호의무의 문제 등을 중요한 논제로 다룬다. 이에 대한 상세한 분석으로는 방승주, "착상전 진단의 헌법적 문제", 헌법학연구 제16권 제4호, 2010, 67면 이하 참조.

5) 독일 이외의 착상전 유전자진단에 관한 입법례의 소개로는 선종수, "착상전 유전자진단의 형법적 과제", 동아법학 제48호, 2010, 341-342면; 황만성, "착상전 유전자진단의 활용과 형사책임", 법학연구 제28집, 2007, 278-282면 참조.

6) BGH, Urt. v. 6. 7. 2010 - 5 StR 386/09 - MedR 2010, 844 = NJW 2010, 2672 ff.

써 독일은 2011년 7월 7일 독일 배아보호법 제3조a의 신설과 제9조의 개정을 내용으로 하는 '착상전 유전자진단의 규정에 관한 법률'(Gesetz zur Regelung der Präimplantationsdiagnostik: PräimpG)[7]을 제정하여 착상전 유전자진단을 원칙적으로 금지하고 예외적으로 허용하는 중대한 변화를 보이고 있다.

따라서 이하에서는 논의 전제로서 착상전 유전자진단의 개념과 발달과정을 간략히 언급하고(Ⅱ), 착상전 유전자진단을 허용하는 방향으로 개정된 최근 독일 배아보호법 제3조a의 구체적 내용과 문제점을 분석하고자 한다(Ⅲ). 그리고 이를 토대로 착상전 유전자진단에 대한 양 국가의 규율내용을 비교법적 차원에서 비교하고 형법적 관점에서의 시사점을 찾음으로써(Ⅳ) 착상전 유전자진단을 포함한 생명윤리의 영역에 형법의 개입은 최소화되어야 함을 결론으로 도출하고자 한다(Ⅴ).

Ⅱ. 착상전 유전자진단의 의의

1. 착상전 유전자진단의 개념

착상전 유전자진단이란 1990년 처음 보고된 진단방법으로 난치성 유전 질환을 갖고 있는 부부를 대상으로 착상전 배아 단계에서 단일 유전자 질환(single gene disorder)이나 염색체의 수적, 구조적 이상 유무를 진단한 후 유전 질환이 이환되지 않는 건강한 배아만을 선별하여 자궁에 이식함으로써 유전적으로 정상적인 태아의 임신을 가능케 도와주는 방법을 말한다. 이러한 진단방법은 태아의 세포를 대상으로 각각의 유전질환이나 염색체 이상을 진단하는 기존의 산전진단(prenatal diagnosis: PND)과는 다르게 착상전에 진단이 이루어지기 때문에 양수 검사로 겪어야 했던 불안과 임신중절에 따르는 육체적, 정신적 고통을 최소화할 수 있으며 생명 존엄에 따르는 윤리적인 문제를 최소화할 수 있다는 장점이 있다.[8]

착상전 유전자진단은 체외수정 및 배아이식(In Vitro Fertilization and Embro Transfer: IVF and ET)을 시행하여 얻어진 난자의 극체(polar body)를 생검(biopsy)

7) BT-Dr. 17/5451.
8) 이형송/김민지/강인수, 앞의 논문, 131면.

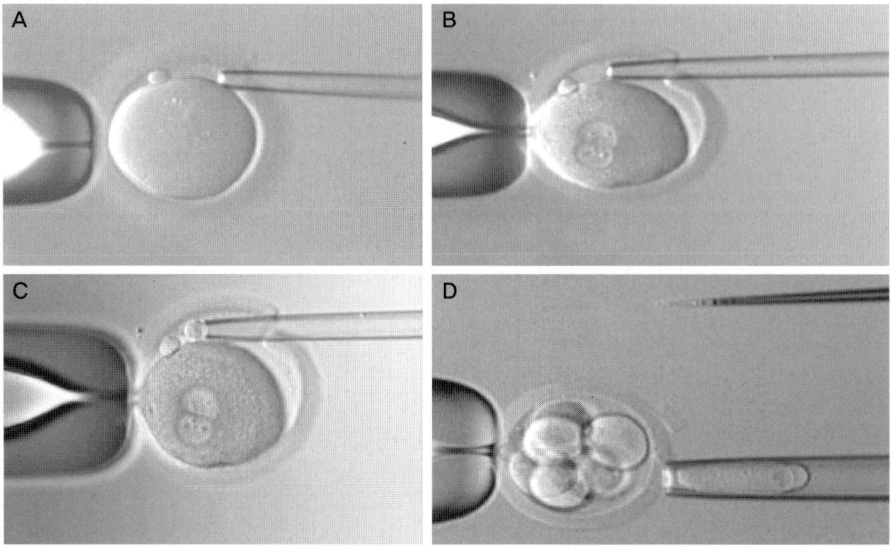

A) First polar body removal. B) Second polar body removal. C) First and second polar body removal. D) Blastomere biopsy.(Verlinsky Y, Kuliev A. Glob. Libr. Women's med.,(ISSN: 1756-2228) 2008; DOI 10. 3843/ GLOWN.10373).[9]

[그림 2-1] 난할 과정의 할구 생검(cleavage-stage biopsy)

하거나 배아에서 1~2개의 세포를 생검한 후[10] 질환의 원인과 그에 따른 방법에 따라 주로 염색체의 수적, 구조적 이상을 진단할 수 있는 형광직접보합법(fluorescence in situ hybridization: FISH)이나 질환 원인 유전자의 돌연변이 등을 진단할 수 있는 중합효소 연쇄반응(polymerase chain reaction: PCR) 방법을 이용한 유전자진단을 시행하여 유전질환이 없거나 정상 또는 균형염색체(balanced chromosome)를 갖는 배아만 선별하여 자궁에 이식하여 착상시키고 유전질환을 가진 배아는 폐기 또는 냉동보관하는 과정에 따라 이루어진다.[11]

2. 착상전 유전자진단의 발달과정

착상전 유전자진단을 적용할 수 있는 대상으로는 유전병 진단과 염색체 이상으로

9) 이형송/김민지/강인수, 앞의 논문, 135면에서 재인용.
10) 생검 과정에 대한 상세한 설명으로는 이형송/김민지/강인수, 앞의 논문, 134-135면 참조.
11) J. Harper, Preimplantation Genetic Diagnosis, Second Edition, Cambridge, 2009, p.2.

크게 두 가지가 있다. 유전병에는 단일 유전자 질환이 해당하며, 이에는 듀센 근이양증, 척추성 근위축증, 패낭성 섬유증, 테이 삭스병, 폐낭성 섬유증, 골형성 부전증, 혈우병 등이 보고되고 있으며, 점차 착상전 유전자진단이 가능한 질환이 확대되고 있다. 염색체의 구조적 이상과 관련해서는 염색체의 상호전좌, 균형전좌 및 역위에서 대부분 습관성 유산이 초래된다고 알려져 있다. 따라서 부모의 염색체 이상 부위를 미리 알아서 착상전 유전자진단을 통해 유산을 감소시킬 수 있다고 한다.[12)]

우리나라에서 착상전 유전자진단은 몇 해 전 MBC다큐멘터리 '사랑'을 통해 '120㎝ 엄지공주'로 알려진 '선천성 골형성 부전증' 환자인 윤○○씨가 착상전 유전자진단을 통해 유전병이 없는 건강한 아들을 출산한 사례가 대표적이다.[13)] 그리고 유럽 생식의학회(European Society for Human Reproduction and Embryology: ESHRE) 산하의 PGD consortium의 제9차 보고에 의하면 1997년부터 2007년까지 전세계적으

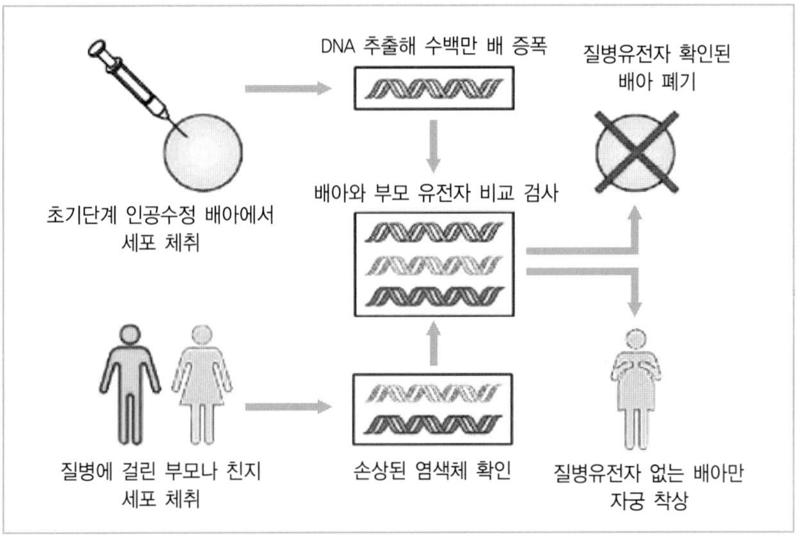

출처: 조선일보(http://www.chosun.com/), 2006.11.20.일자 기사

[그림 2-2] 착상전 배아 유전자 검사법

12) 정현미, "배아의 생명권과 착상전 유전자진단", 비교형사법연구 제5권 제2호, 2003, 267-268면.
13) 국내에서 최초로 착상전 유전자 검사를 시행한 것으로 알려진 관동의대 제일병원 산하 아이소망센터는 2010년 8월까지 1000명이 넘는 환자가 착상전 유전자진단을 통해 임신에 성공하는 높은 성공률을 거두고 있다고 한다(디지털타임즈, 2010년 8월 22일 기사: http://www.dt.co.kr/contents.html?article_no=2010082302011057753006. 2012.1.9. 검색).

로 약 20,800주기의 착상전 유전자진단이 시행되었고 이 중 약 3,900주기에서 정상적 임신이 이루어졌으며, 약 3,160건의 분만을 통해 약 3,840명의 건강한 아이가 태어났다고 한다.[14]

Ⅲ. 독일 배아보호법상 착상전 유전자진단의 규율

1. 착상전 유전자진단의 규정에 관한 법률(PräimpG)의 제정 배경

독일에서 착상전 유전자진단은 이미 1990년대부터 미국을 중심으로 이루어져 왔고 전세계적으로 10,000명 이상의 유아가 그 혜택을 보고 있음에도 불구하고 인간으로 되어가는 생명의 선택에 대한 가치와 허용성에 대한 근본적인 문제가 끊임없이 제기[15]되었기 때문에 오랫동안 배아보호법(Embryonenschutzgesetz: ESchG)의 여러 규정에 의해 금지되었고, 무엇보다 임신 이외의 목적으로 난자의 수정, 배아유지 이외의 목적으로 인간 배아의 이용, 그리고 인간 배아의 복제는 금지되었다.[16] 그러나 독일에서도 착상전 유전자진단의 여러 장점으로 인해 그 허용에 관한 논의가 1990년대부터 실행 절차와 함께 시작되었고, 이때부터 윤리적, 종교적, 학문적, 정치적, 법적 차원에서 착상전 유전자진단에 대한 서로 다른 접근이 이루어졌다.[17]

그런데 독일연방대법원은 2010년 7월 6일 [사례 2]의 사안과 관련하여 "심각한 유전적 손상을 제거하기 위한 목적의 착상전 유전자진단은 독일 배아보호법 제1조 제1항 제2호[18]에 따른 가벌성이 없으며, 이러한 검사의 수행은 독일 배아보호법 제2

14) 이형송/김민지/강인수, 앞의 논문, 132면.

15) 구체적으로 여기서는 "누가 살아야만 하는가?, 누가 죽어야만 하는가?, 누가 결정해야만 하는가?"가 문제된다. 이에 대해 상세한 설명으로는 Braum, Menschenwürde und Biomedizin, Zum philosophischen Diskurs der Bioethik, 2000, S. 39 f., 108 f.

16) ESchG §§ 1 Abs. 1 Nr. 2, 2 Abs. 1 und 6.

17) Frank/von Hardenberg, Süddeutsche Zeitung Nr. 88 v. 15. 4. 2011, S. 5.

18) 독일 배아보호법 제1조(생식기술의 부정이용) ① 다음 각 호에 해당하는 자는 3년 이하의 자유형 또는 벌금에 처한다.

1. 타인의 미수정의 난자를 여성에게 이식한 자
2. 난자를 제공하는 부녀의 임신 이외의 목적으로 당해 난자를 인공수정 시킨 자
3. 일회의 시술 주기(Zyklus) 내에 3개 이상의 배아를 부녀에게 이식한 자

조 제1항[19]에 따른 가벌적인 인간 배아의 부당한 사용이 아니다."[20]는 주목할 만한 판결을 내림으로써 착상전 유전자진단의 허용성과 한계에 관한 논의를 새롭게 전개시켰다. 이 판결은 여러 측면에서 분석되었으나,[21] 기소된 의사의 무죄 판결이 "유전적 특성에 따른 무제한적 선별의 허용성에 대한 면허"를 의미하지는 않는다.[22] 이 판결의 주요 내용을 요약하면 다음과 같다:

> 독일연방대법원 형사 5부의 견해에 따르면 피고인은 배아보호법 제1조 제1항 제2호에 따른 가벌성이 인정되지 않는다. 왜냐하면 의사의 행위는 자신의 환자에게 임신을 돕기 위한 의도에 따른 것이기 때문이다. 피고인은 단지 건강한 배아만으로 임신을 유도하고자 했으며, 배아의 검사에는 가벌성을 야기하는 대체적인 의도가 아닌 단지 최종적으로 임신을 유도하기 위해 필요한 중간목적만이 있었다. 그리고 수행된 세포의 채취는 배아보호법 제2조 제1항의 의미에서 배아의 금지된 "사용"(Verwenden)이 아니다. 배아는 체외수정의 전체 과정 이외의 다른 어떤 목적으로도 도구화되지 않았을 뿐만 아니라 손상되지도 않았기 때문이다. 나아가 손상된 배아를 죽게 버려둔 행위는 어떠한 구성요건도 충족시키지 않는다. 피고인에게 이러한 배아에 대해 계속해서 생명을 유지시키기 위하여 환자인 부녀의 의사에 반하여 자궁에 수정시킬 어떠한 가능성도 없을 뿐만 아니라 추측되지도 않기 때문에 그러한 부작위가벌성은 탈락한다.[23]

---

4. 난관내배우자이식법(intraubaren Gametentransfer)을 통하여 일회의 시술 주기 내에 3개 이상의 난자를 수정시킨 자
5. 일회의 시술 주기 내에 이식할 수 있는 수를 초과하여 난자를 부녀에게 수정시킨 자
6. 다른 부녀에게 이식하거나 배아의 유지 이외의 목적으로 이용하기 위하여 자궁에서 착상이 종료되기 전에 부녀로부터 배아를 채취한 자
7. 스스로 자를 출생시킨 후 제3자에게 장기간 맡길 의사가 있는 자(대리모: Ersatzmutter)에게 인공수정을 하거나 인간의 배아를 이식한 자

19) 독일 배아보호법 제2조(인간 배아의 부당한 사용) ① 인공수정(체외수정)으로 생성되거나, 자궁에 착상되기 전에 부녀에게서 채취된 인간의 배아를 양도하거나, 배아 유지 이외의 목적으로 이를 제공, 취득 또는 사용한 자는 3년 이하의 자유형 또는 벌금에 처한다.
② 임신 이외의 목적으로 인간의 배아를 체외에서 계속 배양시킨 자도 제1항과 같다.
③ 이 조의 미수범은 처벌한다.

20) BGH, Urt. v. 6. 7. 2010 - 5 StR 386/09 - MedR 2010, 844 = NJW 2010, 2672 ff.

21) 예컨대 Dederer, "Zur Straflosigkeit der Präimplantationsdiagnostik -Anmerkungen zu BGH, Urt. v. 6. 7. 2010 - 5 StR 386/09 -", MedR 2010, 819 ff.; Schumann, "Anmerkung zum Urteil des BGH v. 6. 7. 2010", MedR 2010, 848 ff.

22) BGH, Urt. v. 6. 7. 2010, Rn. 29 m.w.N.

독일연방대법원의 이러한 판결을 계기로 독일 의회의 국회의원은 이러한 문제에 대해 깊은 관심을 갖게 되었고 착상전 유전자진단을 규정하기 위한 여러 법률초안[24]이 제출되었다. 그 결과 광범위한 사회적 논의가 전개되었고 2011년 7월 7일 독일 하원(Deutschen Bundestag)은 '착상전 유전자진단의 규정에 관한 법률'(PräimpG)을 찬성 326표, 반대 260표로 채택하였다.[25] 착상전 유전자진단의 규정에 관한 법률은 배아보호법 제3조a를 신설하고 몇몇 관련 조항을 개정함으로써 배아보호법상에 위치하게 되었다. 이로써 독일에서도 착상전 유전자진단은 원칙적으로 금지되고 이를 위반할 경우 형벌이 부과되지만 부모의 유전적 소인으로 인해 자녀에게 심각한 유전질환의 높은 위험성 또는 사산 내지 유산에 대한 높은 개연성이 있는 경우에 한하여 위법하지 않고 정당화될 수 있는 길이 열렸다.[26]

2. 독일 배아보호법 제3조a의 주요 내용

배아보호법 제3조a의 신설과 제9조의 개정을 통해 제정된 착상전 유전자진단의 규정에 관한 법률은 배아보호법 제3조a 제1항에 따른 착상전 유전자진단의 명백한 금지와 같은 조 제2항에 따른 예외에 대한 핵심적인 규정을 포함하고 있다.

우선, 배아보호법 제3조a 제1항은 착상전 유전자진단의 개념과 관련하여 "자궁에 이식하기 전에 체외에서 실시하는 배아의 유전자적 검사"로 법적 정의를 내리고 이러한 착상전 유전자진단을 한 자에 대해 1년 이하의 자유형 또는 벌금에 처함으로써 형법의 적극적 개입을 통해 착상전 유전자진단을 원칙적으로 금지하고 있다. 이러한 착상전 유전자진단에 대한 법적 정의는 "이 법률에서 배아란 핵융합 이후 수정되어 분화 능력이 있는 사람의 난자를 말하며, 나아가 일정한 조건하에서 분열하여 개체로 발생할 수 있는 배아로부터 채취된 미분화된 모든 세포를 포함한다."고 규정한

---

23) BGH, Urt. v. 6. 7. 2010 - 5 StR 386/09 - NJW 2010, 538.

24) BT-Dr. 17/5450; BT-Dr. 17/5451; BT-Dr. 17/5452.

25) Süddeutsche Zeitung Nr. 155 v. 8. 7. 2011, S. 1, 2, 4 참조. http://www.bundestag.de/dokumente/textarchiv/2011/35021821_kw27_angenommen_abgelehnt/index.htm.

26) Czerner, "Die Kodifizierung der Präimplantationsdiagnostik(PID) in § 3 a ESchG im Ensemble pränataldiagnostischer und schwangerschaftsbezogener Untersuchungen des Fötus", MedR 2011, 783 f.

배아보호법 제8조의 개념규정과도 일치한다.[27)]

둘째, 배아보호법 제3조a 제2항은 "난자를 제공하는 여성, 정자를 제공하는 남성 또는 양자 모두에게서 자녀에게 심각한 유전 질환의 높은 위험성이라는 유전적 소인의 사유가 있는 경우에 임신 목적으로 난자를 제공한 여성의 서면상 동의를 얻어 일반적으로 승인된 의학과 의료기술에 따라 자궁에 이식하기 전에 체외에서 배아 세포를 대상으로 이러한 질병의 위험에 대한 유전적 검사를 한 자는 위법하게 행위한 것이 아니다. 그리고 사산 또는 유산을 야기하는 데 높은 개연성을 갖는 배아의 심각한 손상을 확정하기 위해 난자를 제공하는 여성의 서면동의를 얻어 착상전 유전자진단을 행한 자도 위법하게 행위 한 것이 아니다."고 규정함으로써 착상전 유전자진단의 예외적 허용을 선언하고 있다. 이러한 예외개념에 따라 부모의 유전적 소인으로 인해 자녀에게 심각한 유전 질환에 대한 높은 위험성이 존재하거나(배아보호법 제3조a 제2항 제1문), 사산 또는 유산을 야기하는 데 높은 개연성을 갖는 배아의 심각한 손상(배아보호법 제3조a 제2항 제2문)이 확정될 경우[28)]에 임신 목적에 국한된 자궁 이식 전 체외 검사의 수행에 대한 위법성은 탈락한다.

셋째, 배아보호법 제3조a 제3항 제1문은 착상전 유전자진단의 절차와 관련하여 "전항에 따른 착상전 유전자진단은 1. 배아 세포에 대한 유전적 검사를 원하는 여성에게 의료적, 심리적 그리고 사회적 결과의 설명과 상담이 사전에 이루어지고, 이 경우 설명은 동의를 얻기 전에 선행될 것, 2. 착상전 유전자진단을 위해 허가된 센터에 설치된 학제간 다양한 구성원이 상호 참여한 윤리위원회가 제2항의 전제조건의 충족을 심사하고 긍정적 평가가 제출된 이후 일 것, 3. 착상전 유전자진단의 조치를 수행하기 위해 필요한 진단적, 의료적 그리고 기술적인 가능성을 처리하는 허가된 센터 내에서 이를 위해 일정한 자격을 갖춘 의사에 의할 것의 경우에 허용된다."고 규정하고 있다. 이에 착상전 유전자진단은 자격을 갖춘 의사에 의한 의학적, 심리적 그리고 사회적 결과에 대한 설명과 상담이 있고, 당해 여성의 서면동의를 얻어 학제간 상호 참여한 윤리위원회의 긍정적 표결이 있은 후에 허가된 착상전 유전자진단 센터에서만 수행된다.[29)] 그리고 "윤리위원회에서 거부된 사안을 포함하여 착상전

---

27) Bundesärztekammer, Memorandum zur PID, DÄBl. 2011, A-1702.

28) BT-Dr. 17/5451, S. 2, 8.

29) BT-Dr. 17/5452, S. 3, 7.

유전자진단의 범위 내에서 수행된 조치는 허가된 센터에 의해 중앙기구(Zentralstelle)에 익명화된 형태로 보고되고 문서화"되어야 하며(배아보호법 제3조a 제3항 제2문), "연방정부는 연방상원(Bundesrat)의 동의를 얻은 시행령을 통해 1. 그곳에서 종사하는 의사의 자격과 허가의 기간을 포함하여 착상전 유전자진단을 수행할 수 있는 센터의 수와 허가를 위한 전제요건, 2. 착상전 유전자진단을 위한 윤리위원회의 설치, 구성, 절차 그리고 재정, 3. 착상전 유전자진단의 범위 내에 수행된 조치에 관한 문서 업무가 의무화된 중앙기구의 설치와 조직화, 4. 중앙기구에 착상전 유전자진단의 범위 내에서 수행된 조치에 관한 보고의 요구와 문서에 대한 요구"에 대한 상세한 내용을 규정하여야 한다(배아보호법 제3조a 제3항 제3문).

넷째, 배아보호법 제3조a 제6항은 "연방정부는 매 4년마다 착상전 유전자진단의 경험에 관한 보고서를 발간한다. 보고서는 주요한 문서와 익명화된 데이터를 기초로 하여 매년 수행된 조치의 수와 학문적인 평가를 포함한다."고 규정하고 있다. 이는 윤리적으로 논란이 된 착상전 유전자진단의 제한된 허용에 관한 논의 과정에서 찬성론자뿐만 아니라 반대론자의 관심이 그간 독일에서 수집된 착상전 유전자진단에 관한 자료와 경험에 쏠리게 되었는데 이러한 관심을 적극적으로 반영한 것이다.

마지막으로, 배아보호법 제9조는 의사유보 사항으로 착상전 유전자진단을 신설하고(동조 제3호), 착상전 유전자진단 검사의 참여에 대한 의사의 비의무(배아보호법 제3조a 제5항) 그리고 배아보호법 제3조a 제3항 제1문에 위반하여 착상전 유전자진단을 수행한 자에게 50,000 유로 이하의 과태료를 부과하는 질서위반규정을 두고 있다(배아보호법 제3조a 제4항).[30)]

3. 독일 배아보호법 제3조a의 문제점

배아보호법 제3조a의 신설을 통해 착상전 유전자진단의 허용과 한계를 둘러싼 그간의 첨예하게 대립된 논쟁에 대해 잠정적 결론에 도달하였고 입법과정에서 명확한 정치적 요구가 입안되기도 하였지만 신설된 배아보호법 제3조a는 여전히 핵심적 의문과 관련하여 부분적으로 불분명하거나 전혀 규정되지 않은 등 여러 문제점을 보

---

30) Czerner, 앞의 논문, S. 784.

이고 있다.[31)]

첫째, 배아보호법 제3조a에 규정된 주요한 구성요건표지로 "심각한 유전 질환의 높은 위험성"과 "사산 또는 유산을 야기하는 데 높은 개연성을 갖는 배아의 심각한 손상의 확정"(배아보호법 제3조a 제2항)이라는 용어가 있다.[32)] 여기서 이러한 개념들이 얼마만큼 명확하게 규정될 수 있는 것인지, 착상전 유전자진단의 적법성(Rechtmäßigkeit) 내지 위법성(Rechtswidrigkeit)의 해석에 관한 다툼이 규범상 이미 내포해 있는 것은 아닌지 등의 의문이 제기될 수 있다. 이와 관련하여 법률초안의 제안서에 따르면 무엇보다 "현저히 낮은 생존가능성 또는 질병의 중증성과 곤란한 치유가능성을 통해 다른 유전 질환과는 본질적으로 구분"[33)]되는 유전 질환은 심각한 것으로 평가된다. 이러한 유전 질환에 대한 높은 개연성은 한편으로 독일에서 거주하는 인구의 일반적인 위험과 상관관계를 맺고 있으며, 다른 한편으로 법률규정에 따른 개연성은 유전적인 소인의 전이가능성과 조합성을 유전학적으로 평가하여 산출할 수 있다. 따라서 이러한 불명확한 구성요건의 전제조건은 여성 또는 부부의 유전자적 특징과 관련된 의학적 전문지식의 도움에 의해서만 해석이 가능하다. 또한 이들은 배아보호법 제3조a의 전제조건의 충족 여부를 검토하기 위해 구성된 착상전 유전자진단에 대한 윤리위원회를 통해 개별사례마다 평가가 이루어질 수밖에 없으며, 이러한 평가에 의해 동시에 위법성에 대한 법적인 평가가 예단될 수 있을 것이다.[34)]

둘째, 배아보호법 제3조a에 따른 착상전 유전자진단은 "일회의 시술 주기(Zyklus) 내에 3개 이상의 배아를 부녀에게 이식한 자" 또는 "일회의 시술 주기 내에 이식할 수 있는 수를 초과하여 난자를 부녀에게 수정시킨 자"를 3년 이하의 자유형 또는 벌금에 처하는 배아보호법 제1조 제1항 제3호 및 제5호[이른바 세 개 규정(sog. Dreier-Regel)[35)]]에 따른 제한을 받는다. 하지만 국제적 경험에 의하면 "착상전 유

---

31) 이에 대한 상세한 분석으로는 Hübner und Pühler, "Die neuen Regelungen zur Präimplantationsdiagnostik –wesentliche Fragen bleiben offen–", MedR 2011, 789 ff.

32) 독일은 입법과정에서 특정 질병의 단편화를 방지하기 위해 적극적 목록의 예시를 포기하였다 (BT-Dr. 17/5451 zu Art. 1 Nr. 1 § 3 a, S. 8).

33) BT-Dr. 17/5451, S. 10.

34) Hübner und Pühler, 앞의 논문, S. 792 f.

35) 이에 대한 상세한 설명으로는 Günther/Taupitz/Kaiser, Embryonenschutzgesetz, Juristischer Kommentar mit medizinisch-naturwissenschaftlichen Einführungen, 2008, S. 107 ff. 참조.

전자진단을 위해서는 평균적으로 6.9개의 배아가 필요하고 유전자진단에 따라 평균적으로 1.7개의 배아가 이식 가능한 것으로 분류된다."[36]고 알려져 있고, 독일 윤리위원회도 "세 개 규정의 준수 하에서 착상전 유전자진단의 수행은 국내외의 전문가의 견해에 의하면 전적으로 실행 가능성이 없는 것으로 평가되고 있음"[37]을 지적했다. 이 때문에 "착상전 유전자진단에 의해 수행된 처치의 성공이라는 측면과 과다한 잔여배아의 회피라는 목적과의 사이에"[38] 적절한 타협이 요구된다. 그렇지 않고 세 개 규정을 임의로 확대하여 해석할 경우에 일련의 처치 과정을 통해 모(Mutter)에게 지속적인 부담이 가해질 수밖에 없다는 것이 지적되었고, 이에 따라 배아보호법 제1조 제1항 제5호의 개정에 대한 검토가 제안되었다. 이와 관련하여 독일 연방의사협회는 배아보호법 제1조 제1항 제5호의 개정에 대해 찬성하고 있다. 즉 처치를 담당하는 의사는 이식에 적합한 충분한 배아의 수를 가지고 착상전 유전자진단이 이루어지게 하고 과다한 배아의 수가 가능한 적게 남을 수 있도록 심사숙고하여 수정시킬 난자의 수를 확정할 수 있어야 하며, 특정한 최대 개수의 확정은 권고되지 않는다는 것이다.[39] 그러나 독일연방대법원은 2010년 7월 6일의 판결에서 이에 대해 판시하지 않았고 배아보호법상의 개정도 이루어지지 않았다. 그 결과 배아보호법의 규범수범자로서 의사에 대한 법적 불안정성은 여전히 극복되지 않고 있다.[40]

셋째, 착상전 유전자진단은 배아보호법 제3조a 제3항 제1문 제3호에 따라 "착상전 유전자 진단이라는 조치의 수행에 필요한 진단적, 의료적 그리고 기술적 가능성을 처리"하는 허가된 착상전 유전자진단 센터에서 수행하게 된다. 이와 관련하여 한편으로 배아보호법에서 상세하게 규정하지 않는 "센터"라는 개념을 어떠한 조직으로 이해해야 하는지 또는 이해할 수 있는지에 대해 의문이 제기된다. 다만 학계에서는 본질적으로 두 가지 모델이 논의되고 있다. 즉 하나는 착상전 유전자진단을 수행하

36) Deutscher Ethikrat, Präimplantationsdiagnostik, Stellungnahme des Deutschen Ethikrates, 2011, S. 58 m.w.N.
37) Deutscher Ethikrat, Präimplantationsdiagnostik, Stellungnahme des Deutschen Ethikrates, 2011, S. 19.
38) Deutscher Ethikrat, Präimplantationsdiagnostik, Stellungnahme des Deutschen Ethikrates, 2011, S. 53.
39) Bundesärztekammer, Memorandum zur PID, DÄBl. 2011, A-1706.
40) Hübner und Pühler, 앞의 논문, S. 793.

는 조직, 즉 단일모델로서 인간 유전자적 조직 모델이고, 다른 하나는 착상전 유전자진단과 체외수정 시술을 함께 수행하는 조직, 즉 재생의료적 및 인간 유전자적 조직의 통합모델이다. 첫 번째 단일모델의 경우에 하나 또는 다수의, 예컨대 흔히 볼 수 있는 불임클리닉과 같은 재생의료적 조직이 인간 유전자적 조직으로서 착상전 유전자진단 센터와 협력을 할 수 있다. 이 경우에 의료상의 이유로 인해 두 조직 사이의 밀접한 관계 형성이 반드시 필요하지는 않다. 즉 체외수정 단계에서 거주지에서 가장 인접한 곳에 위치한 불임클리닉에서 환자에 대한 처치와 간호가 이루어질 것이다. 반면에 두 번째 통합모델의 경우 하나의 재생의료적 조직이 착상전 유전자진단 센터로서의 인간 유전자적 조직과 공간상 인접한 곳에서 직접적으로 함께 업무를 수행할 수 있다. 이때 무엇보다 두 조직의 성격 모두를 가지고 있는 이러한 센터가 어떠한 전문의료적 책임을 부담해야 하는가라는 의문이 제된다. 무엇보다 이러한 성격을 갖는 제한된 수의 센터만이 허가될 경우에 환자에 대한 재생의료적 처치는 더 이상 주거지에서 인접한 곳에서 불가능하다. 하지만 이러한 체외수정-착상전 유전자진단의 통합모델 체제는 다른 체외수정만을 전문적으로 수행하는 조직인 보통의 불임클리닉과 비교할 때 경쟁우위에 설 수 있다.[41)]

다른 한편으로 착상전 유전자진단 센터의 설치 개수에 대한 정치적으로 의도된 제한이 실무상 얼마만큼 실현될 수 있을지 여부도 불명확하게 남아 있다. 배아보호법 제3조a 제3항 제3문에 따르면 연방정부는 시행령을 통해 "그곳에서 종사하는 의사의 자격과 허가의 기간을 포함하여 착상전 유전자진단을 수행할 수 있는 센터의 수와 허가를 위한 요건에 대한 상세한 내용"을 규율해야 한다. 센터의 수에 대한 제한은 결과적으로 시행령에서 규정해야 하는 허가 요건에 의해 간접적으로 실현될 수 있다. 하지만 독일 내에 단지 소수의 개수로 또는 각 주에 하나만으로 센터의 수를 제한하는 것은 의도된 바가 아니다. 독일 연방 전체의 차원에서 각 주마다 적어도 하나의 센터를 허가할지 여부는 현재까지 논의되고 있지 않다.[42)]

마지막으로, 배아보호법 제3조a 제3항 제1문 제2호에 따르면 착상전 유전자진단의 전제요건의 충족 여부를 심사하기 위하여 센터에 윤리위원회를 설치해야 한다. 이와 관련하여 우선 "윤리위원회"라는 개념이 적합한 선택은 아니라고 한다. 즉 의

41) Hübner und Pühler, 앞의 논문, S. 794.
42) Hübner und Pühler, 앞의 논문, S. 795.

약품법(Arzneimittelgesetz: AMG) 제40조 제1항과 의료제품법(Gesetz über Medizinprodukte: MPG) 제20조 제1항에 따라 활동하는 윤리위원회와의 혼동을 회피하기 위해 "착상전 유전자진단 위원회"라는 표현이 보다 적절할 수 있다. 그리고 윤리위원회의 주요 활동 과제와 관련하여 의약품법과 의료제품법에 따라 활동 중인 기존의 윤리위원회가 착상전 유전자진단의 규정에 관한 법률과 그에 따른 시행령에 따른 과제를 위임받을 수 없고 착상전 유전자진단과 관련된 위원회는 독자적인 과제를 가지고 있음이 분명하다. 무엇보다 윤리위원회가 소송으로 이어지는 거부권을 행사하는 경우에 윤리위원회의 법률적 위치에 관한 문제는 중요한 의미를 갖는다. 때문에 기본적으로 착상전 유전자진단 윤리위원회의 설치를 위한 권한을 주 의사협회에 위임하는 것을 고려해 볼 수 있다.

그리고 배아보호법 제3조a 제3항 제1문 제2호에 따른 윤리위원회를 센터"에" 설치해야만 하는 것도 문제이다. 윤리위원회는 독자적으로 활동하고 착상전 유전자진단 센터와는 조직상, 구조상 독립되어 있어야 한다는 것은 해당 전문영역에서 이미 분명히 인정되고 있다. 나아가 얼마나 많은 윤리위원회가 설치되어야 하는 것인지 그리고 다수의 윤리위원회가 설치되었을 경우에 거부권을 행사했을 때 또 다른 윤리위원회를 찾아가는 이른바 '위원회투어'(Kommissionstourismus)를 방지하기 위해 본질적 문제에 대해 어떤 방식으로 통일적인 해석이 이루어져야 하는지 등도 여전히 의문이다. 따라서 이러한 문제를 해결하기 위해 예컨대 각 주마다 하나의 주 착상전 유전자진단 윤리위원회가 설치되고 이와 더불어 상위의 연방 착상전 유전자진단 윤리위원회를 설치하는 것을 고려해 볼 수 있다. 연방 착상전 유전자진단 윤리위원회는 다툼이 있는 문제에 대해 상위의 "두 번째 심급기관"으로 역할을 하며, 연방 차원의 통일적인 해석과 평가기준을 마련하기 위해 개별 주 착상전 유전자진단 윤리위원회는 연방 차원에서 정기적으로 교체되도록 설치될 필요가 있다.[43)]

43) Hübner und Pühler, 앞의 논문, S. 795.

Ⅳ. 비교법적 검토 및 시사점

1. 우리나라 생명윤리법상 착상전 유전자진단 규정과 비교

(1) 생명윤리법상 착상전 유전자진단 규정의 내용

우리나라에서 착상전 유전자진단에 관한 규율은 생명윤리법에서 찾을 수 있다. 생명윤리법은 유전자검사에 대해 "인체유래물로부터 유전정보를 얻는 행위로서 개인의 식별 또는 질병의 예방·진단·치료 등을 위하여 하는 검사를 말한다."(생명윤리법 제2조 제15호)고 정의하고 있으므로 착상전 유전자진단은 이러한 유전자검사의 하위개념으로 이해할 수 있다. 이러한 유전자검사 개념정의를 바탕으로 생명윤리법 제50조(유전자검사의 제한) 제2항은 "유전자검사기관은 근이영양증이나 그밖에 대통령령이 정하는 유전질환을 진단하기 위한 목적으로만 배아 또는 태아를 대상으로 유전자검사를 할 수 있다."고 함으로써 착상전 유전자진단과 산전진단을 같은 조항에서 규정하고 있다. 이때 생명윤리법 제50조 제2항에서 말하는 "대통령령이 정하는 유전질환"은 동시행령 [별표 3]에 따라 수적 이상 염색체이상질환 등을 포함하여 62종의 유전 질환으로 규정하고, 동시행령 [별표 3] 제63호에 따른 "그밖에 질환의 예후 등이 제1호부터 제62호까지의 질환과 같은 수준의 유전질환으로서 보건복지부장관이 지정·고시한 유전질환"으로는 91종이 검사대상으로 고시되어 있다.[44] 그리고 제50조의 규정을 위반하여 착상전 유전자진단을 행하는 경우에 동법 제67조 제6호에 따라 "2년 이하의 징역 또는 3천만원 이하의 벌금"에 처해진다.

(2) 독일 배아보호법 제3조a와의 비교

우리나라 생명윤리법상 착상전 유전자진단에 관한 규율 내용을 앞서 언급한 독일 배아보호법 제3조a와 비교하면 다음과 같은 공통점과 차이점을 발견할 수 있다.

우선, 우리나라와 독일은 동일하게 착상전 유전자진단을 원칙적으로 금지하고 예외적으로 허용하는 한편 이러한 금지규범의 위반에 대해 형벌을 부과함으로써 배아보호를 위해 형법의 적극적 개입을 선언하고 있다. 다만 그 허용대상으로서의 유전

44) 2011년 11월 14일 보건복지부고시 제2011-140호.

질환의 범위에 대해 독일이 부모의 유전적 소인으로 인해 자녀에게 심각한 유전 질환에 대한 높은 위험성이 존재하거나(배아보호법 제3조a 제2항 제1문), 사산 또는 유산을 야기하는 데 높은 개연성을 갖는 배아의 심각한 손상이 확정될 경우(배아보호법 제3조a 제2항 제2문)로 다소 모호한 개념으로 규정하고 있으나, 우리나라는 생명윤리법 시행령과 보건복지부고시를 통해 유전 질환의 목록을 예시적으로 나열하고 있다. 그리고 법정형에 있어서도 독일이 1년 이하의 자유형과 벌금인 반면 우리나라는 2년 이하의 징역 또는 3천만원 이하의 벌금으로 차이를 보이고 있다. 이와 관련하여 독일에서 "심각한 유전 질환의 높은 개연성"과 "사산 또는 유산을 야기하는 데 높은 개연성"이라는 구성요건표지가 불명확하다는 비판이 있으나 이러한 비판은 우리나라와 같이 하위 법령에서 유전 질환의 목록을 보다 구체적으로 규정함으로써 충분히 해소될 수 있으리라 본다. 또한 법정형에 있어서도 차이가 있으나 이는 두 국가의 형법상 법정형의 전체적 체계를 고려해서 판단해할 문제로 단순히 우리나라의 법정형이 높다고 하여 문제가 된다고 볼 수 없다.

둘째, 착상전 유전자진단은 독일의 경우 허가된 착상전 유전자진단 센터에서(배아보호법 제3조a 제3항 제1문 제3호), 우리나라는 보건복지부장관에게 신고한 유전자검사기관에서 수행(생명윤리법 제49조 제1항)하게 함으로써 일정한 시설과 인력을 갖춘 곳으로 한정시키고 있다. 이와 관련하여 독일의 착상전 유전자진단 센터의 조직모델에 대해 착상전 유전자진단만을 수행하는 단일모델과 착상전 유전자진단과 체외수정을 함께 수행하는 통합모델이 논의되고 있는데, 우리나라는 배아생성의료기관(생명윤리법 제22조 제1항)[45]과 유전자검사기관(생명윤리법 제49조 제1항)[46]을 별도로 구분하여 규정하고 있다. 그런데 이러한 생명윤리법에 따르면 배아생성의료기관에서 생성된 배아를 유전자검사기관에 보내서 착상전 유전자진단을 하는 것이 가능한데, 실질적으로 착상전 유전자진단은 배아생성 후 3일 이내에 시행하여야 하고, 그 검사 결과를 바탕으로 유전적으로 건강한 배아를 선택하여 자궁에 착상하는데 소요되는 시간

45) 생명윤리 및 안전에 관한 법률 제14조(배아생성의료기관의 지정 등) ① 체외수정을 위하여 난자 또는 정자를 채취 · 보존하거나 이를 수정시켜 배아를 생성하려는 의료기관은 보건복지부장관으로부터 배아생성의료기관으로 지정받아야 한다.

46) 생명윤리 및 안전에 관한 법률 제49조(유전자검사기관) ① 유전자검사를 하려는 자는 유전자검사항목에 따라 보건복지부령으로 정하는 시설 및 인력 등을 갖추고 보건복지부장관에게 신고하여야 한다. 다만, 국가기관이 유전자검사를 하는 경우에는 그러하지 아니하다.

을 고려하면 통상적으로 24시간의 여유밖에 없으므로 배아생성의료기관 이외에서 착상전 유전자진단을 하는 것은 실질적으로 불가능하다고 한다.[47] 따라서 이러한 현실적인 시간문제를 해결하기 위하여 배아생성의료기관 내에 착상전 유전자진단이 가능한 유전자검사기관을 법에 규정한 바에 따라 보건복지부에 신고하도록 한 후 동일한 기관 내에서 자체적으로 착상전 유전자진단이 이루어지도록 하는 통합모델로의 운영이 바람직하다고 본다.

셋째, 우리나라와 독일은 윤리위원회를 통하여 착상전 유전자진단의 허용요건의 충족 여부를 심의하도록 하고 있다. 이와 관련하여 독일은 착상전 유전자진단 센터 내에 의약품법(AMG)과 의료제품법(MPG)에 따라 설치된 윤리위원회와 구분되는 별도의 윤리위원회를 설치하여 착상전 유전자진단의 대상이 되는 심각한 유전 질환의 높은 개연성 등에 해당하는지 여부를 포함한 전반적인 사항을 심의한다. 반면에 우리나라는 생명윤리법 제50조 제1항의 규정에 따라 금지되는 유전자검사의 종류에 관한 사항은 국가생명윤리위원회에서 심의하도록 하고 있다(생명윤리법 제7조 제9호). 다만, 구 생명윤리법 제9조 제1항 제4호 및 제2항에 따르면,[48] 구 생명윤리법 제24

---

47) 김장한, 앞의 논문, 2503면.

48) 구 생명윤리 및 안전에 관한 법률 제9조(기관생명윤리심의위원회의 설치 및 기능) ① 다음 각 호의 기관은 생명과학기술에 있어서의 생명윤리 및 안전을 확보하기 위하여 해당 기관에 기관생명윤리심의위원회(이하 "기관위원회"라 한다)를 두어야 한다

1. 제14조제1항에 따라 보건복지부장관으로부터 지정받은 배아생성의료기관
2. 제18조에 따라 보건복지부장관에게 등록한 배아연구기관
3. 제23조에 따라 보건복지부장관에게 등록한 체세포복제배아연구기관
4. 제24조제1항에 따라 보건복지부장관에게 신고한 유전자검사기관
5. 제32조제1항 본문에 따라 보건복지부장관의 허가를 받은 유전자은행
6. 제37조제1항에 따라 보건복지부장관에게 신고한 유전자치료기관
7. 그밖에 윤리적 · 사회적으로 심각한 영향을 미칠 수 있는 생명과학기술을 연구 · 개발 또는 이용하는 기관으로서 보건복지부령으로 정하는 기관

② 기관위원회는 제1항 각호의 기관에서 행하여지는 생명과학기술의 연구 · 개발 또는 이용에 관하여 다음 각호의 사항을 심의한다.

1. 생명과학기술 연구계획서의 윤리적 · 과학적 타당성
2. 환자 또는 정자 · 난자 · 검사대상물의 제공자로부터 적법한 절차에 따라 동의를 받았는지의 여부
3. 환자, 정자 · 난자 · 검사대상물의 제공자 또는 유전정보의 주체에 대한 안전대책 및 정자 · 난자 · 검사대상물을 타인에게 제공하는 경우에 성명 · 주민등록번호 등 개인을 식별할 수 있는 정보(이하 "개인정보"라 한다)에 대한 보호대책
4. 그밖에 제1항 각호의 기관에서 행하여지는 생명과학기술의 연구 · 개발 또는 이용에 관한

조 제1항에 따라 보건복지부장관에게 신고한 유전자검사기관에는 별도의 기관생명윤리위원회를 설치하여 이곳에서 생명과학기술 연구계획서의 윤리적·과학적 타당성 등을 심의하도록 하였으나, 현행 생명윤리법 제10조 제1항은 유전자검사기관에 기관생명윤리위원회 설치 조항을 삭제하였다. 즉 종래 우리나라의 유전자검사기관 윤리위원회가 독일의 착상전 유전자진단 센터 내의 윤리위원회와 비교 될 수 있으나, 독일의 착상전 유전자진단 센터 내의 윤리위원회가 보다 포괄적인 심의 권한을 가지고 있다. 나아가 양 국가 모두 이러한 착상전 유전자진단 윤리위원회에서 거부권을 행사할 경우에 나타날 수 있는 '위원회투어'의 문제와 본질적인 사항에 대한 통일적 해석의 문제가 있으나, 우리나라의 경우에 이러한 문제는 "그밖에 윤리적·사회적으로 심각한 영향을 미칠 수 있는 생명과학기술의 연구·개발 또는 이용에 관하여 심의위원회의 위원장이 부의하는 사항"(생명윤리법 제7조 제1항 제10호)에 해당하다고 보아 국가생명윤리위원회에서 심의하는 방식으로 해결할 수 있다고 본다.

마지막으로, 우리나라와 독일 모두 착상전 유전자진단을 위해 다소간의 차이가 있으나 설명과 상담, 서면동의(생명윤리법 제51조/배아보호법 제3조a 제3항 제1문), 기록 보관 및 정보의 공개(생명윤리법 제52조/배아보호법 제3조a 제3항 제2문), 착상전 유전자진단의 경험 보고서 등의 발간(생명보호법 제5조 제1항[49]/배아보호법 제3조a 제6항) 등을 요구한다는 공통점을 보이고 있다.

2. 형법적 관점에서의 시사점

(1) 착상전 유전자진단의 허용요건과 관련된 '임신 이외의 목적'의 해석

우리나라와 독일은 착상전 유전자진단에 대해 원칙적 금지, 예외적 허용이라는 구조를 취하면서 착상전 유전자진단이 정당화되기 위해서는 '임신 이외의 목적'이 아닌 '임신 목적'을 위한 것이라는 주관적 구성요건을 요구하고 있다. 즉 착상전 유전자진단을 위해서는 그 전단계로서 체외수정에 따른 배아생성이 필요한데, 우리나

사항

49) 생명윤리 및 안전에 관한 법률 제5조 제1항은 "국가와 지방자치단체는 생명윤리 및 안전에 관한 문제에 효율적으로 대처할 수 있도록 필요한 시책을 마련하여야 한다."고 규정하고 있는데, 이러한 국가 책무 중에 착상전 유전자진단에 관한 경험보고서의 발간 등이 포함될 수 있다고 본다.

라 생명윤리법 제23조 제1항은 “누구든지 임신외의 목적으로 배아를 생성하여서는 아니 된다.”고 규정하고 있고, 독일 배아보호법 제1조 제1항 제2호는 “난자를 제공하는 부녀의 임신 이외의 목적으로 당해 난자를 인공수정 시킨 자”라고 규정하여 ‘임신 이외의 목적’이라는 주관적 구성요건의 해석이 착상전 유전자진단의 가벌성의 인정 여부와 관련하여 중요한 문제로 등장한다.[50)]

이와 관련하여 착상전 유전자진단을 전제로 배아를 생성함에 있어 여성의 임신을 유일한 목적으로 하여 1단계 체외수정, 2단계 착상전 유전자진단, 3단계 자궁 이식 여부의 최종결정이라는 일련의 과정 속에서 누적적인 고의요소로서 매 단계마다 반드시 임신 목적이 요구되는 것인가, 아니면 여성의 임신 목적이 어쨌든 존재하기만 하면 이를 통해 예컨대 잔여배아의 폐기와 같은 다른 목적, 즉 임신 이외의 목적이 동시에 존재한다고 할지라도 가벌성이 탈락하는 것인가라는 주관적 구성요건표지를 확정함에 있어 어려움에 처한다.[51)] 만일 전자와 같은 입장에 따르면 [사례 1, 2]에서 보듯이 의사는 임신 목적으로 착상전 유전자진단을 시행하고 임신을 성공시켜 소망한 결과인 건강한 아이를 탄생시켰음에도 불구하고 잔여배아의 폐기행위는 임신 이외의 목적에 의한 것으로, 즉 행위자는 착상전 유전자진단의 과정에서 잔여배아 폐기의 가능성을 인식하면서 이를 용인 또는 감수하고 행위를 하였기 때문에 잔여배아 폐기의 고의가 인정[52)]되어 가벌성을 인정할 수 있다는 뜻하지 않는 결과에 직면할 수 있다.

생각건대 ‘임신 목적’이라는 주관적 구성요건표지는 착상전 유전자진단의 전체적인 과정의 맥락에서 임신이라는 최종적인 목표를 향한 하나의 통일적인 절차에 대한 인식과 의욕으로 이해하여 ‘임신 목적’과 ‘임신 이외의 목적’은 서로 상충적 관계에 있는 것으로 파악하는 것이 타당하다고 본다.[53)] 이에 따르면 착상전 유전자진단

---

50) 이들 규정을 위반한 경우 우리나라는 생명윤리법 제66조 제1항 제3호에 따라 3년 이하의 징역으로, 독일은 배아보호법 제1조 제1항에 따라 3년 이하의 자유형 또는 벌금으로 처벌된다.

51) 이에 대한 상세한 분석으로는 김나경, “‘주관적 구성요건표지’를 매개로 하는 생명공학의 규율원리 모색 -착상 전 유전자 진단(PGD)의 문제를 중심으로-”, 형사법연구 제19권 제3호, 2007, 777면 이하 참조.

52) 김나경, 앞의 논문, 789면.

53) 같은 취지로 김나경, 앞의 논문, 794-795면; 이석배, “착상전유전자진단과 산전유전자진단에 대한 형법적 제재의 정당성”, 한양법학 제23권 제1집, 2012, 51-53면; Schneider, “Auf dem Weg zur gezielten Selektion -Strechtliche Aspekte der Präimlantationsdiagnostik”, MedR

의 과정에서 발생하는 잔여배아의 폐기는 임신 목적이라는 최종적인 목표를 향하여 나가는 과정 속에서 행위자가 원하지 않았던 불가피한 부수적 결과에 지나지 않으므로 잔여배아 폐기의 독자적인 불법성을 인정할 수 없다. 독일연방대법원도 [사례 2]의 사안에 있어 같은 취지로 피고인이 비록 잔여배아를 죽게 하였지만 피고인의 행위는 자신의 환자에게 임신을 돕기 위한 의도에 따라 단지 건강한 배아만으로 임신을 유도하고자 했기 때문에 배아보호법 제1조 제1항 제2호에 따른 가벌성이 인정되지 않는다고 판시한 바 있다.[54]

(2) 잔여배아 폐기의 문제

착상전 유전자진단은 체외수정 시술을 통해 생성된 배아 중에서 유전적 결함이 없는 배아는 살아남고 그렇지 못한 배아는 폐기되는, 즉 누군가는 살아남고 누군가는 죽어야만 하는 근본적인 윤리적 문제에 직면한다. 더욱이 착상이전의 배아에 대해 생명권을 부여하고 인간의 존엄성을 인정함으로써 형법상의 절대적 생명보호원칙을 적용할 경우 잔여배아의 폐기, 즉 생명의 말살을 불가피하게 수반하는 착상전 유전자진단은 언제나 허용될 수 없다는 견해가 도출될 수 있다.[55] 이러한 견해에 따르면 체외 수정된 배아의 인간적 생명은 소모적 재료가 아니기 때문에 윤리적 이유 없이 인간존엄의 불가침성과 인간생명의 처분불가능성의 기본원칙을 전적으로 포기할 수 없다고 한다.[56]

그러나 이러한 견해는 현행 형법 체계 아래에서는 타당하지 않다고 본다. 배아보호에 대한 형법상 법익은 배아의 생명권에 있음에 틀림없다.[57] 하지만 배아가 출생

2000, S. 362; Ratzel/Heinemann, “Zulässigkeit der Präimlantationsdiagnostik nach Abschnitt D, Ⅳ Nr. 14 Satz 2(Muster-)Berufsordnung -Änderungsbedarf?”, MedR 1997, S. 542.

54) BGH, Urt. v. 6. 7. 2010 -5 StR 386/09 - NJW 2010, 538.

55) Schroth/김성돈(역), “법의학의 현대의 법이론 및 법철학의 신경향 -의료윤리학, 생명윤리학 그리고 법”, 법철학연구 제9권 제1호, 2006, 272면.

56) 김일수/이석배, “착상이전단계에서 배아생명보호”, 형사법연구 제16호, 2001, 34면.

57) 최근 헌법재판소는 배아의 생명권을 언제부터 인정하여 기본권의 주체 내지 국가의 보호의무를 부과할 수 있는가의 문제와 관련하여 “초기배아는 수정이 된 배아라는 점에서 형성 중인 생명의 첫걸음을 떼었다고 볼 여지가 있기는 하나 아직 모체에 착상되거나 원시선이 나타나지 않은 이상 현재의 자연과학적 인식 수준에서 독립된 인간과 배아 간의 개체적 연속성을 확정하기 어렵다고 봄이 일반적이라는 점, 배아의 경우 현재의 과학기술 수준에서 모태 속에서 수용될 때 비로소 독립적인 인간으로의 성장가능성을 기대할 수 있다는 점, 수정 후 착상 전

을 통해 하나의 인간이 될 잠재성, 인간생명의 발전과정이 지니는 연속성, 배아와 인간 간의 유전적 동일성, 배아와 인간 모두 호모 사피엔스라는 생물학적 동종성 등으로 인해 인간과 동일하게 생명권이 부여되었다고 하더라도 그 보호의 정도에 있어서까지 동일성이 요구될 수 없다.[58] 즉 '되어가는 인간으로서 배아'(Embryonen als ein werdender Mensch)에게 생명권이 인정된다고 하더라도 인간과 동일한 정도로 절대적으로 보호받아야 하며, 결코 희생될 수 없다는 의미는 아니다. 형법상 살인죄, 영아살해죄, 낙태죄가 인간생명의 발달단계에 따라 법적 보호수준을 달리하고 있는 것은 생명권은 인간의 존엄과 가치와 달리 인간생명의 발달단계에 따라 그 보호를 단계적으로 달리할 가능성을 형법적 차원에서 이미 인정하고 있기 때문이다.[59] 이는 통상적인 배아, 잔여배아, 복제된 배아 모두 생명권의 주체가 되지만 배아의 생명권은 일정한 경우에 이익형량을 통해 제한될 수 있음을 의미한다. 따라서 생명윤리법 제23조 제1항의 임신외의 목적으로 한 배아생성금지, 생명윤리법 제29조의 잔여배아연구, 동법 제25조에 따른 착상전 유전자진단에 불가피하게 수반되는 잔여배아의 폐기는 그 목적의 정당성, 원칙적 금지·예외적 허용이라는 규범구조상 규율방법의 적정성과 침해의 최소성이 인정되며, 잔여배아 폐기의 경우 아직 발전되지 않은 형태로 나타나는 배아의 이익과 건강한 자녀를 얻고 이들과 함께 삶을 향유하고자 하는 여성과 부부의 삶의 이익을 형량할 때 법익의 균형성까지 갖추었다고 판단된다. 결국 잔여배아를 포함한 배아의 생명권은 형법상 절대적으로 보호되는 것이 아니라 여성과 부부의 중대한 삶의 이익과의 형량을 통해 차등적으로 보호될 뿐이다. 다만 헌법재판소가 "인간으로 발전할 잠재성을 갖고 있는 초기배아라는 원시생명체에 대하여도 헌법적 가치가 소홀히 취급되지 않도록 노력해야 할 국가의 보호의무가 있음"[60]을 분명히 하고 있으므로 국가는 배아의 생명권을 보호할 의무가

의 배아가 인간으로 인식된다거나 그와 같이 취급하여야 할 필요성이 있다는 사회적 승인이 존재한다고 보기 어려운 점 등"을 논거로 하여 수정 후 원시선이 생기기 전 초기배아에 한하여 인간존엄과 생명권의 기본권 주체성을 부정하여 '수정시설'이 아닌 '수정후14일설'의 입장을 취하고 있다(헌법재판소 2010.5.27. 선고 2005헌마346 결정).

58) 김나경, 앞의 논문, 794면.

59) 인간생명의 단계적 보호에 대해서는 이석배, "생명윤리에 대한 형법적 보호의 범위와 한계", 동아법학 제42호, 2008, 153-155면; Hilgendorf/이상돈 · 홍승희(역), 형법의 세계화와 전문화, 박영사, 2010, 202-204면 참조.

60) 헌법재판소 2010.5.27. 선고 2005헌마346 결정.

있으며 배아 생명의 파괴를 최소화하도록 노력해야 한다.[61)]

(3) 생명윤리 영역에 형법의 개입

독일은 그 동안 배아보호를 충실히 하기 위하여 착상전 유전자진단이 갖는 여러 효용성에도 불구하고 착상전 유전자금지를 전면적으로 금지하여 오다 "또 다시 위험한 임신을 감내하기를 원하지 않는 매년 약 200쌍에 달하는 부모"[62)]를 고려하여 착상전 유전자진단에 대해 배아보호법 제3조a를 통해 원칙적 금지·예외적 허용이라는 방향으로 선회하였다. 이는 착상전 유전자진단에 대한 형법적 개입에 있어 한 걸음 후퇴하였음을 의미한다. 그러나 이러한 후퇴에도 불구하고 우리나라와 독일은 착상전 유전자진단을 포함한 생명윤리 영역에 있어 형법적 규제수단을 여전히 고수하고 있다. 하지만 이러한 생명윤리 영역에 형법적 개입은 다음과 같은 이유에서 최소화할 필요가 있다고 본다. 하나는, 형법은 규범의 수범자인 시민에게 영웅적 행위를 요구해서는 안 되며 윤리적 최소한에 만족하여야 하기 때문이다. 유전적 결함이 있는 태아에 대한 의학적 사유에 의한 낙태가 허용되는 것(모자보건법 제14조, 동시행령 제15조)은 장애아를 키울 여성과 부모에 대한 정신적, 육체적 고통을 고려한 것이며, 그러한 희생을 형법적 수단으로 강제하는 것을 포기한다는 것을 의미한다. 이러한 실정법상의 태도를 부인하고 착상전 유전자진단이 배아보호를 점차 희석시킴으로써 종국에 배아보호를 붕괴시키는 단초가 될 수 있다는 우려만을 가지고 심각한 유전적 결함 여부를 착상전 단계에서 충분히 진단할 수 있음에도 불구하고 형법의 이름으로 이를 원천적으로 차단함으로써 낙태될 배아를 착상시켜야만 하거나 심지어 유전적 결함이 있는 자녀의 출생을 강제하는 것은 형법이 규범수범자로 하여금 영웅적 행위와 윤리적 최대한을 요구하는 것으로 타당하지 않다.[63)] 다른 하나는, 형법은 사회문제, 특히 뜨거운 논쟁이 진행되는 생명윤리 영역에서 발생하는 문제해결의 만병통치약이 아니라 최후수단이라는 점을 언제나 상기할 필요가 있기 때문이다. 우리

---

61) 김재윤, "생명공학과 의료기술의 발전에 따른 형사법적 쟁점과 과제", 전남대학교 법학논총 제31집 제2호, 2011, 39-40면.

62) BT-Dr. 17/5451, S. 7.

63) 같은 취지로 Lilie/하태영 · 이석배(역), "배아연구의 미래와 형법의 과제", 동아법학 제38호, 2006, 327면; 조훈, "형법에 있어서의 생명보호", 형사법연구 제16호, 2001, 4면.

나라의 생명윤리법과 독일의 배아보호법은 배아의 생명권을 보호법익으로 파악하여 원칙적으로 임신외의 목적으로 한 배아생성을 금지하고 착상전 유전자진단에 대해서도 원칙적 금지·예외적 허용의 태도를 취하고 있으나, 앞서 언급한 바와 같이 '임신 목적'이라는 주관적 구성요건의 확정의 어려움과 아울러 생명윤리법 시행령 [별표 3]과 보건복지부고시에서 나열된 질병목록에 해당하지 아니해도 관련 연구자에 의해 이러한 질병목록에 해당하는 진단으로 손쉽게 변질될 가능성이 있으므로 원칙은 사라지고 예외만이 남을 가능성이 높다. 따라서 생명윤리법이 원칙적으로 형법에서 낙태죄를 엄격히 처벌하고자 하나 예외적으로 모자보건법에서 폭넓은 허용사유를 나열하여 태아의 생명보호는 어디론가 사라져버린 전철을 밟지 않기 위해서는 형법적 규제수단을 통한 개입은 가능한 최후수단으로 머물러야 한다.

V. 맺는 말

지금까지 배아의 생명권을 충실히 보호하기 위해 착상전 유전자진단을 전면적으로 금지해오던 기존 입장을 변경하여 원칙적 금지·예외적 허용의 방향으로 개정된 최근 독일 배아보호법 제3조a의 주요 내용을 비교법적 차원에서 우리나라의 생명윤리법과 검토함으로써 형법이 착상전 유전자진단을 포함한 생명윤리의 영역에 얼마만큼 개입하여야 하는가를 살펴보았다.

무엇보다 착상전 유전자진단 반대론자에 의해 제기되는 이른바 '맞춤아기' 내지 '슈퍼 아기'가 세상에 태어날 수 있다는 우려와 비판은 우리나라의 생명윤리법과 독일의 배아보호법 제3조a에서 착상전 유전자진단을 원칙적으로 금지하고 엄격한 예외 조항을 둠으로써 적어도 실정법의 테두리 내에서는 탄생이 어렵다고 본다. 나아가 착상전 유전자진단의 원칙적 금지에도 불구하고 사문화된 낙태죄 규정에 의한 태아의 생명권 보호의 형해화와 같이 착상전 유전자진단을 허용하는 심각한 유전질환의 목록이 생명공학 기술의 발달에 따라 점차 폭넓게 인정되어 배아보호를 점차 희석시키고 종국에 배아보호를 붕괴시키는 단초가 될 수 있다는 이른바 '댐 붕괴 논쟁'(Dammbruch-Argument)[64]에 기초한 비판은 여전히 유효하다고 본다. 왜냐하면 불명확하고 미래에 놓여 진 수많은 요소와 변화에도 불구하고 인간으로서 발전되어 가는 배아의 생명권 보호라는 포기할 수 없는 형법상 과제와 관련하여 위험 논쟁은 언제나 고려되어야 하기 때문이다.[65] 그러나 형법이 배아의 생명권 보호라는 과제를 포기할 수 없다고 하여 착상전 유전자진단에 대해 과도하게 개입함으로써 예컨대 유전적 결함이 있는 자녀의 임신을 강요하는 것은 비인간적이고 극단적인 상황을 초래할 뿐이다. 따라서 형법과 생명윤리법상 배아보호는 이미 형법 체계가 사람의 생명권을 보호함에 있어 태아, 영아, 사람에 따라 그 보호정도를 달리하고 있으므로 배아보호에 있어서도 배아의 발전단계와 그 침해형태에 따라 태아보다 낮은 단계에서 보호가 인정되는 것이 타당하다고 본다.

결국 형법은 생명윤리 영역에 있어 배아의 생명권을 보호하고 관련 위험성을 제거하기 위해 여러 측면에서 개입이 불가피하지만 최후수단성과 단편적 성격을 고려하여 그 개입을 가능한 자제하여야 한다. 형법의 임무는 첨예한 논쟁이 진행되는 생명윤리의 최소한을 보호하는 데 있지 생명윤리의 최대한 내지 새로운 생명윤리를 형성하는 데 있지 않음을 유의할 필요가 있다.

---

64) Duttge, "Die Präimplantationsdiagnostik zwischen Skylla und Charybdis", GA 2002, 241, 256; Beck, Stammzellenforschung und Strafrecht, 2006, S. 22.

65) Czerner, 앞의 논문, S. 784 f.

(모자보건법)

[§ 3]

인공임신중절

— 낙태는 자유인가 살인인가?

"사람을 위하여 법은 존재한다."
(Hominium causa jus constitutum est.)

Ⅰ. 들어가는 말

우리나라의 법제도 가운데 낙태만큼 법규범의 의미와 현실 간의 괴리가 너무나 커 법으로서 규범력을 상실한 제도도 없다. 왜냐하면 현행 형법 제269조, 제270조에서 낙태행위는 형벌로서 금지되고 있으나, 현실에서 이와 반대로 연간 150만건[1] 혹은 그 이상 낙태가 행해지고 있고 낙태죄로 형사처벌을 받는 사람을 찾아보기 힘들기 때문이다.[2] 이에 형법상 낙태죄 관련 규정은 이른바 사문화된 규정으로 널리 인식되고 있다.

이렇듯 우리나라에서 만연되고 있는 불법낙태(인공임신중절)[3]와 관련하여 2010

1) 배종대, "낙태에 대한 형법정책", 고려법학 제50권, 고려대학교 법학연구원, 2008, 232면.

2) 2005년부터 2009년간 낙태죄로 벌금형을 받은 건은 1건에 불과하고, 이 건을 포함해서 항소심에서 심판한 사건은 전무하다고 한다(김성진, "출산억제정책으로서 모자보건법과 낙태에 대한 반성적 접근", 법과 정책연구 제10집 제1호, 2010, 65면).

3) 법률용어상 '낙태'와 '인공임신중절'은 구별된다. 왜냐하면 형법과는 달리 모자보건법에서는 '낙태' 대신 '인공임신중절'이란 용어를 사용하고 있기 때문이다. 모자보건법 제2조 제7호에서는 '인공임신중절수술'을 "태아가 모체 밖에서는 생명을 유지할 수 '없는' 시기에 태아와 그 부속물을 인공적으로 모체 밖으로 배출시키는 수술을 말한다."고 정의하고 있다. 낙태는 태아가 모체 밖에서 생명을 유지할 수 '있는' 시기에 행하여질 수도 있으므로, 인공임신중절수술보다 넓은 개념이다. 그러나 전통적·법률적 개념은 낙태이므로 일반인 사이에서는 통상적으로 낙태라는 용어가 사용되고 있다(배종대, 앞의 논문, 229면). 물론 의학용어로는 낙태보다 인공

년 2월 낙태에 반대하는 산부인과 의사들의 모임인 '프로라이프(pro-life) 의사회'[4]는 불법낙태 시술을 한 산부인과 병·의원 가운데 사안이 심각하다고 판단된 3곳을 서울중앙지검에 고발하였고, 이를 계기로 보건복지부는 2010년 3월 생명을 존중하는 사회 분위기를 조성하고 불법적인 인공임신중절을 예방하기 위한 '불법인공임신중절 예방 종합계획'을 발표함으로써 우리 사회에서 낙태논쟁이 다시금 점화되었다.

그런데 보건복지부의 태아의 생명존중을 위한 낙태단속 강화정책은 "낙태를 엄벌하면 출산율이 증가할 것이다"라는 놀라운 상상력에 기초하고 있는 것으로 보인다. 1960년대 인구 억제를 위해 "덮어놓고 낳다 보면 거지꼴을 못 면한다"는 구호로 태아의 생명권을 무참히 짓밟던 정부가 어제의 상상력을 발휘하여 이젠 정반대로 인구를 인위적으로 늘이기 위해 낙태를 엄벌하겠다는 것이다. 1960년대의 상상력은 실제로 수십만의 '태어나지 않은 사람'(ungeborenes menschliches Wesen) 또는 '생성 중인 사람'(werdender Mensch)인 태아가 세상의 빛을 보지 못함으로써 상처뿐인 성과를 거두었다. 하지만 2010년의 상상력은 그 성과를 언급하기도 전에 끔찍스럽기만 하다. 그 이유는 크게 두 가지이다. 하나는 인간존엄성 존중과 생명권 보호를 위해 필요한 모든 조치를 취해야 할 헌법적 의무를 부담하는 국가가 태아와 여성을 한낱 인구조절 정책의 수단으로 여기고 있음을 적나라하게 보여주는 것이기 때문이다. 다른 하나는 여성에게 원치 않는 임신과 출산을 국가가 강요하는 것은 여성의 신체에 대한 명백한 침해이자 극심한 폭력이며, 인간의 존엄성의 전제가 되는 프라이버시권 내지 시민의 자유권을 본질적으로 침해하는 것이기 때문이다.

따라서 저출산 대책의 하나로서 낙태단속 강화는 국민을 보호의 대상이 아니라 정책의 수단으로 삼겠다는 저급한 상상력에 지나지 않는다고 본다. 뿐만 아니라 육아정책의 미비로 원하는 아이조차 출산하기 어려운 현재의 한국사회에서 자칫 원하지 않은 아이의 출산이 강제되는 기현상이 발생하지 않을까 우려스럽다는 점에서 결코 허용될 수 없다고 본다.

임신중절이 일반적 개념으로 사용된다(보건복지부/고려대학교, 인공임신중절 실태조사 및 종합대책 수립, 2005, 1면).

4) 프로라이프 의사회는 2009년 10월부터 불법낙태 근절운동에 나선 '진오비(진정으로 산부인과를 걱정하는 의사들의 모임)'의 핵심 구성원들을 중심으로 구성한 단체로 그 회원수가 600명으로 전체 산부인과 개업의(3,000여명)의 20% 정도에 불과하지만 회원은 대부분 30~40대 연령층으로서 젊은 산부인과 의사들의 목소리를 대변하는 것으로 알려지고 있다.

따라서 이하에서는 낙태 허용여부의 논쟁이 저출산 정책으로서가 아니라 실질적으로 의미를 가지기 위해서는 무엇보다 이 논의에서 충돌하는 두 기본권인 태아의 생명권과 여성의 자기결정권의 내용이 무엇인지를 검토하고(Ⅱ), 우리나라 낙제규제의 내용과 그 문제점을 살펴보고자 한다(Ⅲ). 나아가 상호 충돌하는 태아의 생명권과 여성의 자기결정권이 어떠한 지점에서 상호타협, 즉 이익형량이 이루질 수 있는지 여부와 이미 사문화된 낙태죄 법규범이 '기능하는' 법규범 내지 '살아 있는' 법규범이 되기 위해 향후 합리적인 낙태규제의 방향을 어떻게 설정해야 하는지를 검토하고자 한다(Ⅳ).

Ⅱ. 태아의 생명권과 임부의 프라이버시권 간의 충돌: 낙태는 살인인가 아니면 자유인가?

1. 태아의 생명권: 낙태는 살인인가?

(1) 태아의 정의

일반적으로 형법상 낙태죄의 객체가 되는 태아(fetus)란 수정란이 자궁에 착상한 수태시(受胎時)부터 분만이 개시되기까지의 생명체를 말하며, 살아 있는 태아임을 요하므로 사망한 태아(死胎)는 낙태죄의 객체가 될 수 없다.[5] 다만 태아의 마지막 단계로서 사람과의 한계가 되는 시점은 소위 진통설(분만개시설)에 의해 결정되는 것이 형법상 통설이지만, 그 시작이 되는 수태(受胎) 시점을 언제부터라고 해야 하는지 여부에 대해서는 어려움이 있다. 왜냐하면 수정(受精) 후에도 2주 이내에는 수정란이 자궁에 착상되지 아니하고 유출될 수 있는데, 이와 같은 수정 후 착상 전 단계인 배아(Embryo)가 착상하지 못하도록 방해하여 인위적으로 모체 밖으로 배출되게 하는 것도 낙태죄에 해당하는지가 문제되기 때문이다. 낙태논쟁에 있어 보수진영을 대표하는 가톨릭의 공식입장에 따르면 인간의 영혼이 깃 드는 사람의 시작은 바로 수정 순간부터이기 때문에 태아로서 보호해야 한다는 입장이다. 하지만 형법학계

5) 손동권/김재윤, 새로운 형법각론, 율곡출판사, 2013, 94면.

와 의료계의 일반적 입장은 수정란이 자궁에 착상한 때를 태아의 시기로 파악한다.[6]

태아의 생명보호에 적극적인 태도를 유지해온 독일 연방헌법재판소는 생물학, 심리학적 관점을 고려할 때 잉태 후 약 14일 정도가 인간생명의 시기라고 볼 수 있지만,[7] 헌법은 태아를 보호할 것을 의미하고 있지 태아의 생성 및 성장과정 중에서 어느 특정한 시기에 있는 태아만 보호한다는 것이 아니므로 임신의 시기와 무관한 것으로서 임신초기의 태아도 법적으로 보호받아야 한다는 입장이다.[8]

그러나 자궁 내의 착상유무에 따라 보호되어야 하는 태아의 생명인가를 나누는 것이 어떤 타당한 근거가 있다고 보기 어렵다는 점, 임신초기에 낙태를 결심하는 여성이 현재 수정란이 착상이 된 상태인가를 쉽게 알 수 없을뿐더러 착상유무에 따라 실제 낙태시술의 방법이 크게 차이가 나는 것도 아니라는 점, 사후의 법적 판단에 있어 낙태시술행위시가 수정란의 착상 전인지 후인지를 판명하는 것도 어렵다는 점 등을 고려하면 수정란의 착상 전후를 불문하고 수정란은 보호되어야 할 존엄한 인간의 생명체이므로 착상 전의 수정란도 낙태죄의 객체인 태아에 해당한다고 보는 견해가 제시되고 있다.[9]

생각건대 형법상으로는 수정란이 자궁에 착상한 수태시로부터 태아로 파악하지만 발생학상으로는 수정한 때로부터 원시선이 생기는 14일까지의 존재(접합체, 상실배, 배반포)는 초기배아(pre-embryo, 전배아), 그 이후는 배아(embryo), 그리고 8주 이후 장기들이 단순히 양적인 성정을 하는 때의 존재는 태아(fetus)로 분류됨을 고려할 때[10] 수정란이 모체의 자궁에 착상한 이후만을 태아로 보아야 할 법적 근거가 미약하며, 착상 전후를 불문하고 수정란도 보호되어야 할 인간의 생명체이기 때문에 착상 전이라도 수정란, 즉 발생학상으로 태아를 모체 밖으로 배출하거나 모체 안에서 살해할 경우 낙태죄가 성립한다고 봄이 타당하다고 본다.

---

6) 대표적으로 손동권/김재윤, 앞의 책, 94면.

7) BVerfGE 39, 1(37). 이 판결에 대한 상세한 소개와 분석으로는 배인구, “독일 낙태죄 규정에 대한 독일 연방헌법재판소 판결”, 김찬진 외 8인 공저, 초기 인간생명보호를 위한 제언, 세창출판사, 2012, 237-245면 참조.

8) BVerfGE 88, 203(254). 이 판결에 대한 상세한 소개와 분석으로는 배인구, 앞의 논문, 246-251면 참조.

9) 이인영 외, 생명과학기술사회에서의 인권패러다임의 변화와 생명인권보호를 위한 법정책, 삼우사, 2004, 327-328면.

10) 정현미, “배아의 생명권과 착상전 유전자진단”, 비교형사법연구 제5권 제2호, 2003, 261-262면.

(2) 태아의 생명권

태아의 생명존중 사상을 우선시 하는 입장에서는 "낙태는 살인이다"라는 구호를 전면에 내세워 낙태를 범죄로 인식하고 형벌로 처벌하는 것이 헌법의 당연한 요청이라고 본다. 낙태는 우선적으로 태아의 생명을 빼앗는 행위로 살인행위와 다름없기 때문이다. 헌법의 최고가치인 인간존엄은 생명보호를 전제하여야만 실현될 수 있고, 이에 따라 사람의 생명은 절대적 가치를 가지고, 또한 절대적으로 보호되어야 하므로 '생성 중인 인간'으로서 태아의 생명 역시 인간의 생명에 준하여 두텁게 보호해야 한다고 한다.

그러나 이러한 견해는 개인 생명의 절대성이 인정된다고 하여 생명권의 절대성이 인정되는 것은 아님을 간과하고 있다. 즉 개인이 가지고 있는 권리는 사회 속에서 상대화 될 수밖에 없으며, 생명권도 헌법적 권리로서 그 한계가 있다. 태아의 생명권도 예외가 아니어서, 절대적 가치 보호가 전제되지만 불가피한 상황에서 생명권의 상대적 보호를 인정할 수밖에 없다고 본다. 즉 다른 이념과 가치가 타인의 생명권과 상충하는 하는 경우에는 법적 평가에 따른 일정한 제한이 가능한 상대적 권리일 뿐이다.[11] 이에 헌법재판소도 "생명이 이념적으로 절대적 가치를 지닌 것이라 하더라도 생명에 대한 법적 평가가 예외적으로 허용될 수 있다고 할 것이므로, 생명권 역시 헌법 제37조 제2항에 의한 일반적 법률유보의 대상이 될 수밖에 없다."[12]고 밝힌 바 있다. 더 나아가 태아는 적어도 형법적인 영역에 있어서는 분만개시 전까지는 사람으로 취급되지 아니하므로(이른바 분만개시설 또는 진통설) 낙태는 적어도 형법적으로 살인은 아니다. 따라서 '낙태는 살인이다'는 구호는 적어도 형법의 영역에서는 타당하지 않다. 다만 태아는 '생성 중인 인간'으로서 태아의 생명을 인간의 생명에 준하는 법익으로 보호해야 한다는 명제가 타당할 뿐이다.[13]

---

11) 이인영, "출산정책과 낙태규제법의 이념과 현실", 페미니즘연구 제10권 제1호, 2010, 41면.
12) 헌법재판소 1996.11.28. 선고 95헌바1 결정.
13) 박찬걸, "낙태죄의 합리화 정책에 관한 연구", 한양대학교 법학논총 제27집 제1호, 2010, 219-210면.

염화칼륨 주입 미숙아 살해 사건14)

사실관계

○○산부인과 의사 甲은 모두 미혼여성으로 각각 임신 7개월 된 임부 A와 B의 낙태를 시술하여 A녀의 태아는 모체 밖으로 배출시켜 낙태를 한 후, 낙태된 아이가 울음을 터뜨리자 미리 준비하여 두었던 용량 미상의 염화칼륨을 아이의 심장에 주입하여 살해하였고, B녀의 태아를 낙태하는 데는 실패하였으나 오히려 B녀에게 전치 4주의 상해를 입혔다. 그리고 甲은 자신이 개설한 ○○산부인과 인터넷 홈페이지의 상담 게시판을 통해 임신 5개월이 된 C녀가 낙태 상담을 하자 그녀에게 지금도 수술이 가능하니 내일이라도 빨리 병원으로 오라고 답변하면서 甲의 출신 대학, 해외연수 대학 명칭 등 경력과 ○○산부인과의 병원 명칭, 위치, 전화번호를 기재하여 C녀를 甲이 운영하는 산부인과의원으로 오도록 유인한 것을 비롯하여, 약 33회에 걸쳐 낙태를 원하는 C녀 등을 상대로 낙태 상담을 하면서 ○○산부인과로 낙태하러 오라고 유인하였다.

대법원 판결요지

[1] **낙태죄는 태아를 자연분만기에 앞서서 인위적으로 모체 밖으로 배출하거나 모체 안에서 살해함으로써 성립하고, 그 결과 태아가 사망하였는지 여부는 낙태죄의 성립에 영향이 없다.**

[2] **산부인과 의사인 피고인이 약물에 의한 유도분만의 방법으로 낙태시술을 하였으나 태아가 살아서 미숙아 상태로 출생하자 그 미숙아에게 염화칼륨을 주입하여 사망하게 한 사안에서, 염화칼륨 주입행위를 낙태를 완성하기 위한 행위에 불과한 것으로 볼 수 없고, 살아서 출생한 미숙아가 정상적으로 생존할 확률이 적다고 하더라도 그 상태에 대한 확인이나 최소한의 의료행위도 없이 적극적으로 염화칼륨을 주입하여 미숙아를 사망에 이르게 하였다면 피고인에게는 미숙아를 살해하려는 범의가 인정된다.**

[3] **인공임신중절수술이 허용되는 경우의 하나인 모자보건법 제14조 제1항 제5호 소정의 '임신의 지속이 보건의학적 이유로 모체의 건강을 심히 해하고 있거나 해할 우려가 있는 경우'라 함은 임신의 지속이 모체의 생명과 건강에 심각한 위험을 초래하게 되어 모체의 생명과 건강만이라도 구하기 위하여 인공임신중절수술이 부득이하다고 인정되는 경우를 말한다.**

[4] 구 의료법(2002. 3. 30. 법률 제6686호로 개정되기 전의 것) 제25조 제3항 소정의 **'유인'이라 함은 기망 또는 유혹을 수단으로 환자로 하여금 특정 의료기관 또는 의료인과 치료위임계약을 체결하도록 유도하는 행위를 말하는 것으로서, 의료인 또는 의료기관 개설자의 환자 유인행위도 환자 또는 행위자에게 금품이 제공되거나 의료시장의 질서를 근본적으로 해하는 등의 특별한 사정이 있는 경우에는 같은 법 제25조 제3항의 유인행위에 해당한다**고 할 것이고, "의료의 적정을 기하고 국민의 건강을 보호증진한다."는 의료법의 제정 목적(같은 법 제1조)에 비추어 보면, **합법적인 의료행위를 하면서 환자를 유인할 목적으로 금품을 제공하**는 경우는 물론, **법이 금지하고 있어 의료인으로서는 마땅히 거부하여야 할 의료행위를 해 주겠다고 제의하거나 약속함으로써 환자를 유혹하여 치료위임계약을 체결하도록 유도하는 경우도 같은 법 제25조 제3항의 유인행위에 해당한다**고 보아야 한다.

[5] **산부인과 의사인 피고인이 자신이 개설한 인터넷 홈페이지의 상담게시판을 이용하여 낙태 관련 상담을 하면서 합법적인 인공임신중절수술이 허용되는 경우가 아님에도 낙태시술을 해줄 수 있다고 약속하면서 자신의 병원을 방문하도록 권유하고 안내한 행위가 구 의료법(2002. 3. 30. 법률 제6686호로 개정되기 전의 것) 제25조 제3항에 정한 '유인'에 해당한다**고 볼 수 있다.

---

14) 대판 2005.4.15, 2003도2780.

결국, 태아의 생명은 보호되어야 하지만 태어난 사람의 생명처럼 절대적 의미를 부여할 수 없으므로 여성의 자기결정권이라는 법익과 상호 충돌될 때에는 일정한 상황에서 법익균형성의 관점에서 그 제한이 가능하다고 본다.

2. 여성의 자기결정권: 낙태는 자유인가?

(1) 낙태의 정의

형법상 낙태란 태아를 자연적인 분만기에 이르기 전에 인위적으로 모체 밖으로 배출하거나(협의의 낙태), 모체 내에서 살해하는 것(광의의 낙태)으로 이해함이 통설[15]과 판례[16]의 태도이다. 이러한 통설과 판례의 입장은 태아의 사망을 필수적 개념요소로 보지 않는다. 하지만 소수설에 따르면 낙태란 태아를 살해하는 것을 내용으로 하는 것으로 이해하여 태아의 사망을 필수적 개념요소로 파악한다.[17] 이 견해에 의하면 태아를 자연분만기에 앞서서 인위적으로 모체 밖으로 배출하는 행위 자체만으로는 낙태가 되지 않는다고 한다.

한편, 낙태의 개념정의에 대한 위와 같은 견해 대립은 낙태죄의 보호정도에 관한 학설의 대립과 연결되어 진다. 즉 태아의 사망을 필수적 개념요소로 보지 않는 통설은 태아의 생명이라는 법익을 보다 중시하여 자연적 분만기 이전에 태아를 모체 밖으로 배출하는 행위만으로도 태아의 생명은 위태롭게 되는 것이며, 따라서 낙태죄가 성립하기 위해서는 태아의 생명에 대한 위태화로 족하다는 추상적 위험범설(다수설)[18] 내지 태아의 생명에 구체적 위험성이 발생하여야 낙태죄가 성립한다는 구체적 위험범설[19]을 취하게 된다. 반면에 태아의 사망을 필수적 개념요소로 보는 소수

15) 대표적으로 손동권/김재윤, 앞의 책, 94면; 이재상, 형법각론(제9판), 박영사, 2013, §5/1.

16) 대판 2005.4.15, 2003도2780: "낙태죄는 태아를 자연분만기에 앞서서 인위적으로 모체 밖으로 배출하거나 모체 안에서 살해함으로써 성립하고, 그 결과 태아가 사망하였는지 여부는 낙태죄의 성립에 영향이 없다."

17) 김성천/김형준, 형법각론(제2판), 동현출판사, 2006, 68면.

18) 권오걸, 형법각론, 형설출판사, 2009, 83면; 김성돈, 형법각론(제2판), 성균관대학교출판부, 2009, 93면; 김일수/서보학, 형법각론(제7판), 박영사, 2007, 47면; 박상기, 형법각론(제6판), 박영사, 2005, 84면; 임웅, 형법각론(제4정판), 법문사, 2012, 앞의 책, 102면; 정성근/박광민, 형법각론(제3판), 삼지원, 2008, 89면

19) 배종대, 형법각론(제6전정판), 홍문사, 2006, §25/1.

설은 태아의 생명에 대한 현실적 침해를 요구하는 침해범설[20]을 취한다.

생각건대 본죄를 침해범으로 이해하여 임부에 대한 처벌범위를 좁히면서 그 시기를 명확히 하는 것이 타당하다고 본다. 왜냐하면 사람의 생명을 보호하는 살인죄를 침해범으로 규정하고 있으면서 태아의 생명에 대하여는 위험범으로 보호의 범위를 확대해야 할 이유가 없기 때문이다. 특히, 모체 밖으로의 배출(협의의 낙태)과 모체 내에서의 낙태(광의의 낙태)를 나누어 그 기수시기를 달리 결정하려는 견해[21]에는 논리 일관성도 결여되어 있다. 침해범설에 따르면 태아의 생명이 종료되지 않은 상태에서는 이론적으로 본죄의 미수가 되겠으나 형법상 미수범 처벌규정은 없다. 그리고 낙태상해죄의 구성요건도 없기 때문에 이에 의한 처벌도 불가능하다. 또한 이 경우에 출산 후 사람에 대한 상해죄로 처벌하는 것은 유추해석금지의 원칙에 반할 것이다.[22]

(2) 여성의 자기결정권으로서 낙태

여성의 자기결정권과 행복추구권을 강조하는 입장에서는 태아의 생명보호를 원칙적으로 인정하면서도 여성의 자기결정권이 태아의 생명권 보다 언제나 우선되어야 한다고 주장한다. 이때 "내 배는 나의 처분에 속한다!"(Mein Bauch gehört mir!)라는 구호를 내세운다. 이 입장에서 낙태의 자유란 "원치 않는 어머니가 되지 않을 자유, 임신과 출산의 과정상 특별한 희생을 강요당하지 않을 자유"를 의미하고, 원하지 않는 임신, 원하지 않는 출산이 임부와 태아 그리고 우리 사회 전체에게 모두 불행한 삶이 될 수 있는 현실, 예컨대 미혼모 문제, 해외입양문제, 영아유기·치사문제, 고아문제 등을 고려하면 임부의 자기결정권을 보다 존중할 필요가 있으며, 여성에게 원치 않는 임신과 출산을 강요하는 것은 여성의 신체에 대한 명백한 침해이자 극심한 심리적 폭력이며 인간의 존엄성의 전제가 되는 사생활의 자유의 본질을 침해하는 것[23]으로 낙태를 전면적으로 비범죄화할 필요가 있다고 한다.[24]

---

20) 이재상, 앞의 책, §5/3.
21) 오영근, 형법각론(제2판), 박영사, 2009, §5/2.
22) 손동권/김재윤, 앞의 책, 95면.
23) Tribe, L. H., Abortion: The Clash of Absolutes, New York · London, W. W. Norton & Company, 1992, pp. 98-104.
24) 박찬걸, 앞의 논문, 210-211면; 이인영 외, 앞의 책, 332면.

Roe v. Wade 판결[25)]

미국에서는 1973년 연방대법원판결 이래 임부의 자기결정권우선이 헌법적으로 인정되어 왔다.[26)] 미국연방대법원은 사생활권을 여성이 임신의 계속을 결정하는 문제까지 포함하는 광범위한 권리로 보아, 낙태권을 사생활권으로부터 도출하였다.[27)] Roe v. Wade 사건에서 미국연방대법원은 낙태의 금지는 사생활권을 침해한다고 해석하고 모체의 생명에 대한 위험이 있는 경우에만 낙태를 허용하는 Texas주법을 위헌이라고 판시하였다.[28)] 즉 기본권인 사생활의 보호에 관한 권리는 태아의 생명에 우선하고, 국가는 불가피한 사유가 있는 경우에만 낙태에 대한 임부의 자유를 제한할 수 있다는 것이다. 임신을 세 단계로 나누어 임신 초기 3개월 동안에는 임부가 자유롭게 낙태여부를 결정할 수 있으며, 제2단계(임신4-6개월)에서는 국가가 낙태를 금지할 수는 없으나 임부의 보호를 위하여 낙태시행에 관한 상세한 규정을 둘 수 있고, 그 이후의 단계에 이르러 국가는 비로소 낙태를 금지할 수 있으나 이 경우에도 임부의 건강을 위하여 필요한 경우에는 예외를 인정해야 한다는 것이다.

Roe v. Wade 사건에서 미국연방대법원은 3개월 기간구분법을 통하여 임신초기에 임부의 자기결정권을 우선적으로 보았지만, 그 후 여성의 낙태권을 둘러싼 논쟁은 연방대법원이 보수적인 판사들로 바뀌면서 변화를 가져왔다.[29)] 1989년 Webster v. Reproductive Helth Services 판결[30)]은 Roe판결을 직접적으로 파기하지는 않았지만, 3개월 기간구분법을 비판하였고 낙태를 규제하는 절차를 승인하였다. 그 후 1992년 Planned Parenthood v. Crasey판결[31)]에서는 Roe관결의 3개월 기간구분법을 거부하였다. 즉 기간구분법은 여성의 권리와 태아의 잠재적 생명 사이에서 균형을 잡기 위한 수단이라는 주법의 본래의 목적을 넘어서고 있다고 보았다. 나아가 그 동안 사용되어오던 엄격심사기준 대신에 "법의 목적이나 초과가 태아의 생존능력을 갖기 전에 낙태를 하려는 여성에게 실질적 장애가 되는 경우에만 동법을 무효로 보는" '부당한 부담(Undue Burden)'이라는 심사기준을 새롭게 채택하였다.

그러나 이러한 입장 역시 여성의 자기결정권은 헌법상 보호되는 사생활의 자유 내지 행복추구권의 한 내용에 속하는 것으로 태아의 생명권과 충돌하는 경우에 가치교량이 필요하다는 점, 여성의 자기결정권의 전면적 보장은 바로 태아의 생명권의 박탈을 의미한다는 점을 간과하고 있는 문제점이 있다.

---

25) 이하 정현미, "낙태죄와 관련한 입법론", 형사법연구 제22호(2004 겨울) 특집호, 2004, 694-695면.
26) Roe v. Wade, 93 S. Ct. 705 (1973); Doe v. Bolton, 93 S. Ct. 739 (1973).
27) 410 U.S. 113(1973).
28) 이 판결에서는 "프라이버시의 권리는 국가가 적정절차에 의하지 않고는 어느 누구의 생명, 자유 또는 재산을 박탈할 수 없다고 규정한 수정 제14조의 기본적 자유에 해당하므로 태어나지 아니한 태아에게 모체 외에서 생존능력을 가질 때까지 헌법적 보호를 인정할 수 없다"고 하였다.
29) 최희경, "미연방대법원판례를 통해 본 낙태와 여성의 프라이버시권리", 서울대 BK21법학연구단 2004년 3차 학술회의자료집 -낙태죄에서 재생산권으로, 86면 이하 참조.
30) 492 U.S. 490(1989).
31) 505 U.S. 833(1992).

Ⅲ. 우리나라 낙태규제의 내용과 문제점

1. 현행 낙제규제 법규의 검토

(1) 형법

현행 형법은 제27장에 낙태죄를 2개의 조문으로 규정하고 있다. 구성요건의 유형은 자기낙태죄, 동의낙태죄, 업무상동의낙태죄, 부동의낙태죄의 4개의 유형으로 구분하여 규정하고 있다. 낙태죄의 기본적 구성요건으로 자기낙태죄(제269조 제1항)는 임부가 스스로 낙태함으로써 성립하는 범죄이며 1년 이하의 징역 또는 2백만원 이하의 벌금에 처한다. 주체를 임신한 여성에 국한하므로 신분범이다. 임신한 여성이 낙태를 부탁하거나 시술자가 임부의 동의를 받고 행하는 동의낙태죄(제269조 제2항)는 자기낙태죄를 시술자 쪽에서 보아 독립된 구성요건으로 규정한 것으로 자기낙태죄와 필요적 공범관계에 있다. 업무상동의낙태죄(제270조 제1항)는 의사, 한의사, 조산사, 약제사 또는 약종상의 임산부의 촉탁 또는 승낙을 받아 낙태하게 함으로써 성립하는 범죄이고, 형벌은 2년 이하의 징역이다. 임부의 승낙 없이 또는 임의로 낙태행위를 하는 경우에는 부동의낙태죄(제270조 제2항)로 처벌하며, 임부가 모르게 낙태하게 한 경우뿐만 아니라 유효하지 않은 촉탁, 승낙에 의한 경우도 포함한다. 동의낙태죄, 업무상동의낙태죄, 부동의낙태죄를 범하여 임부의 상해 또는 사망의 결과를 발생시킨 경우에는 형법 제269조 제3항 및 제270조 제3항의 낙태치사상죄를 구성한다.

1972년 형법개정안 논의시 낙태에 대하여 '일반인의 범죄의식이 희박해진 점, 다수의 불법한 임신중절에 대한 검거가 거의 이루어지지 않음으로써 준법정신이 해친다는 점, 형법으로 성도덕을 유지하려는 것은 이론상 맞지 않고 인구증가를 억제할 필요성이 있다는 점 등을 근거로 낙태죄를 폐지해야 한다'는 의견이 있었으나, '태아의 생명을 박탈하는 것이 부모의 자유라고 보지 않는 것이 사회 일반인의 의식이고, 낙태죄의 폐지로 성도덕이 더욱 문란하게 될 우려가 있다'는 점 등을 근거로 한 존치론이 다수의견이었다.[32] 나아가 형법 이외에 낙태전면금지를 담고 있는 '모자보건

32) 신동운/최병천, 형법개정과 관련하여 본 낙태죄와 간통죄에 관한 연구, 한국형사정책연구원, 1991, 49면 이하.

법개정법률안'(1997. 11. 28.), '모자보건법개정안'(2000. 12. 27.) 등이 발의되었으나, '낙태의 전면 금지는 현실성이 없다'는 등의 이유로 폐기되었다.[33]

(2) 모자보건법

형법상 낙태죄를 두고 있지만 모자보건법은 낙태의 범주에 들어가는 인공임신중절수술과 그것을 허용하는 조항(즉 낙태죄에 대한 특별한 위법성조각사유)을 두고 있다. 구체적으로 모자보건법 제14조는 인공임신중절수술의 허용요건으로서 (i) 의사에 의하여 수술이 행하여 질 것, (ii) 원칙적으로 본인과 배우자의 동의가 있을 것(제2항), (iii) 임신한 날로부터 24주 이내에 시술할 것(시행령 제15조 제1항; 상당한 장기에 해당한다)을 중첩적으로 설정하고, 이에 더하여 일정한 의학적 적응사유(예컨대 산모가 위험한 경우), 우생학적 적응사유(예컨대 산모가 정신장애자인 경우) 또는 윤리적 적응사유(예컨대 강간으로 임신한 경우)가 선택적으로 있을 것을 요구하고 있다(동조 제1항 제1호~제5호). 그러나 사회적・경제적 곤궁과 같은 사회적・경제적 적응사유는 모자보건법에서 인정되지 않는다.[34]

2. 현행 낙태규제 법규의 문제점

형법상 낙태규범이 사문화된 이유 중의 하나가 모자보건법에서 의사가 얼마든지 불법낙태를 합법적 낙태로 위장할 수 있을 만큼 정당화사유가 광범위하게 그리고 모호하게 규정되어 있는데 있다. 우선, 모자보건법 제14조 제1항 제1호는 "우생학적 또는 유전학적 정신장애나 신체질환"을 낙태허용사유로 규정하고 동법 시행령 제15조 제2항은 "인공임신중절수술을 할 수 있는 우생학적 또는 유전학적 정신장애나 신체질환은 연골무형성증, 낭성섬유증 및 그 밖의 유전성 질환으로서 그 질환이 태아에 미치는 위험성이 높은 질환으로 한다."고 규정하고 있으나, "그 밖의 유전성 질환으로서 그 질환이 태아에 미치는 위험성이 높은 질환"이라는 폭넓은 예시조항을 두고 있다. 무엇보다 "그 밖의"라는 표현은 해당범위를 거의 무제한으로 확대시켜 얼마든지 낙태를 허용해 주겠다는 입법자의 의지를 내포한 것으로 해석될 수 있다.[35]

33) 신현호, "낙태죄에 관한 제문제", 저스티스 통권 제121호(2010.12), 375면.
34) 손동권/김재윤, 앞의 책, 93면.

다음으로, 동법 시행령 제15조 제3항은 "법 제14조 제1항 제2호에 따라 인공임신중절수술을 할 수 있는 전염성 질환은 풍진, 톡소플라즈마증 및 그밖에 의학적으로 태아에 미치는 위험성이 높은 전염성 질환으로 한다."고 규정하고 있으나, 전염성 질환의 범위가 상당히 넓다. "그밖에 의학적으로 태아에 미치는 위험성이 높은 전염성 질환"을 규정하고 있기 때문이다. 셋째, 모자보건법 제14조 제1항 제3호는 윤리적 적응사유로 강간 또는 준강간으로 임신한 경우를 규정하고 있으나, 강간을 주장하는 여성의 일방적인 의견만으로 낙태가 허용될 수 있다. 실제로 강간을 당하지 않았음에도 불구하고 낙태를 하기 위하여 강간을 주장하는 경우에 의사가 낙태를 하여도 모자보건법 위반으로 볼 수 없다. 넷째, 모자보건법 제14조 제1항 제5호에서 규정된 "임신의 지속이 보건의학적 이유로 모체의 건강을 심각하게 해치고 있거나 해칠 우려가 있는 경우"라 함은 임신의 지속이 모체의 생명과 건강에 심각한 위험을 초래하게 되어 모체의 생명과 건강만이라도 구하기 위하여 인공임신중절수술이 부득이하다고 인정되는 경우를 말한다.[36] 그러나 "해할 우려가 있는 경우"에 대해 임신에 따른 신체의 일반적 위험으로 이해되어서는 곤란하며, 이와 같이 확대 해석될 위험을 안고 있기 때문에 모체의 생명이 위협 받는 상황으로 제한해야 하고, 생명의 지장이 없는 신체에 대한 위험은 제외되어야 한다는 견해[37]가 제시되고 있지만, 여전히 이 사유는 남용될 여지가 상당히 많다. 마지막으로, 모자보건법은 허용되는 낙태사유에 대해서만 규정하고 있을 뿐 그 판단기준과 절차에 관하여 아무런 규정을 두고 있지 않다.[38] 이에 따라 엄격한 낙태허용사유에도 불구하고 이에 해당하는가를 판단하는 절차를 정하지 아니하여 의사의 독단적인 판단으로 낙태를 할 수 있게 함으로써 실질적으로 낙태의 완전한 자유화를 초래하고 있다.[39]

---

35) 배종대, 앞의 책, §26/10.

36) 대판 2005.4.15, 2003도2780.

37) 배종대, 앞의 책, §26/15.

38) 대법원도 모자보건법의 "임신의 지속이 보건의학적 이유로 모체의 건강을 심히 해하고 있거나 해할 우려가 있는 경우"에 해당하는가의 판단은 치료행위에 임하는 의사의 건전하고도 신중한 판단에 위임되어 있다고 한다(대판 1985.6.11, 84도1958).

39) 김성진, 앞의 논문, 75-78면; 박찬걸, 앞의 논문, 213-215면; 이인영, 앞의 논문, 55-66면.

Ⅳ. 합리적 낙태규제 방안: 낙태, 어디까지 허용할 것인가?

1. 충돌 하는 두 기본권의 타협 가능성

낙태에 관한 양 극단의 입장은 헌법적 내지 형법적 관점에서 타당한 주장이 될 수 없음은 분명하다. 그렇다고 하여 태아의 생명권과 여성의 자기결정권을 동일한 정도로 보호해야 한다는 식의 어정쩡한 타협 역시 두 입장의 문제점을 모두 안고 있기 때문에 적절하지 않다고 본다.

생각건대 자유주의 법치국가에 있어 태아의 생명권과 여성의 자기결정권이 상호 충돌할 경우에 여성의 자기결정권의 보호를 보다 중요시할 필요가 있다고 본다. 그 논거의 제시에 있어 무엇보다 자유주의 법치국가에서 국가형벌권의 의미가 무엇인가를 고민해 보는 데서 출발할 필요가 있다. 즉 자유주의 법치국가에서 국가는 시민의 자유를 최대한 보장하기 위해 필요한 모든 조치를 취할 의무가 있다. 시민의 자유를 최대한 보장하기 위해 국가는 불가피하게 최소한의 범위 내에서 금지하는 범죄행위가 어떤 것이고, 그런 범죄행위를 하였을 경우에 형벌의 종류와 정도를 미리 법률로 정하여 국가형벌권을 행사하고 있다('죄형법정주의'). 그러나 국가형벌권은 시민의 자유를 박탈하는 것으로 최우선수단이 아닌 최후수단으로서만 행사되어야 한다('보충성의 원리'). 나아가 국가형벌권은 응보, 일반예방, 특별예방으로 대표되는 형벌 목적을 달성할 수 있을 경우에 한하여 정당화될 수 있다. 그렇다면 낙태죄가 이러한 자유주의 법치국가에 있어 형법의 기본 원리를 충실히 담보내고 있는 것인지 의문이 아닐 수 없다.

우선, 현행 낙태죄는 사문화된 형법규정이다. 형법상의 금지규범은 적어도 규범수범자인 국민이 모두 지켜야 하고 지킬 수 있는 내용을 담보하고 있어야 함에도 불구하고 매년 수십만건의 낙태행위가 행해지고 있어도 형사처벌 되는 예는 극히 드문 것이 현실이다. 이는 더 이상 금지규범으로서의 의미를 상실한 것으로 형벌 목적을 달성할 수 없음을 의미한다. 그럼에도 불구하고 느닷없이 출산율 제고를 위해 금지규범이 있으니 준수할 것을 요구하고 그러하지 아니하면 형벌을 부과하겠다는 것은 임신과 출산을 예정하고 있는 여성들에게 공포감을 조장하는 공포 정치에 불과하다. 다음으로, 정부의 저출산 대책으로서 낙태단속 강화는 형벌의 최후수단성이란 원칙을 포기하고 최우선수단을 강조하는 것에 지나지 않다. 저출산 대책으로 낙태죄에 의한 형사처벌을 운운하기 이전에 출산비용, 양육비용, 영유아 교육비용 등의 확대 지원, 여성의 고용 확대 등 출산율 제고를 위한 다양한 행정대책이 최우선적으로 고려되고 시행되어야 할 것이다. 저출산 대책으로서 낙태단속 강화는 한마디로 아무런 비용을 들이지 않고 효과만을 거두겠다는 전형적인 '도둑 심보'의 발로가 아닐까 한다. 마지막으로, 낙태죄는 '생성 중인 인간'인 태아의 생명권을 전면을 내세워 이미 인간인 시민, 특히 여성의 자유를 지나치게 억압하는 반자유법치국가적 형벌규정이 아닌가 한다. 낙태를 형법에 의해 전면적으로 금지하고 예외적으로 모자보건법에 의해 허용하는 방식을 취함으로써 태아의 생명권 보다 여성의 자기결정권의 보호가 더욱 요구되는 영역에서까지도 국가형벌권 행사의 가능성을 열어두어 여성의 자기

낙태죄에 대한 헌법재판소 결정[40]

결정요지

1. 이 사건 법률조항과 자기낙태죄는 대향범이고, 이 사건은 낙태하는 임부를 도와주는 조산사의 낙태를 처벌하는 것이 위헌인지 여부가 문제되는 사안이므로, 자기낙태를 처벌하는 것이 위헌이라고 판단되는 경우에는 동일한 목표를 실현하기 위해 임부의 동의를 받아 낙태시술을 한 조산사를 형사처벌하는 이 사건 법률조항도 당연히 위헌이 되는 관계에 있다고 봄이 상당하다.

2. 인간의 생명은 고귀하고, 이 세상에서 무엇과도 바꿀 수 없는 존엄한 인간 존재의 근원이며, 이러한 생명에 대한 권리는 기본권 중의 기본권이다. 태아가 비록 그 생명의 유지를 위하여 모(母)에게 의존해야 하지만, 그 자체로 모(母)와 별개의 생명체이고 특별한 사정이 없는 한 인간으로 성장할 가능성이 크므로 태아에게도 생명권이 인정되어야 하며, 태아가 독자적 생존능력을 갖추었는지 여부를 그에 대한 낙태 허용의 판단 기준으로 삼을 수는 없다. 한편, 낙태를 처벌하지 않거나 형벌보다 가벼운 제재를 가하게 된다면 현재보다도 훨씬 더 낙태가 만연하게 되어 자기낙태죄 조항의 입법목적을 달성할 수 없게 될 것이고, 성교육과 피임법의 보편적 상용, 임부에 대한 지원 등은 불법적인 낙태를 방지할 효과적인 수단이 되기에는 부족하다. 나아가 입법자는 일정한 우생학적 또는 유전학적 정신장애나 신체질환이 있는 경우와 같은 예외적인 경우에는 임신 24주 이내의 낙태를 허용하여(모자보건법 제14조, 동법 시행령 제15조), 불가피한 사정이 있는 경우에는 태아의 생명권을 제한할 수 있도록 하고 있다. 나아가 자기낙태죄 조항으로 제한되는 사익인 임부의 자기결정권이 위 조항을 통하여 달성하려는 태아의 생명권 보호라는 공익에 비하여 결코 중하다고 볼 수 없다. 따라서 **자기낙태죄 조항이 임신 초기의 낙태나 사회적 · 경제적 사유에 의한 낙태를 허용하고 있지 아니한 것이 임부의 자기결정권에 대한 과도한 제한이라고 보기 어려우므로, 자기낙태죄 조항은 헌법에 위반되지 아니한다.**

---

40) 헌법재판소 2012.8.23. 선고 2010헌바402 결정.

3. 이 사건 법률조항은 그 법정형의 상한이 2년 이하의 징역으로 되어 있어 법정형의 상한 자체가 높지 않을 뿐만 아니라, 비교적 죄질이 가벼운 낙태에 대하여는 작량감경이나 법률상 감경을 하지 않아도 선고유예 또는 집행유예 선고의 길이 열려 있으므로, 지나치게 과중한 형벌을 규정하고 있다고 볼 수 없다. 그러므로 **이 사건 법률조항은 책임과 형벌 간의 비례원칙에 위배되지 아니한다.**

4. **낙태는 행위태양에 관계없이 태아의 생명을 박탈하는 결과를 초래할 위험이 높고, 일반인에 의해서 행해지기는 어려워 대부분 낙태에 관한 지식이 있는 의료업무종사자를 통해 이루어지며, 태아의 생명을 보호해야 하는 업무에 종사하는 자가 태아의 생명을 박탈하는 시술을 한다는 점에서 비난가능성 또한 크다.** 나아가 경미한 벌금형은 영리행위를 추구하는 조산사에 대하여는 위하력을 가지기 어렵다는 점들을 고려하여 **입법자가 이 사건 법률조항에 대하여 형법상 동의낙태죄(제269조 제2항)와 달리 벌금형을 규정하지 아니한 것이 형벌체계상의 균형에 반하여 헌법상 평등원칙에 위배된다고도 할 수 없다.**

[재판관 이강국, 재판관 이동흡, 재판관 목영준, 재판관 송두환의 반대의견]

태아에 대한 국가의 보호의무에는 여성이 임신 중 또는 출산 후 겪게 되는 어려움을 도와주는 것까지 포함된다고 보아야 할 것이고, 국가는 생명을 보호하는 입법적 조치를 취함에 있어 인간생명의 발달단계에 따라 그 보호정도나 보호수단을 달리할 수 있다. 현대 의학의 수준에서는 태아의 독자적 생존능력이 인정되는 임신 24주 이후에는 임부의 낙태를 원칙적으로 금지하고, 임부의 생명이나 건강에 현저한 위해가 생길 우려가 있는 등 특단의 사정이 있는 경우에만 낙태를 허용함이 바람직하다. 임신 중기(임신 13주-24주)의 낙태는 임신 초기(임신 1주-12주)의 낙태에 비하여 임부의 생명이나 건강에 위해가 생길 우려가 증가한다는 점에서 국가는 모성의 건강을 증진하기 위하여 낙태의 절차를 규제하는 등으로 임신중기의 낙태에 관여할 수 있다고 할 것이다. 그런데 임신 초기의 태아는 고통을 느끼지 못하는 반면, 임신 초기의 낙태는 시술방법이 간단하여 낙태로 인한 합병증 및 모성사망률이 현저히 낮아지므로 임신 초기에는 임부의 자기결정권을 존중하여 낙태를 허용해 줄 여지가 크다. 따라서 **임신 초기의 낙태까지 전면적, 일률적으로 금지하고 처벌하고 있는 자기낙태죄 조항은 침해의 최소성 원칙에 위배된다.** 한편, 형법상 낙태죄 규정이 현재는 거의 사문화되어 자기낙태죄 조항으로 달성하려는 태아의 생명보호라는 공익은 더 이상 자기낙태죄 조항을 통하여 달성될 것으로 보기 어려운 반면, 자기낙태죄 조항으로 제한되는 사익인 임부의 자기결정권은 결코 가볍게 볼 수 없어 법익의 균형성 요건도 갖추지 못하였다. 그러므로 **자기낙태죄 조항은 임신 초기의 낙태까지 전면적, 일률적으로 금지하고 처벌하고 있다는 점에서, 임부의 자기결정권을 침해하여 헌법에 위반된다.**

자기낙태죄 조항이 임부의 임신 초기의 낙태까지 전면적, 일률적으로 처벌하고 있다는 점에서 위헌이므로, 동일한 목표를 실현하기 위하여 임신 초기의 임부의 촉탁 또는 승낙을 받아 낙태시술을 한 조산사를 형사처벌하는 이 사건 법률조항도 위 범위 내에서 위헌이다.

[재판관 이동흡의 반대의견에 대한 보충의견]

임부의 자기결정권을 존중하여 임신 초기의 낙태를 허용하더라도 임부가 낙태에 대하여 충분히 숙고한 뒤에 결정할 수 있도록 함과 동시에 의학적으로 안전한 낙태시술이 이루어질 수 있도록 입법조치를 취하여야 한다.

결정권과 그 가족의 기본권(행복추구권)을 중대하게 제한하고 있기 때문이다.

따라서 형법상의 낙태죄 관련 규정과 모자보건법은 여성의 자기결정권을 보다 충실히 보호하는 방향으로 개정될 필요가 있다. 이러한 측면에서 현행 모자보건법은 적어도 다음과 같은 내용을 도입할 필요가 있다고 본다.

2. 사회적 · 경제적 사유의 도입

모자보건법 제14조의 인공임신중절수술의 허용사유와 관련하여 "사회적 · 경제적 사유"를 인정해야 하는지 여부가 중요하게 다루어지고 있다. 사실 이 쟁점은 낙태논쟁의 핵심사항이라고 할 수 있다. 낙태의 이유에 대해 기혼여성은 자녀불원이 70.0%, 미혼여성은 사회적 · 경제적 이유가 93.7%라는 통계에서 보듯이,[41] 우리나라에서 행해지는 대부분의 불법 인공임신중절수술은 사회적 · 경제적 사유에 의한 것이기 때문이다. 이러한 허용사유의 도입은 임신 24주일 이내라는 기한의 제한이 있지만 여성의 자기결정권을 보호하여 합법적 인공임신중절수술이 대폭 가능해질 수 있다.

이에 대해 사회 · 경제적 제반 여건을 개선하여 해결할 문제이지, 사회적 · 경제적 사유로 낙태를 허용할 수 있다는 생각은 문제해결을 회피할 뿐만 아니라 해결의 방법이 될 수 없으며, 이는 결과적으로 무제한적 낙태허용의 결과만을 초래한다는 이유로 부정적 입장도 제시되고 있다.[42] 하지만 전체 낙태사유의 90% 이상을 차지하는 주된 이유가 사회적 · 경제적 사유임을 고려한다면 이를 불허하는 것은 국가가 규범수범자인 시민으로 하여금 지켜질 수 없는 규범을 형벌로 강제하는 것에 지나지 않는다. 1919년 미국의 금주법(the prohibition law)의 예에서 보듯이,[43] 엄격한 낙태법은 현실을 외면함으로써 낙태의 양산을 가져오고, 낙태의 재범을 더 이상 통

---

41) 김해중 외 12, 인공임신중절실태조사 및 종합대책수립, 고려대학교/보건복지부, 2005, 57면.

42) 김학태, "형법에서의 낙태죄와 모성보호 -낙태에 관한 형법적 · 법철학적 고찰", 외법논집 제3집, 1996, 400면; 배종대, 앞의 책, §26/6.

43) 금주법은 알카포네가 대표적인 조직폭력배의 주류 밀거래, 무허가 술집 개업, 주류 사업 이익을 노린 폭력조직간의 살인사건 등의 부작용을 낳았고, 결국 1933년 미국 서민의 환영 속에 수정헌법 21조로 폐지되었다고 한다(http://ko.wikipedia.org/wiki/%EA%B8%88%EC%A3%BC%EB%B2%95 검색일 2013.11.14.)

제할 수 없을 뿐이다. 나아가 임신・출산이 사회적 공동책임임을 감안하면 미성년자의 임신, 혼인 외의 임신, 기혼 여성의 원치 않는 임신, 이혼 후 전 남편의 아이임신, 임신 후 남편이 사별한 경우, 다자녀인 상태에서의 임신, 재혼으로 이미 성장한 자녀가 있는 경우, 배우자가 행방불명이나 실종된 경우 등의 사회적 사유와 개인파산, 개인회생결정을 받은 경우, 임부가 기초생활수급자인 경우, 다산자녀로 인한 생계유지곤란 등의 경제적 사유로 인해 절망적인 위기상황에 처한 임부에게 모든 책임을 전가시키고 형벌로 출산과 양육을 강제하는 것이 과연 법치국가 형법인지 의문이다.[44] 따라서 인공임신중절수술의 허용사유로 "사회적・경제적 사유"를 도입해야 한다고 본다. 다만 이 경우 태의 생명보호를 결정적으로 위태롭게 할 우려가 있으므로 다음과 같이 상담과 확인의사와 시술의사의 분리 등의 엄격한 절차적 요건을 마련할 필요가 있다고 본다.[45]

3. 상담방식의 도입 및 낙태상담의사와 낙태시술의사의 분리

앞서 언급한 절차적 제한과 관련하여 낙태 전 상담과 확인의사와 시술의사의 분리가 필수적인지가 문제된다. 일부에서는 낙태 전 상담과 확인의사와 시술의사의 분리가 의료를 행하는 전제에서 의사들을 배제한 채 제3의 상담요원에 의해서 상담의 절차를 실시하는 것은 실효성이 떨어지고, 절차의 운영에 대한 비용이 많아 경제성이 떨어진 복잡하고 번거로운 절차라는 이유로,[46] 확인의사와 시술의사를 나누는 기준이 모호하고 낙태시술을 숨기고 싶은 임부의 프라이버시 침해가능성이 있다는 이유로 반대한다. 그러나 낙태가 지금보다 자유롭고 안전하게 이루어지기 위해서는 그 전제조건으로 모호하고 폭넓은 낙태허용사유에 따른 명확한 절차규정이 반드시 필요하다. 그러한 낙태허용 절차규정 중에서 의무적 상담절차와 확인의사와 시술의사의 분리는 양보할 수 없는 사안이다.[47] 즉 한편으로, 의무적 상담절차는 태아의

---

44) 같은 견해로 이인영, 앞의 논문, 71면; 신현호, 앞의 논문, 387-393면; 정현미, 앞의 논문, 2004, 703면.

45) 김재윤, "생명공학과 의료기술의 발전에 따른 형사법적 쟁점과 과제", 법학논총 제31집 제2호, 전남대학교 법학연구소, 2011, 41-42면.

46) 배종대, 앞의 논문, 250-251면. 다만 배종대 교수는 확인의사와 시술의사의 분리는 필요한 것으로 본다.

생명권과 임신한 여성의 자기결정권과 행복추구권이라는 기본권의 충돌을 조정하기 위한 절차적 수단으로서 요구된다. 낙태행위 전에 여성은 의사로부터 임신 여부의 진단, 의학적 소견, 낙태수술시의 수술의 의학적 의미와 낙태수술로부터 초래할 수 있는 위험한 결과에 관하여 설명을 듣고 상담의사로부터 상담확인서를 교부받을 필요가 있다. 여성의 자기결정권은 독자적 판단에 의한 것이 아니라 임신을 지속하거나 중단하는 결정에 도움이 될 수 있는 중요한 정보를 의사로부터 충분히 제공 받은 경우에 그 정보를 바탕으로 자유롭게 이루어졌을 때 유효한 의사표시로서 법적 의미를 획득할 수 있기 때문이다. 또한 상담 후 7일 이내의 기간 동안 임부가 숙고해 볼 수 있는 낙태유보기간을 갖는 것도 고려할 필요가 있다. 이러한 의무적 상담절차와 관련하여 임부에게 낙태시술 3일전 공식임신갈등상담소에서 상담을 받고 그 사실을 명시한 증명서를 의사에게 제시를 요구하는 독일 형법 제218조a 제1항 및 제219조와 "낙태시술 전에 의사가 개인적으로 임산부와 상세한 대화를 하고 상담하고, 시술의 건강상 위험에 관하여 고지하고 그리고 임산부의 서명을 받아 ① 무료상담소의 목록, ② 도덕적 그리고 물질적 조력을 제공하는 단체와 기관의 목록, ③ 출산한 아이를 입양시킬 수 있는 기회에 관한 정보가 기재된 지침서를 전달하지 않은 경우에 과료"에 처하는 스위스 형법 제120조 내용을 참조할 필요가 있다.

다른 한편으로, 상담의사와의 상담을 거치고 낙태유보기간이 지난 후에 상담의사와 시술의사를 분리해야 한다. 현행 모자보건법은 낙태 허용사유의 확인을 시술의사에게 전적으로 맡겨 둠으로써 낙태를 원하는 부녀와 경제적 관심을 가진 의사의 담합이 가능한 구조로 되어 있다. 이러한 손쉬운 담합구조를 깨어 무분별한 낙태와 상업적 진료행위를 막기 위한 하나의 방법은 상담의사와 시술의사를 분리하는 것이다. 그리고 시술의사는 낙태시술병원에서 합법적으로 시술한 낙태에 관한 기록을 남겨 일정기간의 업무를 보건복지부에 보고하여 사후적인 통제를 받을 수 있도록 할 필요도 있다. 이와 같은 의무적 상담과 상담의사와 시술의사의 분리를 통해 임부와 낙태시술의사가 불법의 음지에서 합법의 양지로 나오도록 해야 한다.[48]

---

47) 같은 취지의 견해로 김태계, "낙태죄에 관한 문제점과 입법론", 경상대 법학연구 제18권 제1호, 2010, 252-254면; 박찬걸, 앞의 논문, 216-218면; 신현호, 앞의 논문, 408-409면; 정현미, 앞의 논문, 2004, 704-705면.

48) 같은 취지의 견해로 김태계, 앞의 논문, 252-253면; 박찬걸, 앞의 논문, 218면; 신현호, 앞의 논문, 409면.

결국, 임신과 출산에 관한 여성의 자기결정권의 보다 충실한 보호는 낙태의 자유가 확대되는 반면에 태아의 생명권 보호가 다소 소홀해진다는 것을 의미한다. "의무 없는 자유는 없다"라는 점을 상기할 때 낙태 자유의 확대를 위한 필요 전제조건으로 낙태허용과 관련한 상세한 절차규정의 마련이 무엇보다 요구된다고 본다.[49)]

V. 맺는 말

2010년 프로라이프(pro-life) 의사회의 고발로 촉발된 낙태논쟁은 현재까지도 여전히 아무런 결론을 내리지 못한 채 현재진행형이다. 한편에서는 한해 150-200만에 이른다는 낙태건수에도 불구하고 처벌되는 사람이 전무함을 언급하며 태아의 생명권보호를 강화하는 차원에서 엄벌에 처해야 한다는 목소리를 높이고, 다른 한편에서는 규범수범자인 여성으로 하여금 지킬 수 없는 법규범을 만들어 놓고 이를 국가가 법이란 이름으로 여성에게 원치 않는 임신과 출산을 강요하는 것은 여성의 신체에 대한 명백한 침해이자 극심한 심리적 폭력이므로 낙태죄를 전면 비범죄화 해야 한다고 주장한다. 이러한 극단의 주장 속에서 여전히 우리나라의 여성은 너무나도 소중한 태아의 생명과 임신과 출산, 그리고 양육에 있어 국가적 · 사회적 책임은 어디로 사라지고 전적으로 여성 자신의 독자적 책임만이 강요되고 있으며, 여성은 늘 삶의 주체가 아닌 객체로, 정책의 목표이기 보다는 수단으로, 사회의 주류로서가 아닌 비주류로서 머물고 있다. 그러한 상황에서 해마다 원하지 않는 임신으로 출산과 낙태라는 극단의 선택을 강요당하고 있는 수많은 여성의 고통을 도외시한 채 무지하고 먹고살기 힘들었던 1960년대가 아닌 2013년이 된 현재까지도 여성을 인구조절 정책의 수단으로 인식하고 저출산 대책으로 낙태단속 강화를 정부정책이라고 내놓는 현실을 직면하면서 안타까움을 금할 수 없다.

낙태금지라는 법규범만큼 단순히 이념, 법적 강제, 경제적 지원 등만으로 실효성을 거둘 수 없음은 이미 자명한 사실이 되어가고 있다. 그럼에도 불구하고 태아의 생명권보호 및 저출산 대책 차원에서 낙태단속을 강화하고 엄벌에 처하겠다는 정부

49) 김재윤, 앞의 논문, 43-44면.

정책은 낙태의 근본적인 문제를 도외시한 채 법권위를 강화하겠다는 의지표명에 지나지 않는다. 지금이라도 늦지 않았다. 이미 죽은 법규범을 살리겠다는 노력보다는 규범수범자로 하여금 지킬 수 있는 법규범, 그로 인해 태아의 생명권도 충실히 보호하고 임신과 출산과 관련된 여성의 자기결정권도 최대한 보호해 줄 수 있는 방향으로 모자보건법을 전면적으로 개정할 필요가 있다고 본다. 그 단초로 모자보건법상 인공임신중절술의 허용사유로 "사회적 · 경제적 사유"를 도입하여 여성의 자기결정권을 보다 충실히 보호할 필요가 있으며, "의무 없는 자유는 없다"는 점을 고려할 때 낙태 자유의 확대를 위한 필요 전제조건으로 의무적 상담절차의 도입 및 확인의사와 시술의사를 분리하는 등 낙태허용과 관련한 상세한 절차규정의 마련이 무엇보다 요구된다고 본다.

제2부

삶속에서 생명의 형법적 보호

[§ 4]

타인의 인체파생물질 사용의 형법적 정당화사유*

— 인체파생물질은 형법상 재산죄에 있어 재물인가?

Ⅰ. 들어가는 말

사 례

M은 출혈성백혈병으로 ○○대학병원에서 비장(脾臟)을 적출하였다. 그리고 이후 7년간 질병의 치료 및 관리를 위해 필요하다는 말을 듣고 담당 의사 甲에게 자신의 혈액과 조직들을 계속 제공하였다. 그런데 의사 甲은 이미 비장 적출시에 그의 세포에 특이한 점이 있다는 것을 알았고, 이후 적출된 비장의 특정 백혈구가 면역체계에 중요한 단백질의 생성에 관여한다는 사실을 밝혀냈다. 그리고 M의 비장과 여타 조직들을 이용해 특정 세포주를 만들어 특허를 받았으며, 그 경제적 가치는 30억달러가 넘는 것으로 평가되었다. 수술전후로 이러한 학술적, 경제적 배경에 대해 아무런 설명도 듣지 못했다.[1)]

---

* 이 글은 원래 김재윤, "타인의 인체파생물질 사용의 형법적 정당화사유", 법학논총 제33집 제2호, 전남대학교 법학연구소, 2013.8, 29-50면에 게재된 것으로 최근의 논의까지를 반영하여 수정·보완한 것임.

1) Moore v. Regent of University of California 사건[51 Cal. 3d 120 793 P. 2d 479, 271 Cal. Reptr. 146, (Cal. 1990)]을 재구성한 것임. Moore 사건에 대한 상세한 분석으로는 이재목/이정현, "치료과정에서 적출한 인체 구성구분의 이차적 이용에 따른 법률문제", 법조 통권 제595호, 2006, 103면 이하 참조.

A는 1987년에 의사 乙이 운영하는 ○○병원에서 乙로부터 방광암수술을 받았는데, 그로 인한 불임을 염려하여 乙에게 자신의 정자를 냉동 보관하였다. 乙은 냉동보관 시설의 용량과 유지비용 문제로 인하여 A에게 1989년 1월 19일 서면으로 계속 보관할지 여부를 문의하면서 4주내에 반대의 표시가 없으면 보관된 정자를 다른 정자 은행에 증여하겠다고 통지하였다. A는 같은 달 26일에 서면으로 계속 보관해줄 것을 희망하였는데, 당해 서면이 乙에게 도달하였음에도 불구하고 같은 해 5월 29일 정자를 다른 정자 은행에 증여하였다. A는 1989년 3월에 결혼한 후 냉동 보관된 정자를 이용하여 아기를 가지려고 하였으나, 乙로부터 이미 정자가 다른 정자 은행에 증여되었고 그곳에서 다른 사람에게 사용되어 자신의 정자를 이용할 수 없다는 사실을 알게 되었다.[2)]

부부인 S와 D는 불임치료를 위해 시도한 체외수정(IVF) 과정에서 생성되어 임신의 목적으로 이용되고 남은 잔여배아 5개에 대해서 알지 못하였다. 때문에 그 처분 등에 대해 의사 丙과 합의한 바도 없었는데, 丙은 이 부부의 동의를 얻지 않은 상태에서 잔여배아에 대한 연구를 시작하였다. 丙의 연구는 연구 시작 3년만에 획기적 성과를 내었고 이를 토대로 막대한 상업적 이익을 취득하였다. 그런데 D는 S와의 이혼청구소송을 제기하는 계기로 냉동 보관하다 잔여배아가 있었고, 이들이 丙의 연구에 사용되었음을 알게 되었다.[3)]

위 사안에서 甲, 乙, 丙에게 업무상횡령죄가 성립되는가?

다수의 의료적 처지의 경우에 진단과 치료가 종료된 이후에 여전히 의료의 질적 향상, 교육, 연구 등 의미 있는 목적으로 환자의 신체로부터 인체유래물[4)]을 포함한 다양한 인체파생물질[5)]이 수집 또는 채취되고 있다. 이는 생명의료과학의 발달로 인

---

2) BGH Urt. v. 9. 11. 1993 사건[VI Z 62/93(OLG Frankfurt a.M.) = BGH NJW 1994, 127]을 재구성한 것임. 이 사건에 대한 상세한 분석으로는 박동진, “냉동보관중인 정자의 훼손에 대한 민사법적 평가”, 의료법학 제3권 제1호, 2002, 172-175면 참조.

3) Davis v. Davis 사건[842 S.W. 2d 588 (Tenn. 1992)]을 재구성한 것임. 이 사건에 대한 상세한 분석으로는 최수정, “인체 세포에 대한 법적 권리”, 재산법연구 제23권 제2호, 2006, 122-124면 참조.

4) 생명윤리 및 안전에 관한 법률(이하 ‘생명윤리법’이라 한다) 제2조 제2호에 따르면 인체유래물(人體由來物)이란 인체로부터 수집하거나 채취한 조직 · 세포 · 혈액 · 체액 등 인체 구성물 또는 이들로부터 분리된 혈청, 혈장, 염색체, DNA(Deoxyribonucleic acid), RNA(Ribonucleic acid), 단백질 등을 말한다.

5) 인체파생물질이란 사체, 태아, 배아, 장기나 조직, 정자, 난자, 체세포, 머리카락, 혈액, 오줌 등과 같이 인체로부터 분리된 모든 물질을 말한다(송영민, “인체파생물질의 침해와 구제방법”,

하여 인체파생물질에 대한 유용성과 경제적 가치가 재조명을 받고 있기 때문이다. 예컨대 최근 모든 조직의 세포로 분화할 수 있는 능력을 가지고 있으며, 이론상으로는 무한정 세포분열을 할 수 있어 만능세포로 알려진 줄기세포에 관한 연구는 희귀난치병이나 신체장애를 가진 이들에게 마지막 희망으로 자리 잡고 있다. 더욱이 BCC market research(바이오기술, 식품, 에너지 등 시장조사 기관)는 2016년 줄기세포 시장을 약 66억 달러 규모로 보고 있으며, Kalorama information(바이오, 의료기기, 제약산업 등 의료시장 리서치 전문기관)은 2020년에 약 160억 달러 규모의 시장이 형성될 것으로 전망하고 있다고 한다.[6] 이러한 줄기세포 관련 연구에 사용되는 인체파생물질은 배아, 각종 줄기세포, 장기의 조직, 혈액, 골수 등[7]으로 이들에 대한 사회적 수요가 계속해서 증가하고 있다.

이러한 인체파생물질을 매개로 한 생명의료과학 분야의 연구는 복제인간의 탄생과 같은 윤리적 문제뿐만 아니라 다양한 법적 문제를 야기한다. 무엇보다 정신과 육체를 통합한 전체로서의 인간은 그 자체로서 권리의 객체가 될 수 없으며 분리되지 않은 신체의 일부도 물건이 아니다(dominus membrorum suorum nemo videtur)는 것은 자명한 이치로 이해되고 있다.[8] 그러나 민법학의 영역에서 인간 그 자체와 그로부터 분리되지 않은 부분과 달리 인체로부터 분리된 인체파생물질에 대해서는 민법상의 물건으로서 소유권의 객체가 됨을 인정하는 학설이 다수설[9]로 관련 연구가 활발히 진행되고 있다.[10] 그런데 형법학으로 눈을 돌려 살펴보면 형법에서 말하는 재산죄에 있어 재물이란 일반적으로 민법상의 물건과 같은 의미로 이해되고 있으며, 이에 따라 살아 있는 사람은 권리의 주체이지 객체가 아니므로 재물이 아니나, 사체는 물론이고 분리된 인체의 일부나 치료보조장치는 그것이 소유권의 대상이 되는가와 별개의 문제로 유체물로서 재물이 될 수 있다는 것이 통설이다.[11] 이러한

법조 통권 제576호, 2004, 151면).

6) 김선웅, 줄기세포의 허와 실, 지식공감, 2013, 189면.

7) 권복규, "인체조직물의 연구 목적 활용과 관련된 윤리적 문제", 의료 · 윤리 · 교육 제6권 제1호, 2003, 82면.

8) Deutch, Arztrecht und Arzneimittelrecht, 2. Aufl., 1991, S. 253 f.

9) 대표적으로 곽윤직/김재형, 민법총칙(제8판), 박영사, 2012, 213면.

10) 대표적으로 송영민, 앞의 논문, 150면 이하; 이재목/이정현, 앞의 논문, 103면 이하; 최상희, "인체 및 인체부산물의 소유권에 대한 비판적 고찰", 재산법연구 제26권 제1호, 2009, 121면 이하 참조.

형법상 재물에 대한 통설적 견해에 따르면 [사례]에서 의사 甲, 乙, 丙은 환자의 신체로부터 분리되어 의료계약에 의해 위탁받아 보관 중인 비장과 여타 조직, 정자, 잔여배아라는 타인의 재물을 불법영득의 의사로 횡령(임의 사용, 대여)함으로써 업무상횡령죄가 성립할 수 있는 것인지 여부가 문제된다. 그러나 인체파생물질 가운데에는 통상적인 물건과는 달리 신체 또는 신체를 구성하였던 부분으로 인격적 요소도 잠재되어 있는 것(특히 배아)도 있으므로 이를 간과한 채 단순한 재물로 파악할 경우 신체를 상품화할 우려도 있다. 따라서 이하에서는 의료인이 타인의 인체파생물질을 사용하였을 경우 업무상횡령죄의 성립 여부와 관련하여 인체파생물질이 재산죄에 있어 재물이 되는지 여부를 검토하고(Ⅱ), 인체파생물질에 대해 재물성을 인정하여 업무상횡령죄의 구성요건해당성이 긍정되더라도 이에 대한 사용이 정당화될 수 있는 사유로 어떠한 것들이 있는가를 살펴보고자 한다(Ⅲ). 마지막으로 이러한 논의를 통하여 의료인이 타인의 인체파생물질을 연구에 사용할 경우 이것이 정당화되기 위해서는 피해자의 승낙이나 추정적 승낙이 무엇보다 중요함을 결론으로 제시하고자 한다(Ⅳ).

Ⅱ. 타인의 인체파생물질의 재물성 인정여부

1. 논의배경

살아 있는 사람은 권리의 주체이지 객체가 아니므로 오늘날 인간 그 자체에 대한 소유권은 어떠한 경우에도 인정되지 않는다. 이에 우리나라 헌법 제10조는 인간의 존엄과 가치를 기본권 보장의 대전제로 규정함으로써 인간을 인격적 존재로 보지 않고 동물이나 물건처럼 취하는 것, 예컨대 인신매매행위, 인간을 실험대상으로 삼는 행위, 노예 또는 농노로의 취급 등 인간의 물적 취급을 전면 금지하고 있다.[12]

어쩌면 당연시 되는 이러한 사회적·법적 통념이 인류의 역사에 자리 잡은 것은

11) 대표적으로 이재상, 형법각론(제7판), 박영사, 2010, 249-250, 252면.

12) 정종섭, 헌법학원론(제4판), 박영사, 2009, 390면.

그리 오래되지 않는다. 고대 또는 중세사회에서 인간은 노예 또는 농노로서 소, 말, 개와 마찬가지로 시장에서 거래의 대상이 되는 재물로 취급되었다. 서구에서 노예는 하나의 동산으로서 주인의 소유물이었고, 소유자의 의사에 따라 물건으로서 매매되었기 때문이다. 우리나라도 예외는 아니어서 노비는 귀족, 양반 등의 지배계급의 소유물에 지나지 않았다. 하지만 이러한 노예 또는 노비제도가 인류의 역사에서 사라진 것은 기껏해야 20세기에 이르러서 인데, 노예제도, 노예거래 및 유사노예제도의 폐지에 관한 1926년의 협약과 1956년의 보충협약에 의해서이다.[13] 모든 인간은 존엄하다는 인류의 보편적 가치를 획득하기까지 수많은 희생과 세월이 소요된 것이다.

그러나 오늘날 생명공학과 의료기술의 발달은 인간의 존엄과 가치에 대해 중대한 도전장을 내밀고 있다. 이전에는 기껏해야 신체로부터 분리된 머리카락, 혈액, 뇨 등이 실험이나 타인에게 이식 등을 위해 사용되는 물건으로 여겨졌으나, 이제는 신장, 간장 등의 장기[14]뿐만 아니라 뼈, 연골, 근막, 피부 등의 인체조직[15] 등이 타인에게 이식 등을 위한 물건으로서 중요하게 취급되고 있다. 그리고 이들 인체파생물질은 관련 법률에 의해 매매 등이 금지되고 그 기증자와 이식 대기자와의 불균형이라는 수요와 공급의 불일치[16]로 인하여 더욱더 경제적 가치가 높은 재물로 인식되고 있다. 이제 인간은 경우에 따라 더 이상 존엄한 존재가 아니라 타인의 질병을 치료하거나 결함을 보완하기 위해 얼마 가치 있는 의료자원을 보유하고 있는 가로 평가될 수 있다. 이는 곧 종래 노예와 같이 인간 자체에 대한 소유권의 문제가 신체로부터

13) 강희원, "사람, 인간 그리고 재산으로서 인체?", 법철학연구 제3권 제1호, 2000, 131-132면.

14) 장기 등 이식에 관한 법률과 동 시행령에 따르면 장기 등이란 신장, 간장, 췌장, 심장, 폐, 골수, 안구, 췌도(膵島), 소장, 위장, 십이지장, 대장, 비장을 말한다. 이들 장기는 매매 등이 금지된다(동법 제7조).

15) 인체조직안전 및 관리 등에 관한 법률에 따르면 인체조직이란 뼈, 연골, 근막, 피부, 양막, 인대 및 건, 심장판막, 혈관을 말한다. 이들 인체조직은 매매 등이 금지된다(동법 제5조). 동 법률에 대해 상세한 분석으로 김지혜, "인체조직 기증·이식에 관한 법제의 문제점 및 개선방안", 생명윤리정책연구 제5권 제1호, 2011, 97면 이하 참조.

16) 예컨대 2013년 1월말 기준 장기이식대기자는 총 22,978명(고형장기: 19478, 조직: 3,500명)인데 비해 장기기증희망 등록자는 8,350명에 지나지 않으며(질병관리본부 장기이식관리센터 2013년 1월 통계: http://www.konos.go.kr/konosis/common/bizlogic.jsp 2013.5.11. 검색), 인체조직 수입금액은 2007년 약 1800만 달러, 2008년에는 2200만 달러를 넘었다고 한다[김지혜, 위 논문, 98면 각주 4)].

분리된 인체파생물질의 소유권의 문제로 이름만 변경하였을 뿐 여전히 인간이 자신 또는 타인의 생명연장 내지 건강유지를 위해 또 다른 인간을 목적으로서가 아닌 수단으로서 그의 신체구성물을 소유하고자 하는 욕망을 포기하지 못한 것은 아니지 근본적 의문이 든다.[17]

2. 학설의 대립

이러한 인간 그 자체와 인간의 신체로부터 분리된 인체파생물질의 재산권담론의 철학적 논변을 뒤로 하더라고 모든 인체파생물질에 대해 그 분리 시점에서부터 일반적인 물건으로 간주하여 물권법적으로 처리할 것인지, 아니면 여전히 인격권의 대상이 된다고 볼 수 있는 것인지 의문이다. 왜냐하면 인체파생물질을 물건이 아닌 인격권의 대상으로 볼 경우 사례에서와 같이 횡령죄와 같은 재산범죄는 애초에 문제될 수 없기 때문이다. 신체로부터 분리된 인체파생물질을 법적으로 어떻게 평가할 것인가에 대해서는 다음과 같은 견해가 대립되고 있다.[18]

(1) 물권적 구성설

신체의 구성부분은 신체로부터의 분리에 의하여 인격성을 상실하고 물건성을 취득하게 된다는 견해이다. 통설적 견해로 신체로부터 분리된 인체파생물질은 민법 제98조상의 유체물로서 물건성의 기본적 요건인 배타적 관리가능성, 독립성 및 비인격성을 갖추고 있다고 본다. 신체의 각 부분과 관련하여 민법에서 보호법익으로 보는 신체의 개념을 "신체에 고정적으로 결합되어 있는 본질적 구성부분으로 생물학적 일체와 전체"로 볼 경우 신체에서 분리된 인체파생물질은 분리된 시점으로부터 신체에서 일탈된 것으로 더 이상 신체의 일부가 아니라 물건(Sache)이 되며 분리 전의 사람의 소유의 객체가 된다고 한다.[19]

이 학설은 다시 그 귀속 주체와 관련하여 원소유자설과 무주물설로 나누어진다.

---

17) 강희원 교수는 이러한 근본적 의문을 인신소유권의 문제로 풀어 인체와 그 구성부분을 재산권담론으로 분석하고 있다. 강희원, 앞의 논문, 131면 이하 참조.

18) 이하의 견해 대립에 대해 보다 자세히는 박동진, 앞의 논문, 166-168면; 송영민, 앞의 논문, 162-165면; 최상희, 앞의 논문, 103-105면 참조.

19) 대표적으로 곽윤직/김재형, 앞의 책, 213면.

원소유자설은 "물건의 산출물 및 기타 구성부분은 분리 후에도 물건의 소유자에게 귀속한다"는 독일민법 제953조를 유추적용하여 신체의 구성부분은 분리됨과 동시에 원귀속자가 소유권을 취득한다고 본다. 그 근거로 소유권과 신체에 관한 인격권은 절대적 권리이고, 제3자의 침해로부터의 보호를 확보하는 기능에서 유사하다는 점을 제시한다.[20] 반면에 무주물설은 신체구성부분은 분리와 동시에 무주(無主)의 동산이 되며, 그것의 소유권의 귀속은 "무주의 동산을 선점한 자는 그 물건의 소유권을 취득한다"는 독일 민법 제958조 제1항에 의해 이를 선점한 자가 소유권을 취득한다고 본다.[21]

(2) 인격권적 구성설

신체는 인격권의 대상이고, 신체에 대한 침습은 원칙적으로 주체 스스로가 동의한 경우에 한하여 허용됨을 전제로 하여 장기이식이 현실화되고 타인에게 장기이식을 위하여 스스로 본인의 장기를 적출할 수 있도록 허용했을 경우에 신체의 구성부분이 그 신체로부터 분리된 후에도 원귀속자의 인격권이 미친다는 견해이다. 이 견해에 따르면 이식목적, 특히 생체간 이식목적의 장기적출의 경우에 대부분 장기제공자는 수용자를 특정하여 적출에 동의하므로 장기 그 자체도 원귀속자인 제공자의 인격적 이익에 속한다고 한다. 나아가 이러한 원귀속자의 인격적 이익을 충분히 보호하기 위해 소유권이 아닌 인격권으로 구성하여야 한다고 한다.[22]

그러나 이 견해도 신체로부터 분리된 신체구성부분의 물건성을 완전히 부정하지는 않는다. 처음부터 인격적 이익을 수반하지 않거나 원귀속자가 인격적 이익을 포기한 경우에 인격권적 구성에 의한 보호의 필요성이 없기 때문에 이러한 경우에는 신체로부터 분리된 신체구성부분의 법적 성격은 물권적 구성설에 따라서 파악한다.[23]

---

20) Oertmann, "Aneignung von Bestandteilen einer Leiche", LZ 1925, S. 514; Dilcher, Staudingers Kommentar zum BGB, 12. Aufl., 1980, § 90 Rn. 16.

21) Kallmann, "Rechtsproblem bei der Organtransplantation", FamRZ 1969, S. 577.

22) Forkel, "Verfügungen über Teile des menschlichen Körper", JZ 1974, S. 595.

23) Forkel, 위의 논문, S. 596.

(3) 물권과 인격권의 혼합설

이 견해는 다시 두 가지로 구분하여 볼 수 있다. 제1설은 신체 그 자체는 물질임에 틀림이 없지만 사람이 살아 있는 동안에는 인격권적 측면이 물권법적 측면보다 전면에 나타나며 신체구성부분이 신체로부터 분리된 때에는 반대로 물권법적 측면이 전면에 나타난다는 견해이다. 다만 분리된 신체구성부분에 대한 물권으로의 대상전환도 그 분리에 의해 자동적으로 발생하지 아니하고 인격권적 관계를 포기하는 원귀속자의 의사가 필요하다고 한다.24)

반면에 제2설은 종래의 물권적 구성설과 같이 신체로부터의 분리에 의하여 신체구성부분은 물건으로 전환하지만 그 후에도 일정한 경우에는 물권과 원귀속자의 인격권이 병존한다는 견해이다. 이 견해에 따르면 분리에 의하여 물건으로 전환하는 이상 의사와 병원, 혹은 기타의 자가 신체구성부분의 소유권을 취득할 수도 있다. 그렇지만 이용방법에 따라서 원귀속자와 당해 신체구성부분사이에 단순히 타인의 소유권 하에 있다는 것만으로는 배제할 수 없는 강한 인격적 결합이 인정되고 이를 인격권으로 보호하려고 하는 것이다.25)

3. 독일 판례의 태도

[사례]의 의사 乙과 유사한 사안, 즉 방광암 수술에 의한 생식능력의 상실에 대비하여 대학병원에 자신의 정자를 냉동 보존시켜 두었는데, 그 후 혼인하여 자녀를 원했을 때에는 이미 그 정자가 일방적으로 폐기된 사안에 대해 독일연방대법원은 자가생식의 유일한 가능성이었던 냉동보존 정자를 위법하게 폐기한 것은 단순히 물건의 침해가 아니라 신체의 침해로 보아 인격권의 침해에 따른 독일민법 제847조 제1항에 의한 위자료청구를 인정하였다.26) 즉 독일연방대법원의 견해에 따르면 권리주체의 의사에 따라 신체기능의 유지 및 회복을 목적으로 그 후에 다시 이식하기 위해 신체로부터 구성부분이 분리된 경우에는 독일민법 제823조 제1항에 의해 신체의 완

24) Schünemann, Die Rechte am menschlichen Köper, 1985, S. 59, 101.

25) Taupitz, "Wem gebührt der Schatz im menschlichen Körper", Acp 191, 1991, S. 209; Schröder/Taupitz, Menschliches Blut: verwendbar nach Belieben des Arztes?, 1991, S. 43; Deutsch, Medizinrecht, 5. Aufl., 2003, S. 426.

26) BGHZ 124, 52.

전성은 권리주체의 결정권의 보장이라는 측면에서 보호되고, 그러한 결과 이들 구성부분은 신체로부터 분리되어 있는 동안에도 규범목적의 관점에서 계속하여 신체와 기능적 일체성(funktionale Einheit)을 형성하고 있다. 그러므로 분리된 신체구성부분을 훼손하거나 파기하는 것은 독일민법 제823조 제1항(불법행위에 따른 손해배상의무)과 제847조 제1항에의 신체침해로 볼 수 있다. 반면에 분리된 신체구성부분이 권리주체의 의사에 의해 자신의 신체에 다시 이식되도록 예정되어 있지 않는 경우에는 물건으로 간주되나, 자신의 신체에 다시 이식되지 않은 신체구성부분이 항상 물건으로서 취급되어야 하는 것은 아니며, 특히 제공자의 의사에 의하여 타인에게 이식이 결정되어 있는 장기제공이나 헌혈의 경우에 제공된 것이 제공자의 명시적 혹은 묵시적으로 표명된 의사에 반하여 사용되거나 폐기된 때에는 인격권이 물적 소유권보다 전면에 나타나게 되어 손해배상청구권도 발생할 가능성이 있다고 본다. 이러한 논리구성을 통해 독일연방대법원은 본 사안의 냉동 보존된 정자의 위법한 폐기에 대하여 한편으로 권리주체의 신체로부터 분리되어 있지만, 다른 한편으로 권리주체의 자가생식이라는 신체특유의 기능이 결정되어 있으므로 이러한 경우에는 신체로부터의 채취 후에도 독일민법 제823조 제1항, 제847조 제1항에 의한 보호가 미친다고 하여 권리주체인 원고의 인격권을 보호하는 것이 정당하다고 판시하였다.[27] 결국 이는 냉존 보존된 정자에 대해 신체로부터 분리되었다고 하여 물건성만을 인정한 것이 아니라 추후 자가생식이라는 신체특유의 기능이 인정될 수 있으므로 인격권적 측면도 보호될 수 있음을 의미한다.

4. 소결

생각건대 원칙적으로 신체의 일부는 신체로부터 분리됨과 동시에 물건성이 인정되나, 예외적으로 물권과 원귀속자의 인격권의 병존 내지 완전한 인격권을 인정할 경우도 있다고 본다. 왜냐하면 신체로부터 분리에 의해 물건으로 전환되는 이상 의사나 병원 혹은 타인이 인체유래물질의 소유권을 취득할 수 있지만 그 경우에도 예외적이지만 원귀속자의 처분의사와 그 이용목적·방법에 따라서 원귀속자와 해당 신체구성부분 사이에 강한 인격적 관계가 유지될 수 있고 이를 인격권으로 보호할

27) 박동진, 앞의 논문, 174면; 송영민, 앞의 논문, 165-166면.

필요가 있을 수 있기 때문이다.[28] 예컨대 통상 용이하게 분리되지 않는 장기, 생식세포, 체세포 등이 단순한 폐기의 목적인 경우에는 물건성만이 인정되어 원귀속자의 소유권의 포기 또는 의사에 대한 소유권의 양도가 인정되나, 타인에게 이식 등의 목적으로 이용될 경우에는 원귀속자의 인격성이 여전히 인정받아야 한다. 따라서 신체로부터 분리된 인체유래물질은 원귀속자의 처분의사와 그 이용목적·방법에 따라 순수한 물건성이 인정되는 경우, 극히 예외적이지만 순수한 인격성이 인정되는 경우, 그리고 물건성과 인격성이 양립하는 경우로 나누어 파악함이 타당하고 본다.[29]

이러한 견해에 따르면 [사례]에서 우선 M의 비장과 여타 조직들을 이용하여 특정세포주를 만들어 특허를 받은 사안의 경우 출혈성백혈병의 치료를 위해 M의 신체로부터 적출된 비장과 여타 조직은 폐기를 목적으로 한 것이므로 M이 소유권을 포기하거나 병원 측에 이를 양도한 물건으로 볼 수 있다. 따라서 횡령죄에 있어 재물의 타인성이 부정되어 의사 甲에게 업무상횡령죄가 성립할 수 없다. 나아가 여기서 문제가 되는 것은 M의 비장과 여타 조직 그 자체가 아니라 M의 동의 없이 이들을 이용하여 경제적 가치가 있는 세포주를 만들어 특허를 받은 부분이다. 이 세포주는 M의 생물학적 물질과는 구별되며 의사 甲은 자신의 연구 성과로 여겨지는 세포주라는 이차적 파생물질을 통하여 막대한 경제적 이익을 얻은 것으로 이에 대한 재산권적 이익은 M에게 존재하지 않는다.[30]

다음으로 [사례]에서 A가 추후 자가생식을 위해 냉동보관 시킨 자신의 정자는 신

---

28) 岩志和一郎, "ヒトの身體構成部分の法的性質をめぐるドイツの議論", ツジュリスト 1247호(2003. 6), 57면.

29) 같은 취지로 이재목/이정현, 앞의 논문, 116-118면.

30) Moore 사건에 대한 캘리포니아州 대법원은 ① 비장세포를 포함하여 조직, 이식 가능한 장기, 혈액, 배아, 각막조직 등이 인체로부터 적출되면 피적출자의 소유권 내지 재산권이 될 수 없고, 원고는 의사들로부터 그의 몸에서 비장이 제거되었을 때 소유권을 포기한 것이므로 피고 측이 원고의 세포를 부정하게 유용하지 않았다는 점, ② 캘리포니아州 법률은 인체생물학적 물질(human biological material)의 양도와 처분을 엄격히 제한하고 있다는 점, ③ 특허를 받은 세포주는 Moore의 생물학적 물질과는 구별되며, 세포주로 인하여 이차적으로 파생된 제품으로 인한 이익이므로 이에 대한 재산권적 이익은 Moore에게 존재하지 않는다는 점을 이유로 하여 Moore가 주장한 횡령(conversion)으로 인한 불법행위책임을 부인하였다. Moore, 793 P. 2d 489, 492(이정현/박인걸, "인체유래물질의 재산권의 허용범위와 그 이용을 위한 관련법규의 정비방안", 법학연구 제37집, 2010, 56면에서 재인용).

체로부터 분리된 시점부터 물건으로서의 성질을 가진다. 하지만 이 정자는 통상의 물건과 달리 자가생식이라는 신체특유의 기능이 결정되어 있으므로 권리주체인 A와의 사이에 강한 인격적 관계가 유지되어 물건성과 인격성이 병존하는 경우이다. 따라서 의사 乙이 A로부터 계속 보관해 주기를 희망하는 편지를 받았음에도 냉동보관시설의 유지비용 절감을 위해 이를 다른 정자 은행에 증여한 행위는 정자라고 하는 타인의 재물을 횡령한 것이므로 업무상횡령죄가 성립한다고 본다.[31)]

마지막으로 [사례]에서 부부인 S와 D의 신체로부터 분리되어 체외수정 과정에서 생성되어 임신의 목적으로 이용하고 남은 잔여배아(혹은 배아)는 신장, 비장 등과 같은 장기, 뼈, 연고 등과 인체조직, 체세포, 혈액 등과 같은 인체유래물과 달리 인간으로 발전할 잠재적 가능성이 있으므로 순수한 인격성이 인정되어 물건성이 인정될 수 없다고 본다.[32)] 따라서 의사 丙이 자신의 연구를 위해 잔여배아를 위법하게 이용한 행위에 대해서는 민사상 인격권의 침해에 따른 위자료청구권이 인정[33)]될 수 있어도 형법상으로는 잔여배아의 재물성이 인정되지 않아 업무상횡령죄가 성립할 수 없다고 본다.[34)]

---

31) 민사상으로는 추후 자가생식에 대한 자기결정권이라는 인격적 이익의 침해를 이유로 민법 제751조에 따른 위자료청구권이 인정될 수 있다.

32) 헌법재판소 역시 "초기배아는 수정이 된 배아라는 점에서 형성 중인 생명의 첫걸음을 떼었다고 볼 여지가 있기는 하나 아직 모체에 착상되거나 원시선이 나타나지 않은 이상 현재의 자연과학적 인식 수준에서 독립된 인간과 배아 간의 개체적 연속성을 확정하기 어렵다고 봄이 일반적이라는 점, 배아의 경우 현재의 과학기술 수준에서 모태 속에서 수용될 때 비로소 독립적인 인간으로의 성장가능성을 기대할 수 있다는 점, 수정 후 착상 전의 배아가 인간으로 인식된다거나 그와 같이 취급하여야 할 필요성이 있다는 사회적 승인이 존재한다고 보기 어려운 점 등"을 논거로 하여 수정 후 원시선이 생기기 전 초기배아에 한하여 인간존엄과 생명권의 기본권 주체성을 부정하여 '수정후14일설'의 입장을 취하고 있으나, "인간으로 발전할 잠재성을 갖고 있는 초기배아라는 원시생명체에 대하여도 위와 같은 헌법적 가치가 소홀히 취급되지 않도록 노력해야 할 국가의 보호의무가 있음"을 분명히 하고 있다(헌법재판소 2010.5.27. 선고 2005헌마346 결정). 이에 대해 자세히는 김재윤, "생명공학과 의료기술의 발전에 따른 형사법적 쟁점과 과제" 법학논총 제31집 제2호, 2011, 38-39면 참조.

33) 그밖에도 생명윤리법 제66조 제1항 제2호에 해당하여 2년 이하의 징역 또는 3천만원 이하의 벌금에 처해 질 수 있다.

34) 마찬가지로 [사례]의 의사 丙과 유사한 사례인 Davis v. Davis 사건에서 테네시州 대법원은 배아가 자연인과 동일하지는 않다고 보았으나, 단순한 재산이라는 점에도 동의하지 않았다. 대신 배아는 통상의 인체세포보다 더 큰 보호를 받을 수 있지만 그것은 자연인과 동일한 완전한 보호에는 미치지 않는 잠정적 내지 중간적 범주에 속하며(특별보호의 관점), Mary Sue와 Junior Davis는 배아에 대해 그것의 처분에 대한 결정권한을 내용으로 하는 소유권을 갖는다

Ⅲ. 타인의 인체파생물질 사용의 정당화 사유

[사례]에서 의사 乙과 丙과 같이 타인의 인체파생물질을 사용함에 있어 이를 정당화할 수 있는 근거는 무엇인지 의문이 제기된다. 이를 정당화할 수 있는 근거가 존재하지 않을 경우 이러한 타인의 인체파생물질의 사용은 소유권 내지 인격권의 침해로 민법상 불법행위, 심지어 형법상 업무상횡령죄가 성립될 수 있다. 따라서 타인의 인체파생물질의 사용은 생명윤리법상의 승인된 정당화적 사유가 존재하거나 권리주체의 승낙 내지 양해가 있는 경우에 한하여 합법적인 것이 될 수 있다.

1. 권리주체의 정당한 승낙 내지 양해

타인의 인체유래물질의 사용에 대한 정당화 근거로서 무엇보다 처분 권한이 있는 법익소유자의 명백한 승낙 내지 양해가 고려될 수 있다. 원칙적으로 당사자 스스로만이 자신의 신체로부터 분리된 신체유래물질에 대해 소유권자로서 또는 자신의 인격권에 기초하여 처분할 수 있다. 즉 원칙적으로 당사자의 명백한 승낙 내재 양해만이 타인의 인체유래물질의 허용된 사용을 위한 정당화적 토대가 될 수 있을 뿐이다. 그리고 승낙과 양해는 당연히 최종적인 것으로 명시적 또는 묵시적으로 표현되어야 한다.[35] 이와 달리 그와 같은 처분이 없는 경우 타인의 인체유래물질의 사용은 소유권과 인격권의 침해이기 때문에 민법상 불법행위 내지 형법상 업무상횡령죄가 성립될 수 있다. 물론 권리자는 자신에게 허용된 동의를 통해 내용상 자신의 인체유래물질에 대한 특정한 사용, 예컨대 개별적 연구로 한정할 수 있다. 이 경우 그러한 특정한 목적설정은 일반적인 사례이기도 하다. 승낙에 의해 설정된 목적을 넘어서는 사용은 이러한 승낙에 의해 포섭될 수 없으므로 불법행위가 된다.

그리고 권리주체의 승낙 내지 양해는 그의 신체로부터 분리된 인체유래물질이 익명화된 형태로 사용되어야 하는지 여부와 무관하게 요구된다. 아무리 익명화된 신체유래물질에 대한 연구일지라도 그 물질의 사용에 대한 동의가 없는 경우에 이는 권리주체의 소유권 내지 인격권에 대한 침해이므로 정당화 사유가 없는 한 불법행위

는 결론을 내렸다고 한다(최수정, 앞의 논문, 123면).

35) 손동권/김재윤, 새로운 형법총론, 율곡출판사, 2011, 244면.

가 된다.[36)]

2. 추정적 승낙

(1) 의의

처분 권한이 있는 권리소유자 또는 그의 대리인의 명백한 동의가 결여된 경우에 타인의 인체유래물질의 사용을 정당화하는 또 다른 근거로서 추정적 승낙이 고려될 수 있다. 하지만 이러한 특별한 정당화사유는 단지 보충적 성격만을 갖는다. 즉 추정적 승낙은 단순한 승낙의 대용물에 지나지 않으며 피해자, 즉 권리주체가 승낙하였는지 여부가 문제될 수 있는 경우에는 배제된다.[37)]

이와 관련하여 인체유래물질의 소유권자 내지 인격권의 소유자로서 피해자의 처분권과 관련하여 명시적 내지 묵시적 승낙의 표시가 있었는지 여부가 문제될 경우에 모든 사정을 고려하여도 그러한 승낙의 표시가 있었는지를 질문하는 것이 부적절한 것이 되는 아주 이례적인 경우라면 권리주체인 피해자에게 그러한 질문의 포기가 문제된다. 그러나 이러한 예외는 그와 연결된 위험성으로 인해 매우 제한적으로 다루어져야만 한다고 한다.[38)] 이 경우 그 부적절성은 명시적 내지 묵시적 승낙의 표시가 있었는지 여부에 대한 질문이 의료진 내지 피해자에게 하나의 감정적 부담을 의미하기 때문에 인정될 수 없다. 또한 명시적 내지 묵시적 승낙이 있었는지 여부를 입증할 경우에 피해자의 권리를 보호하기 위해 언제나 그 유무가 명백하게 질문되어야 하는데, 이러한 가능한 명확한 질문이 그대로 유보된 채 남아 있은 경우에 추정적 승낙이라는 정당화사유는 더 이상 사용될 수 없다고 한다.[39)]

따라서 피해자로부터 명시적 내지 묵시적 승낙이 얻어지는 것이 불가능한 경우에 한하여 추정적 승낙에 의한 정당화가 고려된다. 이때 피해자에게 동의 여부를 물었을 경우 그 자신이 동의를 하였으리라는 확실한 기대가 중요한데, 모든 사정을 종

---

36) Freund/Weiss, “Zur Zulässigkeit der Verwendung menschlichen Körpermaterials für Forschungs- und andere Zwecke”, MedR 2004, Heft 6, S. 316-317.

37) BGHSt 16, 309, 312; Roxin, Strafrecht AT I, 3. Aufl., 1997, § 18, Rn. 10; 손동권/김재윤, 앞의 책, 250면.

38) 이에 대해 상세히는 Schröder/Taupitz, 앞의 책, S. 60 f.

39) Roxin, 앞의 책, § 18, Rn. 10 ff.

합적으로 고려하여 객관적으로 이 가정이 정당화될 수 있어야 한다. 이러한 과정에서 무엇보다 자기결정권의 보호가 주요하게 다루어지기 때문에 추정적 의사의 내용은 일차적으로 피해자의 개인적 사정, 즉 그의 개인적 이익, 필요, 욕구 및 가치관념 등에 의해 추론되어야 한다.[40] 이때 합리적이고 이성적인 행위자의 척도와 같은 객관적인 기준은 어떠한 독자적인 의미를 가지지 못하며, 단지 추정적 의미만을 갖는다. 다만 이러한 객관적 기준은 개인의 추정적 의사를 탐구하는데 기여할 뿐이다.[41]

(2) 타인의 이익을 위한 인체파생물질의 사용에 있어 추정적 승낙의 특이성

지금까지 논의 가운데 소유권자와 인격권자가 자신의 인체파생물질에 대한 일체의 사용을 거부할 법적 권한을 가지고 있는지 여부는 아직 다루어지지 않았다. 이 경우 소유권자에게 어떠한 이유의 제시도 요구되지 않는다. 소유권자는 동의를 거부함에 있어 자기 자신을 정당화할 필요도 없다. 오히려 이는 자신의 독자적 판단에 따라 처리할 자신의 권리에 속한 사항이다. 어쩌면 소유권자는 자신의 동의가 의료의 질적 개선, 교육 또는 연구 등 이타적 목적에 기여할 수 있으므로 선한 것일 수 있다는 확신 아래 행할 수 있다. 비록 이러한 확신 작업이 실패했을 경우라도 피해자의 거부 결정은 여전히 존중되어야 한다. 이러한 피해자의 거부 의사에도 불구하고 의사가 환자의 인체파생물질을 연구 등에 사용하였을 경우 이러한 행위는 민법상 불법행위가 되면 일정한 요건을 충족할 경우 업무상횡령죄가 성립할 수 있다.[42]

자신의 인체파생물질에 대해 자신의 독자적 판단에 따라 처리할 피해자의 권리는 타인의 이익을 위한 사용에 있어 추정적 승낙이라는 정당화사유의 효력범위와 관련하여 동일한 결론에 도달한다. 이와 관련하여 추정적 승낙의 정당화사유를 통해 피해자의 이익을 침해할 수 있는지 여부가 여전히 논란이 되고 있다.[43] 부분적으로 그

---

40) BGHSt 35, 246, 249.

41) Lenckner, in: Schönke/Schröder, Kommentar zum Strafgesetzbuch, 26. Aufl., 2001, Vor § 32, Rn. 56 f.

42) 이에 대해 위 Ⅱ. 참조.

43) 이러한 논쟁에 대해 보다 상세히는 Roxin, 앞의 책, § 18, Rn. 15 ff. m.w.N.

러한 사례는 정당화적 긴급피난의 규정(형법 제22조)에 따라 다루어진다.[44] 그러나 추정적 승낙이 원칙적으로 피해자 자신을 위해 이용되는 것이 아니라 타인의 이익을 위해 이용되는 행위방식으로 고려되는 한도 내에서는 이러한 정당화사유는 자기결정권을 침해시킬 커다란 위험이 있기 때문에 매우 제한적으로 원용될 필요가 있다.[45] 즉 피해자의 일정한 승낙 의사에 대한 구체적 내용이 결여된 경우에 추정적 승낙은 배제된다. 오히려 이 경우 개별적 사례의 구체적 사정 속에서 피해자의 승낙 의사에 대한 특별한 내용이 요구되어야 한다. Roxin 교수가 다음과 같이 적절히 지적한 바와 같이 타인의 이익을 위한 승낙의 의사표시를 한 법익주체에게는 법익침해와 불이익만이 예상되기 때문에 행위자에게는 피해자가 법익침해에 동의했을 특별한 사정이 있는 경우(예컨대 행위자가 피해자와 개인적으로 친분이 두터운 사이라는 특별한 신뢰관계가 있는 경우)가 아닌 한 추정적 승낙을 인정할 수 없다.[46]

동일한 이유에서 정당화되는 추정적 승낙은 처분권한을 가진 권리소유자로서 피해자에게 적정한 시점에서 승낙 여부를 묻을 수 있는 가능성이 존재하는 경우라면 피해자의 고유한 이익이 결여되어 최종적으로 거부되어야 한다. 그리고 이러한 질문 자체가 비이성적이고 비합리적인 일로 여겨질 수 있어 이를 뒤늦게라도 행할지 여부는 피해자의 자기결정권의 보호라는 이익을 고려할 때 그다지 중요하지 않다. 이러한 점에서 인체파생물질을 타인의 이익을 위해 사용하는 사례는 피해자의 고유한 이익을 위해 사용하는 사례와 구별된다. 후자의 경우로 수술이 확대되는 사례를 생각할 수 있다. 이 경우 추정적 승낙을 통한 정당화의 시도는 의사가 환자의 명백한 결정을 얻을 수 있는 가능성을 과실로 간과하여도 영향을 받지 않는다.[47] 이러한 경우에 의사의 수술의 확대는 "그 행위 자체로"(in actu) 정당화될 수 있다. 왜냐하면 이미 진행 중인 마취의 효과가 사라지기 전에 수술을 확대하여 질병을 치유하는 것은 환자 자신의 진정한 의사를 간과하는 위험을 감수하더라도 그 환자에 있어 현저한 고유 이익으로 간주될 수 있기 때문이다.[48] 그러나 이러한 사례에서 "그 행위 자

---

44) 이에 대해서는 아래 Ⅲ. 3. 참조.

45) Roxin, 앞의 책, § 18, Rn. 17.

46) Roxin, 앞의 책, § 18, Rn. 28.

47) BGHSt 35, 246, 249; Lenckner, 앞의 책, Vor § 32, Rn. 59.

48) 이에 대해 상세히는 Laufs, Arztrecht, 5. Aufl., 1993, Rn. 227; Roxin, 앞의 책, § 18, Rn. 12, m.w.N.

체로"의 정당화를 시도함에 있어 의사가 환자의 수술에 앞서 적정한 시기에 명확한 설명과 질문이 가능했음에도 이를 과실이 아니라 고의적으로 간과했을 경우에는 설명의무위반이라는 불법적인 행위가 존재함에 의문이 없다. 이와 같이 사전에 불법적인 행위가 있는 경우에 원인에 있어 불법한 행위(actio illicita in causa)의 원칙에 따라 형사책임이 고려될 수 있다.[49]

그러나 타인의 이익을 위한 인체유래물질의 사용이 다루어지는 경우 "그 행위 자체로"의 정당화상황은 기본적으로 또 다른 상황에 처하게 된다. 즉 이 경우에 피해자 자신에게는 어떠한 고유한 이익도 없기 때문에 자신의 인체파생물질의 사용에 대한 동의가 적절한 시점에서 요청되어질 가능성이 존재함에도 의사로부터 그 여부와 관련된 명확한 질문이 쉽게 포기되어 진다. 하지만 이렇게 의사로부터 포기되어진 질문은 정반대로 피해자 자신의 권리를 보호하기 위한 처분권한의 핵심적 내용을 이룬다. 이에 따라 포기되어진 질문은 피해자 자신의 독자적 판단에 따라 자신의 인체파생물질이 타인의 이익을 위해 사용되는 것을 결정할 권리를 잠정적으로 유보시키는 결과를 낳는다.[50] 적정한 시기에 질문하지 않는 자는 법률상 아무것도 얻은 바가 없기(Wer nicht rechtzeitig fragt, geht von Rechts wegen leer aus!) 때문에 피해자의 인체파생물질이 타인의 이익을 위해 사용될 경우 피해자로부터 명시적 또는 묵시적 승낙 의사의 획득이 여전히 가능성의 상태로 남아 있다면 정당화사유로서 추정적 승낙은 원칙적으로 인정될 수 없다.[51]

3. 긴급피난

정당화적 긴급피난의 규정(형법 제22조)에 따라 타인의 인체파생물질 사용에 대한 정당화는 처음에 언급된 [사례]에 있어서는 실질적 의미를 가질 수 없다. 왜냐하면 의사 甲, 乙, 丙의 경우 긴급피난의 성립요건으로서 자기 또는 타인의 법익에 대한 '현재의 위난'이 결여되어 있기 때문이다.[52] 이에 정당화적 긴급피난의 다른 성립요

49) BGHSt 35, 246, 250; Lenckner, 앞의 책, Vor § 32, Rn. 59.
50) 처분권한의 핵심적 내용에 대해서는 Schröder/Taupitz, 앞의 책, S. 61 ff.
51) Freund/Weiss, 앞의 논문, S. 317-318.
52) 이러한 긴급피난의 정당화요건에 대해 상세히는 손동권/김재윤, 앞의 책, 211-216면; Roxin, 앞의 책, § 16, Rn. 9-79 참조.

건에 대한 추가적 검토는 불필요하다.

Ⅳ. 맺는 말

오늘날 생명과학과 의료기술의 눈부신 발전은 신체로부터 분리된 인체파생물질에 대한 경제적 가치를 더욱더 높이고 있다. 신장 등 장기이식 대기자가 불법이지만 거액의 금액을 제공해서라도 장기이식을 하고자 하는 사례를 손쉽게 볼 수 있다. 인간 그 자체는 헌법상의 인간의 존엄과 가치를 가지고 있으므로 물건성이 인정될 없지만 신장 등의 장기와 같은 인체파생물질은 신체로부터 분리됨과 동시에 물건성이 인정되어 소유권의 객체가 된다(예컨대 [사례]에서 M의 출혈성백혈병의 치료를 위해 적출된 비장과 여타 조직들). 그러나 신체로부터 분리된 인체파생물질이라고 하더라도 예외적인 경우에 물권과 원귀속자의 인격권의 병존(예컨대 [사례]에서 자가생식의 위해 냉동 보관하다 A의 정자) 내지 완전한 인격권을 인정할 경우(예컨대 [사례]에서 부부 S와 D의 체외수정을 통해 생성된 잔여배아)도 있다고 본다.

나아가 의사가 의료의 질적 개선, 교육 및 연구의 목적으로 타인의 인체파생물질을 사용하고자 할 경우 그 사용이 법적으로 허용되기 위해서는 적절한 시점에서 피해자의 명시적 또는 묵시적 승낙 내지 추정적 승낙에 대한 요청이 무엇보다 중요하다. 피해자의 동의 없는 타인의 인체파생물질의 사용은 인격권과 소유권의 침해로 인해 불법행위가 되고 심지어 재산범죄로서 업무상횡령죄와 같은 형사책임을 묻을 수 있다. 이는 피해자 자신의 고유한 이익을 위한 경우뿐만 아니라 타인의 이익을 위한 경우, 즉 제3자에게 인체파생물질의 이식의 경우에도 동일하게 적용된다.[53] 이와 같은 법적 평가는 익명화된 인체파생물질의 경우에도 마찬가지이다. 왜냐하면 이미 피해자의 최종적인 처분권한인 자기결정권의 경시 내지 그의 소유권의 침해에 의해 권리침해가 있기 때문이다.

따라서 타인의 인체파생물질의 적법한 이용을 위해서는 정당한 권리자의 동의가 요구된다. 그러한 동의의 요청은 그 승인과 관련하여 예컨대 병원의 진료계약과는

---

53) 이에 대해 상세히는 Schröder/Taupitz, 앞의 책, S. 71 ff. 참조.

분리된 형태로 이루어질 수 있으며 경우에 따라 이러한 방식을 통해 효과적인 동의에 도달할 수 있다.[54] 특히 의사가 자신의 연구를 위해 특별히 의도적인 사용목적을 가지고 있을 경우 의사는 피해자인 환자에게 이에 대해 충분하고 명확한 설명 등을 통해 일정한 동의의 유효요건을 충족해야만 한다. 이때 인체파생물질의 원소유자가 허용되는 사용목적에 대해 자기결정권의 차원에서 결정하여야 한다. 따라서 적정한 시기에 피해자의 동의의 획득에 실패한 자는 그가 타인의 인체파생물질을 특정한 목적으로 사용한 경우(예컨대 [사례]에서 의사 乙이 A의 냉동보존 정자를 타 정자 은행에 증여한 행위, 의사 丙이 부부 S와 D의 잔여배아를 동의 없이 연구한 행위)에 민법상 불법행위, 심지어 형법책임까지 인정될 수 있다. 이때 추정적 승낙이라는 정당화사유는 피해자의 명확한 승낙의 획득이 실패한 경우에 원칙으로 인정될 수 없다. 적정한 시기에 질문하지 않는 자는 법률상 아무것도 얻은 바가 없기 때문이다.[55]

54) 이에 대해 상세히는 Schröder/Taupitz, 앞의 책, S. 96 ff. 참조.
55) Freund/Weiss, 앞의 논문, S. 319.

(의료법)

[§ 5]

무면허 대체의료행위*

— 대체의학은 어디까지 허용되어야 하는가?

[연구대상 판례 - 대법원 2005.4.29. 선고 2004도7412 판결 -]

[판결요지]

세계침구학회연합회와 중국 국제침구고시원이 각 주관하는 자격시험에 합격해 각기 면허증을 교부받은 후 위 학회의 부속기구인 국제의료봉사위원회의 단원으로 활동하면서 침술행위를 했다면 그러한 자격을 가진 피고인을 의료법 제2조 제1항 소정의 '의료인'이라거나 같은법 제25조제1항 소정의 '외국의 의료인 면허를 소지한 자'라고 보기 어렵다.

[이 유]

1. 상고이유 제1점에 대한 판단

의료법 제2조 제1항은 "이 법에서 '의료인'이라 함은 보건복지부장관의 면허를 받은 의사 · 치과의사 · 한의사 · 조산사 및 간호사를 말한다"라고 규정하고 있고, 같은 법 제25조 제1항은 "의료인이 아니면 누구든지 의료행위를 할 수 없으며 의료인도 면허된 이외의 의료행위를 할 수 없다. 다만, 다음 각호의 1에 해당하는 자는 보건복

* 이 글은 원래 김재윤, "무면허 대체의료행위의 형사법적 책임", 비교형사법연구 제8권 제1호, 한국비교형사법학회(2006.7), 355-378면에 게재된 으로 최근의 논의까지를 반영하여 수정 · 보완한 것임.

지부령이 정하는 범위 안에서 의료행위를 할 수 있다. 1. 외국의 의료인의 면허를 소지한 자로서 일정한 기간 국내에 체류하는 자(이하 생략)"라고, 같은법시행규칙 제20조는 "법 제25조 제1항 제1호의 규정에 따라 외국의 의료인의 면허를 소지한 자로서 다음 각호의 1에 해당하는 업무를 수행하기 위하여 국내에 체류하는 자는 그 업무수행을 위하여 필요한 범위 안에서 보건복지부장관의 승인을 얻어 의료행위를 할 수 있다. (1 내지 3호 생략) 4. 국제의료봉사단의 의료봉사업무"라고 각 규정함으로써, 의료인 아닌 자의 무면허의료행위를 전면적으로 금지하되 다만 외국면허의료인의 의료행위를 일정범위에서 허용하고 있다.

기록에 의하면, 피고인이 세계침구학회연합회와 중국 국제침구고시원이 각 주관하는 침구사 자격시험에 합격하여 각기 면허증을 교부받은 다음 위 학회의 부속기구인 국제의료봉사위원회의 단원으로서 활동하면서 공소사실 기재와 같은 침술행위를 한 사실은 인정되나, 그러한 자격을 가진 피고인을 의료법 제2조 제1항 소정의 '의료인'이라거나 같은 법 제25조 제1항 소정의 '외국의 의료인 면허를 소지한 자'라고는 보기 어려우므로, 피고인의 이 사건 침술행위는 형사처벌의 대상이 되지 아니하는 의료법시행규칙 제20조 제4호 소정의 '국제의료봉사단의 의료봉사업무'에 해당하지 않는다고 할 것이다.

같은 취지에서 원심이, 피고인의 이 사건 침술행위는 의료법 및 같은법시행규칙에서 정하고 있는 국제의료봉사단의 의료봉사업무로서 법령에 정한 정당한 행위에 해당한다는 피고인의 주장을 받아들이지 아니한 것은 옳고, 거기에 상고이유에서 주장하는 바와 같이 의료법 제25조 제1항 및 같은법시행규칙 제20조 제4호에 관한 법리를 오해한 위법이 있다고 할 수 없다.

2. 상고이유 제2점에 대한 판단

형법 제20조 소정의 '사회상규에 위배되지 아니하는 행위'라 함은 법질서 전체의 정신이나 그 배후에 놓여 있는 사회윤리 내지 사회통념에 비추어 용인될 수 있는 행위를 말하고, 어떠한 행위가 사회상규에 위배되지 아니하는 정당한 행위로서 위법성이 조각되는 것인지는 구체적인 사정 아래서 합목적적, 합리적으로 고찰하여 개별적으로 판단되어야 할 것인바, 이와 같은 정당행위를 인정하려면 첫째 그 행위의 동기나 목적의 정당성, 둘째 행위의 수단이나 방법의 상당성, 셋째 보호이익과 침해이익과의 법익균형성, 넷째 긴급성, 다섯째 그 행위 외에 다른 수단이나 방법이 없다는 보충성 등의 요건을 갖추어야 할 것이고, 한편, 일반적으로 면허 또는 자격 없이 침술행위를 하는 것은 의료법 제25조의 무면허 의료행위(한방의료행위)에 해당되어 같은 법 제66조에 의하여 처벌되어야 하는 것이며, 그 침술행위가 광범위하고 보편화된 민간요법이고, 그 시술로 인한 위험성이 적다는 사정만으로 그것이 바로 사회상규에 위배되지 아니하는 행위에 해당한다고 보기는 어렵다고 할 것이며, 다만, 그 침술행위의 위험성의 정도, 일반인의 시각, 시술자의 시술의 동기, 목적, 방법, 횟수, 시술에 대한 지식수준, 시술경력, 피시술자의 나이, 체질, 건강상태, 시술행위로 인한 부작용 내지 위험발생 가능성 등을 종합적으로 고려하여 법질서 전체의 정신이나 그 배후에 놓여 있는 사회윤리 내지 사회통념에 비추어 용인될 수 있는 행위에 해당한다고 인정되는 경우에만 형법 제20조 소정의 사회상규에 위배되지 아니하는 행위로서 위법성이 조각된다고 할 것이다(대법원 2002.12.26, 2002도5077 판결 참조).

원심판결 이유에 의하면, 원심은 제1심판결의 채용증거들을 인용하여 피고인이 세계침구학회연합회 등에서 침구사자격을 취득하였으나, 국내에서 의사의 처방 없이 침술행위를 할 수 있는 면허나 자격을 취득하지는 못한 사실, 이러한 피고인이 단순히 수지침 정도의 수준에 그치지 아니하고 환자 박정엽 등의 몸 부위에 체침을 시술한 사실, 환자 김성심은 나이가 많은 노인으로서 시술행위로 인한 부작용 내지 위험발생 가능성이 높아 보이는 사실 등을 인정한 다음, 이러한 피고인의 침술행위는 의료법을 포함한 법질서 전체의 정신이나 사회통념에 비추어 용인될 수 있는 행위에 해당한다고 볼 수는 없다 할 것이어서 위법성이 조각되지 아니한다고 판단하였는바, 관계 증거들을 위 법리와 기록에 비추어 살펴보면, 원심의 위와 같은 판단은 수긍이 가고, 거기에 형법 제20조 소정의 정당행위에 관한 법리를 오해한 위법이 있다고 할 수 없다.

3. 상고이유 제3점에 대한 판단

생략

4. 결론

그러므로 상고를 기각하기로 하여 관여 대법관의 일치된 의견으로 주문과 같이 판결한다.

[연 구]

Ⅰ. 들어가는 말

고대로부터 사람은 고통 없는 삶, 즉 '편안함'(ease)을 추구해왔는데, '병'(disease)란 곧 '안(dis-) 편안함(ease)'을 의미한다. 즉 불편이 병이란 뜻이다. 이 '불편'(不便, disease)에서 '불(不, dis-)'을 제거하고 '편(便, ease)'을 지켜주는 것이 의술(醫術)이라 할 수 있다. 의술은 동·서양을 막론하고 시대마다, 문화권마다 존재해 왔다. 특히 서양에서는 의술에 과학과 기술을 도입함으로써 전염병퇴치와 외과 수술 면에서 획기적인 발전을 이룩하였고, 의술하면 곧 서양의학이 전부인 것처럼 여겨지게 되었다.

그러나 70년대 초반부터 서구에서 '질병 중심의 의학'인 서양의학의 한계에 대한 인식이 대두하였고, 그 대안의 하나로 인간의 온갖 질병과 고통을 약물과 수술이 아닌 자연치유능력에 맞추어 조율하고 복원하는 '대체의학'(alternative medicine)[1]에 많은 관심이 고조되었다. 이러한 관심에도 불구하고 대체의학이 무엇이고 어떠한 종류가 이에 해당하는가에 관해 아직까지 명확하게 정립하지는 못한 실정이다. 다만 미국 국립보건원(NIH)이 분류한 대체의학은 식이요법, 약초요법, 향기요법, 생체자기요법, 수(水)치료법, 동종요법, 척추교정요법 등이 있다.

대체의학과 관련하여 가장 큰 문제점은 전문의료인이 아닌 비의료인들이 수지침 시술, 안마, 지압, 척추교정, 활법, 기(氣)치료, 명상치료 등을 대체요법이라는 이름으로 무책임하게 사이비 의료행위를 하고 있으며, 한국적 사회풍토가 이를 일정부분 옹호하거나 눈감아주고 있다는 점이다. 이는 대체의학에 대한 올바른 이해를 저해할 뿐만 아니라 국민건강을 위협하는 요인이 될 수 있다. 이런 상황에서 2000년 대법원은 수지침 시술행위에 대해 "수지침 시술행위도 침술행위의 일종이기 때문

1) 영어권에서 사용되는 'alternative medicine'을 처음에는 '대체의학'이라 번역했으나 이 말이 지닌 기존의 의학을 대체한다는 부담감 때문에 의사사회에서는 '보완의학'(complementary medicine)을 주로 사용한다. 하지만 개념의 정확한 의미에서 대체의학과 보완의학은 말 그대로 서로 차별성을 갖는다. 참고로 대체의학의 중심지라 할 수 있는 독일에서는 'Naturmedizin', 즉 '자연치료의학'이라는 표현을 사용한다.

에 면허나 자격 없이 수지침 시술행위를 하는 것은 무면허 한방의료 행위에 해당하지만, 수지침이 시술 부위나 방법 등에 있어서 동양의학으로 전래된 체침의 경우와 차이가 있고 일반인들도 관용하는 입장이기 때문에 종합적으로 고려하여 구체적인 경우에 있어서 개별적으로 보아 법질서 전체의 정신이나 그 배후에 놓여 있는 사회윤리 내지 사회통념에 비추어 용인될 수 있는 행위에 해당한다고 인정되는 경우에는 형법 제20조 소정의 사회상규에 위배되지 아니하는 행위로서 위법성이 조각된다."[2]고 판시하여 무면허 대체의료행위가 정당화되기 위한 하나의 기준을 제시하고 있다.

연구대상 판례도 2000년 4월 25일 대법원 판례를 기준으로 하여 판시하고 있으나, 무면허 대체의료행위에 대한 이와 같은 일련의 판례가 다음과 같은 이유로 과연 타당한 것인지 검토할 필요가 있다. 우선 어느 행위까지를 대체의료행위에 포함시켜 의료법의 적용을 받게 할 것인가의 문제이다. 이는 현행 의료법과 보건범죄 단속에 관한 특별조치법에서 의료행위에 대한 명확한 개념조항을 두고 있지 않기 때문에 문제가 될 수밖에 없다. 다음으로 비의료인이 아닌 의료인에 의한 대체의료행위도 의사에 의한 치료행위의 일종이기 때문에 그 법적 성질을 통설과 판례의 태도와 같이 위법성조각설로 보아야 하는지, 아니면 구성요건배제설로 파악해야 하는지가 문제된다. 마지막으로 연구대상 판례는 비의료인의 무면허 대체의료행위의 위법성조각을 판단함에 있어 형법 제20조의 '사회상규에 위배되지 아니하는 행위' 여부로 논증하고 있는 바, 이러한 방식이 타당한 것인지, 그리고 이 경우에도 '사회상규에 위배되지 아니하는 행위'의 핵심요건으로서 법질서 전체의 정신 내지 사회통념 등과 같은 추상적 기준 이외에 사회상규위배 여부의 구체적 판단기준은 없는 것인지에 관해 살펴보고자 한다. 다만 연구대상 판례에서 상고이유 제3점에 대한 판단은 형법 제16조의 법률의 착오문제도 다투고 있으나, 이는 연구범위의 한정을 위해 다음 연구과제로 남겨두고자 한다.

2) 대판 2000.4.25, 98도2389.

Ⅱ. 대체의료행위에 대한 법적 평가

1. 대체의학의 개념

첨단의학의 비약적 발전에도 만성·난치성 질환, 그리고 새로운 질병원인균 수가 날로 증가함에 따라 현대 서양의학이 고비용·저효율의 의학이란 비판과 더불어 현대의학에만 의존하는 데 회의를 품는 분위기가 세계적으로 확산되고 있다. 따라서 이의 대안을 찾는 과정에서 대체의학에 대한 의료계와 일반인의 관심이 높아지고 있다. 이때 '대체의학'(alternative medicine)이란 현대 의학적 치료방법 이외의 모든 질병치료법을 의미하는 데, 기존 '서양 정통의학'(conventional western medicine)을 대체한다는 의미를 회피하기 위하여 완곡한 표현으로 '통합의학'(integrative medicine), '보완의학'(complementary medicine), '비제도권의학'(unorthodox medicine) 등의 용어를 사용하기도 한다.[3] 대체의학이란 한마디로 인간의 온갖 질병과 고통을 자연치유능력에 맞추어 조율하고 복원하는 의학이라고 할 수 있다. 그러기 위해 인체의 면역기능과 회복능력을 증강해주는 여러 가지 자연적인 접근방식을 동원하고 있다. 즉 환자를 질병을 치료하기 위한 하나의 객체로서가 아닌 전체성을 가진 인간으로 보고, 그 신체적인 질병 부위에만 치중하는 치료가 아니라 정신적·사회적·환경적인 부분까지 관찰하여 조화를 이루게 하는 치료를 행한다.[4]

1992년 미국 국립보건원(NIH)에 대체의학국(OAM: Office of Alternative Medicine)이 설립되었고, 6년 뒤인 1998년 대체의학국을 국립보완대체의학센터(NCCAM: National Center for Complementary and Alernative Medicine)로 확대 개편하면서 대체의학이 본격적으로 논의되기 시작된 이래 최근까지 계속해서 대체의학에 대한 관심이 높아진 이유로는 첫째, 대체요법의 상당수가 민간요법·전통의료 형태에서 비롯되었기 때문에 일상생활 속에서 혼자서 또는 기존 진료체계의 도움을 받더라고 의료비용을 줄이면서 시행할 수 있기 때문에 의료비용을 절감할 수 있다는 점 둘째,

---

3) 이들 용어가 의미하는 바는 각각 약간씩 차이가 있지만 현대의학적 개념과 방법론 그리고 그 필요성을 전면적으로 무시하고 새로운 의학패러다임에 기초한 이론과 기법으로 대신하려는 형태는 아니라는 데서 그 공통점이 있다(오홍근, "대체의학, 개념과 발전방향", 전세일·전홍준·오홍근 엮음, 새로운 의학, 새로운 삶, 창작과 비평사, 2001, 54면).

4) 오홍근, 앞의 논문, 50면; 최재천·박영호·홍영균 공저, 의료형법, 육법사, 2003, 195면.

현재의 의료형태가 질병 발생 이후에 치중하는 치료 위주의 의학이어서 질병을 예방하고 건강을 보강하는 데 중점을 두는 대체의학은 더 큰 호소력을 가질 수 있다는 점 셋째, 대체의학적 치료법은 질병을 치료하기 위하여 인공화학약물이나 수술이라는 공격적 치료방법을 지양하고 인간 전체의 삶의 질을 보호하면서 전인적인 보살핌을 주는 방식을 택함으로써 환자로 하여금 더 큰 심리적 만족감을 느끼게 할 수 있다는 점 등을 언급할 수 있다.[5]

2. 대체의료행위의 종류

(1) 대체의학상의 종류

대체의학은 민족마다 자연적 · 문화적 · 종교적 환경이 다르기 때문에 다양하게 분포하고 있는 실정이므로 일률적으로 대체의료행위의 종류를 특정하기는 사실상 불가능하다. 하지만 대체의학은 인간의 온갖 질병과 고통을 자연치유능력에 맞추어 조율하고 복원하는 데 중점을 두기 때문에 인체 내의 자연적 생명력을 보강하고 활성화하는 방법을 그 치료법으로 택하고 있다. 보다 구체적으로 이와 같은 대체의학상의 치료법으로는 약용식물요법, 생활습관조절법, 행동치료법, 영양식이요법, 수기치료(手技治療)라고 불리 우는 카이로프랙틱(chiropractic) 치료법, 수(水)치료법, 자연산물에서 추출한 성분을 고도로 희석하여 미세분자량의 에너지 단계에서 신체적 단계로 치유시켜가는 동종요법, 향을 내는 식물에서 추출한 에센셜오일을 이용한 아로마(aroma) 치료법, 생체자기요법, 침구술(鍼灸術)과 약초학과 같은 한의학적 치료법, 색깔치료, 정서상태를 조절해주는 꽃추출물을 이용한 치료법인 바크약물치료법, 근육과 내부장기 사이의 반사점을 이용한 치료법인 근육응용조절요법, 명상치료법 등을 언급할 수 있다.[6] 한편 미국 국립보건원은 식이요법, 약초요법, 향기요법, 생체자기요법, 수(水)치료법, 동종요법, 척추교정요법 등으로 대체의학의 치료법을 구분하고 있다.[7]

---

5) 이에 관해 더 자세히는 오홍근, 앞의 글, 57-58면; 최재천 · 박영호 · 홍영균 공저, 앞의 책, 196면.

6) 각각의 대체의학 치료법에 관해 자세히는 전세일 · 전홍준 · 오홍근 엮음, 앞의 논문, 54-55면, 157면 이하 참조.

7) 최재천 · 박영호 · 홍영균 공저, 앞의 책, 196면.

이와 같이 다양한 대체의학상의 치료법은 이미 외국에서 중요한 치료법으로서 자리를 잡고 있음에도 불구하고 우리나라에서는 아직까지 침술, 뜸, 안마, 지압, 마사지 등과 같은 한의학적 치료법만이 대체요법의 전부인 것처럼 인식되고 있는 실정이다.[8)]

보완대체의학이 왜 제대로 인정받지 못하는 걸까[9)]

일전에 언론에 종사하는 분을 만나 식사하던 중 왜 우리나라의 의사들은 서양에서는 보편적으로 인정하고 있는 보완대체의학을 인정하지 않는지 궁금하다는 말씀을 하셨다. 그 분 말씀처럼 외국에서는 보완대체의학이 나름 활발하게 활동하는 것이 사실이다.

하지만 우리나라에서도 제도권에서 인정받고 있지 못할 뿐이지, 사실 이미 국민들 사이에서는 광범위하게 인정받고 있다. 여기서 말하는 제도권의 의미는 치료행위에 대한 수가를 정부로부터 인정받지 못한다는 뜻도 있고 아예 치료행위로 간주되지 않는다는 것이기도 하다.

이렇게 된 상황에는 문화적인 차이도 있고 의료계의 보완대체의학에 대한 불신도 있을 것이다. 그러면 어떻게 하면 보완대체의학이 제대로 인정받는 것이 가능할까? 지금과 같은 방식, 즉 해보니까 효과가 있더라는 말만으로는 곤란하다. 왜냐하면 정부차원에서 인정하려면 과학적 증거주의에 입각해 그 효용성이 입증돼야 하기 때문이다.

보완대체의학이 우리 사회에서 제대로 인정받기 위해서는 첫째, 체계화되고 일관성 있는 교육프로그램과 교육기관이 있어야하고 그곳을 통해 배출된 사람들의 수준이 균등하다는 전제 하에서 국가가 인정하는 시험제도가 있어야 한다.

그런데 보완대체의학의 문제는 워낙 분파가 많은데다 교육방식도 다양하고 대부분 경험에 기초하고 있기 때문에 통일되고 일관성 있는 교육제도나 효용성 입증이 어렵다는 것이다.

이는 사실 보완대체의학의 학문적 속성 자체가 그렇기 때문에 쉽게 해결될 수 있는 문제가 아니다. 예컨대 A라는 치료방법이 있다. 그런데 A를 표방하는 단체가 수도 없이 많고 단합되지 않으면서 서로 자기의 방식이 정통이라고 고집하는 경우 앞서 말한 바처럼 통일되고 일관성 있는 프로그램을 만드는 것이 쉽지 않을 것이다.

보완대체의학을 하는 분들에게 꼭 말하고 싶은 것은 본인들이 행하고 있는 치료법을 현대의학의 관점에서 바라보고 설명할 수 있는 능력을 키워야 한다는 것이다. 과학적이고 체계적이면서도 모두가 인정할 수 있는 보편타당성이 있어야만 하나의 완전한 의학 분야로 인정받을 수 있기 때문이다.

듣기에 따라서는 거북할 수도 있지만 그래도 그 방법만이 우리 사회가 보완대체의학을 인정할 수 있는 길이기 때문이다. 다행히 최근에는 이러한 접근법으로 상당 부분 과학화되고 있으며 조만간 그 결실이 보일 것이라고 한다.

---

8) 미국 의사의 50% 이상이 대체의학적 치료법을 활용하고 있으며 네덜란드 의사의 40%가 동종요법을, 독일의사의 70% 이상이 통증 치료에 침을 사용하고 있다고 한다(오홍근, 앞의 논문, 56면).

9) 경향신문, 2013년 2월 12일자 기사
〈출처〉 http://news.khan.co.kr/kh_news/art_print.html?artid=201302121129592 (2013.10.13.

(2) 판례의 태도

아직까지 의료계 내부에서 조차 대체의학의 개념과 대체의료행위의 종류에 대해 명확한 개념이 정립되어 있지 않기 때문에 우리 판례에서 이에 대한 판시내용을 찾아보기 힘들다. 다만 대법원은 "이른바 '대체의학'이 사람의 정신적, 육체적 고통을 해소하여 주는 기능이 전혀 없지 아니하다 하여도, 그것은 단순히 통증을 완화시켜 주는 정도의 수준을 넘어서서, 그 행위로 인하여 사람의 생명이나 신체 또는 공중위생의 위해라는 중대한 부작용을 발생시킬 소지가 크다 할 것이어서, 이는 쉽게 허용될 수 없다 할 것인데 이 사건의 경우와 같이 이른바 '활법'이라는 이름하에 행하여지나 사실은 사람의 생명이나 신체 또는 공중위생에 위해를 발생시킬 우려가 있는 의료행위는 지금도 여전히 이를 처벌하여야 할 필요가 있다."[10]고 판시함으로서 일정요건 하에서 이른바 '대체의학'의 처벌의 필요성을 인정하고 있음은 주목할 만하다.

3. 대체의료행위의 문제점

대체의학상 어떤 치료법까지를 대체요법으로 인정할 수 있는지의 문제는 별개의 논의로 하더라도 현재 우리나라에서 비의료인에 의해 행해지고 다수의 대체요법이 과연 의료법상의 의료행위로 인정될 수 있는지가 문제된다. 현행 의료법은 의료인이 아니면 누구든지 의료행위를 할 수 없으며 의료인도 면허된 이외의 의료행위를 할 수 없도록 하고 있고(동법 제27조 제1항), 보건범죄 단속에 관한 특별조치법(이하 '보건범죄특별법'이라 한다.) 제5조는 의료법 제27조의 규정을 위반하여 영리를 목적으로 의사가 아닌 자가 의료행위를, 치과의사가 아닌 자가 치과의료행위를, 한의사가 아닌 자가 한방의료행위를 업으로 한 자는 무기 또는 2년 이상의 징역에 처한다고 규정하고 있기 때문에 대체의료행위를 의료행위로 인정할 수 있어야만 이들 무면허 대체의료행위를 형사처벌할 수 있다.[11]

검색)

10) 대판 2002.5.10, 2000도2807.

11) 헌법재판소는 무면허 의료행위를 일률적 · 전면적으로 금지하고 이에 위반할 경우 처벌하는 규정이 과잉금지의 원칙에 위배되는지 여부에 대하여 "의료행위는 인간의 존엄과 가치의 근본인 사람의 신체와 생명을 대상으로 하는 것이므로 … 科學的으로 검증되지 아니한 방법 또

의료법은 의료행위에 대해 '의료인이 행하는 의료·조산·간호등 의료기술의 시행행위'를 의료행위로 이해(동법 제12조 제1항)하고 있을 뿐 이에 대한 개념 정의규정을 두고 있지 않고 있다.[12] 다만 의료계에서는 의료행위의 개념에 대해 크게 (i) 사람의 질병의 진찰, 치료 혹은 예방을 목적으로 하는 행위라는 견해, (ii) 현대의학을 기본으로 하여 그 이론을 임상에 응용하는 행위로서 사람의 질병의 진찰, 혹은 예방을 목적으로 행하는 행위라는 견해, (iii) 의사의 의학적 판단 및 시술로써 행하는 것이거나 보건위생상 위해를 발생시킬 우려가 있는 행위라는 견해 등으로 나뉘고 있다.[13] 그러나 의료행위의 실질적 내용은 의학 및 의료기술의 발달과 사회통념에 따라 변화되므로 쉽게 확정할 수 있는 성질의 것이 아니라 본다.[14] 판례도 처음에는 의료행위를 '의료인이 의학의 전문적 지식을 기초로 하여 경험과 기능으로써 진찰, 검안, 처방, 투약 또는 외과수술 등 질병의 예방과 치료행위'로 파악했으나,[15] 의학의 진보와 의료기술의 혁신 및 새로운 의료행위에 대한 사회적 수용에 따라서 의료행위를 점점 확대하여 '질병의 예방 또는 치료행위 이외에도 의료인이 행하지 아니하면 보건위생상 위해가 생길 우려가 있는 행위'도 의료행위의 범주에 포함시키고 있다.[16]

생각건대 안락사·인공임신중절수술·인공수정·성전환수술·장기이식술 등 '새로운 영역의 의학'이 계속해서 등장하고 있으며, 침술, 뜸, 안마, 지압, 마사지 등과

는 무면허 의료행위자에 의한 약간의 不作用도 존엄과 가치를 지닌 인간에게는 回復할 수 없는 致命的인 危害를 가할 수 있는 것이다. 또 무면허 의료행위를 일률적, 전면적으로 금지하고 이를 違反하는 경우에는 그 치료결과에 관계없이 刑事處罰을 받게 하는 이 법의 규제방법은 과잉금지의 원칙에 위반된다고 할 수 없다"고 결정한 바 있다(헌법재판소 1996.10.31, 94헌가7 결정).

12) 헌법재판소는 현행 의료법이 의료행위에 관한 정의규정을 두고 있지 않은 점에 대해 명확성원칙에 반하지 않는 것으로 결정을 내린 바 있다(헌법재판소 1996.12.26, 93헌바65 결정). 이러한 헌재결정에 대한 비판과 의료행위 개념정의의 필요성에 관한 자세한 분석으로는 류지태, "의료행위의 개념", 고려법학 제39호, 고려대학교 법학연구원, 2002, 65면 이하 참조.

13) 최재천·박영호·홍영균 공저, 앞의 책, 196면.

14) 예컨대 성형수술의 의료행위 해당여부와 관련하여 대법원은 과거 "곰보수술, 쌍눈꺼풀, 콧날세우기등 미용성형수술이 질병의 예방 또는 치료행위가 아니기 때문에 의학상 의료행위에 속하지 않는다"고 판시하였으나(대판 1972.3.28, 72도342), 그 후 입장을 변경하여 "코높이기 등 성형수술도 질병의 치료행위의 범주에 넣어 의료행위에 해당한다"고 판시하고 있다(대판 1974.11.26, 74도1114).

15) 대판 1972.3.28, 72도342; 대판 1985.5.28, 84도2135.

16) 대판 2002.6.20, 2002도807 전원합의체 판결.

같은 한의학적 치료법뿐만 아니라 식이요법, 약초요법, 향기요법, 생체자기요법, 수(水)치료법, 동종요법, 척추교정요법 등과 같은 대체의료행위가 점점 증가하고 있고 대체의료행위 자체의 위험성도 무시하기 어렵기 때문에 의료행위의 개념은 의사의 의학적 판단 및 시술로써 행하는 것이거나 보건위생상 위해를 발생시킬 우려가 있는 행위라는 견해로 파악하는 것이 타당하다고 여겨진다. 판례도 수지침 및 체침과 같은 침술행위, 뜸요법, 자석요법, 벌침요법, 부항 시술행위, 안마, 지압, 척추교정, 활법 등과 같은 행위가 생리상 또는 보건위생상 위험이 있을 수 있는 경우에는 의료행위에 해당한다고 판시한 바 있다.[17] 따라서 침구술 등과 같은 한의학적 치료법뿐만 아니라 식이요법, 약초요법, 향기요법, 생체자기요법, 수(水)치료법, 동종요법, 척추교정요법 등과 같은 대체의료행위가 보건위생상 위해가 발생할 우려가 있다면 의료법상의 의료행위에 해당한다. 결국 보건위생상 위해가 발생할 우려가 있는 무면허 대체의료행위는 의료법 제27조의 무면허 의료행위의 금지규정에 의하여 규제되며, 이와 같은 무면허 대체의료행위를 한 자가 영리를 목적으로 업으로 의료행위를 행한다면 보건범죄특별법 제5조를 위반한 것이 되어 처벌된다고 볼 수 있다.[18]

4. 대체의료행위의 법적 성질

대다수의 대체의료행위는 약물치료, 수술 등을 전제로 하는 통상의 의료행위와는 달리 인체 내의 자연적 생명력을 보강하고 활성화하는 방법을 그 치료법으로 택하고 있기 때문에 인체에 대한 침해(Eingriff in den Körper)[19]를 수반하는 경우가 드

---

17) 대판 1978.5.9, 77도2191; 대판 1992.10.13, 92도1892; 대판 1993.7.27, 93도1352; 대판 1999.3.26, 98도2481; 대판 2000.4.25, 98도2389; 대판 2000.2.25, 99도4542; 대판 2002.5.10, 2000도2807; 대판 2002.6.20, 2002도807; 대판 2004.10.28, 2004도3405. 그러나 판례는 "지압서비스업소에서 근육통을 호소하는 손님들에게 엄지손가락과 팔꿈치 등을 사용하여 근육이 뭉쳐진 허리와 어깨 등의 부위를 누르는 방법으로 근육통을 완화시켜 준 행위는 의료행위에 해당하지 않는다"고 판시한 바 있다(대판 2000.2.22, 99도4541).

18) 같은 취지로 최재천 · 박영호 · 홍영균 공저, 앞의 책, 196-197면.

19) 이를 의료침습(醫療侵襲, Heileingriff)으로 표현하기도 한다. 다만 '침습'이란 단어가 우리 국어사전에 찾아봐도 존재하지 않고, 더욱이 의학사전 등에도 존재하지 않은 용어임을 지적하면서 '침해'(侵害) 내지 '손상'(損傷)이란 용어가 더 적절하다는 주장에 대해서는 김경화, 의료행위의 형법적 한계, 법학박사학위논문, 동아대학교, 2001, 36면 각주 89); 문국진, 의료의 법이론, 고려대학교 출판부, 1982, 157-158면 참조.

물다. 그러나 대체의료행위도 경우에 따라서는 신체의 생리적 기능변화를 초래할 수 있기 때문에 이러한 상해를 수반하는 '좁은 의미의 대체의료행위'와 관련하여, 이를 형법적으로 어떻게 평가할 수 있는가에 대하여 살펴볼 필요가 있다. 다만 그 동안의 학설과 판례가 대체의료행위가 아닌 의사의 치료행위를 중심으로 논하여져 왔기 때문에 의사의 치료행위의 법적 성질을 간략히 정리하고, 이를 바탕으로 대체의료행위의 특수성을 감안하여 대체의료행위의 법적 성질에 관해 고찰해 보기로 한다.

의사의 (대체)의료행위가 치료의 목적을 갖고 있지 않으며 의료행위 결과 신체에 상해를 초래한 경우라면 당연히 형법상 상해죄의 구성요건에 해당하나, 주관적으로 치료의 목적을 갖고 객관적으로는 의술의 법칙에 따라 행하여진 경우에는 가벌성이 부정된다는 데 견해가 일치하고 있다. 그러나 가벌성 조각의 근거에 대해 종래의 통설적 견해[20]와 판례[21]에 의하면 치료행위로 인하여 환자의 신체에 상해의 결과가 발생하여 상해죄의 보호법익이 침해되었기 때문에 상해죄의 구성요건이 충족되었지만 형법 제20조의 업무로 인한 행위로서 정당행위에 해당하여 위법성이 조각된다고 한다(소위 '업무로 인한 행위로서의 위법성조각설'). 이 견해에 따르면 의료침습에 의료기술의 정당성과 의학적 적응성이 인정되면 환자의 동의가 없더라도 그것이 주관적으로 치료의 목적을 가지고 객관적으로 의술의 법칙에 따라 행하여지는 한 의료행위는 적법하다고 한다. 이러한 종래의 통설·판례에 대하여 치료행위의 목적은 밝혔으나 방법이나 치료행위의 대상이 되는 환자의 의사를 고려하지 않았으며, 이에 따라 어떤 방법으로 치료해야 하는가를 문제삼지 않았고, 환자의 동의가 없는 치료행위도 위법하지 않다고 보게 되어 환자의 신체를 단지 행위의 객체로만 보는 문제점이 있다는 비판이 제기되고 있다.[22]

다음으로 치료행위는 상해죄나 업무상과실치사상죄의 구성요건에 해당하지만 피해자의 승낙 또는 추정적 승낙에 의하여 위법성이 조각된다고 보는 견해가 있다(소

---

20) 강구진, 형법강의 각론 I, 박영사, 1983, 62면; 남흥우, 형법총론, 박영사, 1980, 154면; 유기천, 개정 형법학(형법강의), 일조각, 1980, 193면; 정영석, 형법총론, 법문사, 1987, 145면; 황산덕, 형법각론, 방문사, 1983, 176면; 정성근, 형법총론, 법지사, 1996, 270면; 배종대, 형법총론, 홍문사, 2004, 265면.

21) 대판 1976.6.8, 76도144; 대판 1978.11.14, 78도2388.

22) 이재상, 형법총론, 박영사, 2001, 274면; 김일수, 형법학원론, 박영사, 1988, 600면; 김영환, "의료형법에 관한 형법적 고찰", 성시탁 교수 화갑기념논문집, 1993, 276면 이하.

위 '피해자의 승낙에 의한 위법성조각설').[23] 이 견해는 환자의 자기결정권(Selbstbestimmungsrecht)을 중심으로 의사의 치료행위를 형법적으로 파악하려는 것이기 때문에 환자의 명시적인 반대의사에도 불구하고 치료행위를 하였다면 위법성이 조각되지 않으나(소위 '전단적인 치료행위'[24]), 환자에게 승낙능력이 없는 상태였다면 추정적 승낙 또는 긴급피난에 해당하는지 여부를 검토할 수 있다고 한다. 독일 판례의 일관된 태도이며,[25] 대법원도 이 견해를 지지한 판례가 있다.[26] 이 견해는 의료에 있어서 환자의 주체성과 관련한 자기결정권의 보호라는 측면에서 타당하지만 환자의 승낙을 결여한 전단적 치료행위라도 성공하여 건강이 유지되거나 증진된 경우에도 상해죄 등이 성립하게 된다는 난점이 있다.[27]

앞의 두 견해와는 달리 의사의 치료행위는 의학적 적응이 있고 치료의 목적으로 의술의 법칙에 따라 행해지는 한 환자의 승낙의 유무를 불문하고 생리적 기능을 침해하는 행위인 상해죄의 구성요건해당행위는 없다고 하는 견해가 있다(소위 '구성요건해당성배제설').[28] 현재 독일의 통설적 입장[29]이며, 우리나라에서도 오늘날 점차 많은 학자들의 지지를 받고 있다. 이 견해의 근저에는 상해는 사람의 생리적 기능을 훼손하려는 것으로서 치료는 본래 건강의 회복·유지에 적합한 행위인 점에서 양자

---

23) 임웅, 형법총론, 법문사, 2004, 207면; 박상기, 형법총론, 박영사, 1999, 148면; 박광민, "형법상 의사의 치료행위의 본질", 성균관법학 제12호(2000), 147-148면 참조.

24) 이에 관한 자세한 분석으로는 이재석, "의료행위의 형법적 평가", 대구법학 제4호(2001.8), 대구대학교, 80면 이하; 신동일, "형법상 의료행위와 설명의무", 형사정책연구 제14권 제1호(2003·봄호), 한국형사정책연구원, 233면 이하 참조.

25) RGSt 25, 375; RGSt 38, 34; RGSt 74, 91, 92; BGHSt 11, 111, 112; BGHSt 12, 379; BGHSt 16, 309; OLG Hamm MDR 1963, 520; OLG Hamburg NJW 1975, 603.

26) 대판 1993.7.27, 92도2345.

27) 정현미, 의료과오의 형사법적 책임, 한국형사정책연구원, 1998, 28면; 위법성조각설의 비판점에 대해 자세히는 김경화, 앞의 책, 43면 참조.

28) 김일수, 새로쓴(제8판) 형법총론, 박영사, 2000, 333면; 유기천, 앞의 책, 183면; 이재상, 앞의 책, 275면; 이형국, 형법총론, 법문사, 1991, 170면; 독일에서 이 견해를 주장하는 학자로는 H. Welzel, Das Deutsche Strafrecht, 11. Aufl., 1969, S. 289.

29) Dreher/Tröndle, StGB, § 223 Rn. 9b; Eser, in: Schönke/Schröder, StGB, § 223 Rn. 32 ff.; Hirsch, LK, vor § 223 Rn. 3-6; Horn, SK, § 223, Rn. 30 ff.; Lackner, StGB, § 223 Rn. 8; Maurach/Schroeder/Maiwald, BT I, 8 IV Rn. 26 ff.; Blei, BT, 14 IV; Bockelmann, Strafrecht des Arztes, S. 66 ff.; Krey, BT I, Rn. 215 ff.; Schmidhäuser, BT, 1/5; Welzel, Strafrecht, S. 289; Wessels, BT I, 6 I 2; 이와 같은 독일의 통설적 입장에 대한 자세한 분석으로는 박광민, 앞의 논문, 150면 이하 참조.

는 본래 사회적 · 법적 의미를 달리한다고 하는 인식에 근거하고 있다. 이 견해는 치료행위의 개념을 어떻게 보느냐에 따라 다음과 같이 두 견해로 다시 나뉜다. 일부 견해[30]는 원칙적으로 치료행위는 구성요건 해당성이 없다고 보아야 하지만 신체에 중대한 침해가 되는 치료행위는 예외적으로 취급하여 통상적 치료행위와는 달리 상해죄의 구성요건에 해당하지만 피해자의 승낙에 의하여 비로소 위법성이 조각된다고 본다. 또 다른 일부 견해[31]는 성공한 치료행위(치유된 경우)와 실패한 경우(환자의 생명 · 건강을 악화시킨 경우)로 나누어 성공한 치료행위는 신체적 건강이 전체적으로 증진되었거나 유지되었기 때문에 환자의 승낙유무와 관계없이 상해죄의 구성요건에 해당하지 않으나, 실패한 치료행위는 결과불법을 부정할 수 없지만 의술의 법칙에 따른 행위라면 발생한 결과에 대한 고의가 없으므로 상해의 고의를 인정할 수 없고 주의의무위반이 없기 때문에 과실도 인정할 수 없으나 의술의 법칙에 반하는 경우에는 상해죄 또는 업무상과실치사상죄의 구성요건해당성과 위법성을 조각할 수 없다고 한다. 그러나 이 견해에 따르면 대다수의 의사의 치료행위가 상해죄와는 무관하게 되므로 결국 환자의 자기결정권을 침해하는 전단적 치료행위로 흐를 때는 감금죄나 강요죄 등에 의해 불충분하게 보호될 수밖에 없다는 단점이 생긴다.[32]

생각건대 오늘날 의사의 치료행위는 다음과 같은 두 가지 관점이 고려되어야 한다. 한편으로 의사와 환자의 관계에 있어 환자는 더 이상 의료행위의 객체로서가 아닌 주체로서 평가되어야 하며, 치료행위도 의사의 일방적인 행위가 아닌 환자와의 협력관계에서 이루어지는 공동행위라는 점이다. 이러한 관계를 고려할 때 환자의 자기결정권을 보호하는 법익이 강조되어야 함은 부인할 수 없다. 다른 한편으로 의사의 치료행위에 대한 형법적 통제는 가장 최후수단으로 기능해야 한다는 점이다. 지나치게 사전단계에서 의사의 치료행위를 형법적 수단으로 통제했을 경우 의사의 치료행위는 위축되고 소극적 · 방어적 치료만을 할 것이므로 궁극적으로는 환

30) 김영환, 앞의 논문, 279면 이하; 하태훈, "의사의 치료행위", 고시계(2001.8), 36면 이하; 독일의 견해로는 Eser, in: Schönke/Schröder, StGB, § 223 Rn. 31, 33; Horn, SK, § 223, Rn. 35 ff.; Krauβ, in: Bockelmann-FS, S. 557, 574 ff.; Schröder, NJW 1961, 952.

31) 이재상, 앞의 책, 275면; 독일의 견해로는 Blei, BT, 14 IV 1c; Bockelmann, in: Ponsold, Lehrbuch, S. 35; Engisch, ZStW 58(1939), 9; Hardwig, GA 1965, 163; Hirsch, LK, vor § 223 Rn. 3 ff.; Kohlrausch/Lange, Strafgesetzbuch, 223 III; Maurach/Schroeder/Maiwald, BT I, 8 IV Rn. 30, 34, 35.

32) 김상호 · 김경화, "의료행위와 형사책임의 유형", 동아논총 제38집(2001.12), 동아대학교, 127면.

자의 권리를 침해할 가능성이 높기 때문이다. 따라서 현행 형법처럼 환자의 자기결정권을 침해한 전단적 치료행위에 관한 독자적인 구성요건이 없는 상황에서 형법해석론상 의사의 치료행위는 원칙적으로 다음과 같이 사례를 나누어 해결하는 방식이 타당하고 여겨진다.[33] 첫째, 본질적인 신체나 건강의 침해가 없는 성공한 치료행위는 이미 결과불법이 없으므로 상해죄의 구성요건에서 배제된다. 다만 행위불법이 극단적으로 문제되는 예외적인 경우, 즉 '의술의 법칙'과의 합치성이나 '피해자의 양해'가 없는 경우는 각각의 문제되는 구성요건해당성의 여부부터 검토한다. 둘째, 본질적인 신체나 건강의 침해가 있는 경우, 즉 실패한 의료행위에는 ① 의학적 적응사유에 합당한 치료의 필요성, ② 의술의 법칙과의 합치성, ③ 의사의 '설명의무'(Aufklärungspflicht)를 전제한 환자의 유효한 승낙, ④ 의사의 치료목적이나 치료경향이라고 하는 네 가지 요건이 동시에 충족되는 경우에만 상해죄의 구성요건에서 배제할 수 있다. 이상과 같은 요건들을 충족하는 의료행위는 그 근거가 무엇이 되었건 형사처벌의 대상이 되지 않는다고 보는 것이 타당하다. 이에 반해 네 가지 요건중 하나의 요건이라도 충족되지 않는 경우에는 일단은 상해죄 내지 업무상과실치사상죄의 구성요건해당성을 인정하고 그 위법성조각여부를 판단하면 될 것이다.

이와 같은 입장은 의사의 대체의료행위에도 동일하게 적용될 수 있다. 다만 대체의료행위의 경우에는 사람의 생명·신체에 대한 위험이 더욱 높고 보건위생상 중대한 부작용이 발생할 수 있으므로 상해죄 내지 업무상과실치사상죄의 가벌성 심사에 있어 엄격한 기준이 요구된다. 따라서 현재 대체의료행위에 대한 통일적인 규제입법이 없고 충분한 과학적·객관적 임상실험이 담보되지 않은 상황에서 대체의료행위의 위법성조각은 엄격하여야 한다고 본다.[34]

5. 연구대상 판례의 검토

연구대상 판례는 면허 또는 자격 없이 침술행위를 하는 것은 의료법 제27조의 무면허 의료행위(한방의료행위)에 해당되어 같은 법 제87조에 의하여 처벌되어야 한다는 기존 판례의 입장을 유지하고 있다. 특히 연구대상 판례는 비록 세계침구학회연

33) 같은 취지로 김영환, 앞의 논문, 290-294면.

34) 같은 취지로 최재천·박영호·홍영균 공저, 앞의 책, 198면.

합회[35]와 중국 국제침구고시원이 각 주관하는 자격시험에 합격해 각기 면허증을 교부받은 후 위 학회의 부속기구인 국제의료봉사위원회의 단원으로 활동하면서 침술행위를 했다고 하더라도 그러한 자격을 가진 피고인을 의료법 제2조 제1항 소정의 '의료인'이라거나 같은 법 제27조제1항 소정의 '외국의 의료인 면허를 소지한 자'라고 보기 어렵다는 점을 인정하고 있다. 연구대상 판례의 피고인 이외에도 대법원은 자격기본법에 의한 민간자격관리자로부터 대체의학자격증을 수여받은 자,[36] 외국에서 침구사자격을 취득하였으나 국내에서 침술행위를 할 수 있는 면허나 자격을 취득하지 못한 자,[37] 정부 공인의 체육종목인 '활법'의 사회체육지도자 자격증을 취득한 자[38] 등의 의료행위를 모두 금지된 무면허 의료행위(의료법 제27조)로 보고 있다. 결국 대법원은 침술행위와 같은 한의학상의 대체의료행위는 한의과대학을 나온 한의사만이, 식이요법과 같은 서양의학상의 대체의료행위는 의과대학을 졸업한 의사만이 할 수 있다는 입장이다. 이러한 판례의 태도는 한편으로 비의료인들이 비과학적이고 의학상 검증되지 않는 의료행위를 대체의료행위라는 이름하에 무책임하게 행하는 것을 방지함으로써 국민건강을 보호하려는 취지로 보이고, 다른 한편으로 누구나 오래전부터 민간요법으로 간단하게 할 수 있는 대체의료행위라 할지라도 생리상 또는 보건위생상 위험이 있을 수 있는 경우에는 의료행위로 보고 이때에는 전문의료인에 의해 의료행위가 행해져야 함을 강조한 것으로서 타당하다고 여겨진다. 다만 한방의료행위중 침구술행위(침과 뜸의 시술행위)를 오직 한의사만이 할 수 있다고 규정한 현행 의료법과 이러한 입장을 계속해서 유지하고 있는 연구대상 판례의 태도는 다소 문제가 있다고 본다. 그 이유는 다음과 같다.

우리나라는 전통적으로 침구술을 시행하는 종주국이면서도 침구사법에 의한 침구사 자격증제도 내지 침구전문대학이 없는 기형구조를 갖고 있다. 따라서 한의사를 제외하고 연구대상 판례의 피고인과 같이 어떠한 외국의 침구의사 면허증이나 침구전문대학 졸업증을 소지하고 있더라도 의료법 제27조 제1항 소정의 '외국의 의료인 면허를 소지한 자'라고 보기 어려워 무면허 의료행위로 처벌할 수밖에 없는 문제점

35) 1987년 북경에서 설립된 세계침구학회연합회에 관한 자세한 내용은 http://www.chim.or.kr/ 참조.

36) 대판 2003.5.13, 2003도939.

37) 대판 2002.12.26, 2002도5077.

38) 대판 2002.5.10, 2000도2807.

이 있다. 그러나 침구의술은 세계보건기구(WHO)에서 치료의 안전성과 효과에 대하여 의술로 공인받았으며,[39] 그 결과 미국,[40] 일본,[41] 중국[42] 등의 외국에서는 다양한 침구사자격제도와 침구전문대학을 운영하여 침구전문인을 양성·배출하고 있다.

하지만 우리나라는 1960년대 초반까지 침구술을 독립된 영역으로 인정하여 침구사자격시험에 관한 규정[43]이 있었으나 1962년 3월20일 국민의료법을 전면적으로 개정한 의료법을 만들면서 국민의료법에 있던 의료유사업자제도 관한 규정을 삭제하였다.[44] 이에 따라 의료유사업자령 제3조 및 제7조의 침구사자격시험에 관한 규

---

39) 세계보건기구(WHO)는 이미 1978년에 47종의 질병에 대한 침구의 치료효과를 공인하고 세계 각국에 침구를 1차 진료로 활용할 것을 적극 권장해 왔다. 그리고 20년 간 철저한 검증을 거쳐 1998년에는 3백 여 종의 질병을 침으로 치료할 수 있으며, 인류 질병의 75%는 침구술을 이용한 1차 진료로 해결이 가능하다고 발표했다.

40) 미국 내 침구의사 수는 2001년을 기준으로 1만 2천명 선에 달하고 있다. 미국의 침구사 자격제도를 살펴보면 국가시험은 없으며 따라서 미국전역에 통용되는 침구사 개업면허 자격이라는 것은 존재하지 않는다. 그러나 순수민간단체인 NCCAOM(National Certification Commission for Acupuncturist and Oriental Medicine)의 침구사시험이 있으며, 이 인증은 4년마다 갱신하며 시험결과에 따라서 디플로마(학위인증)칭호를 부여한다. 콜로라도, 하와이, 아이오, 메릴랜드, 텍사스, 버지니아 등 27개주는 NCCAOM의 시험을 주 자격시험으로 대신 하여 인정하고 있다(침뜸 정책자료집, 침뜸 살리기 국민연대 준비모임, 2002, 51-31면; http://www.saint.ca/datalink/certification.htm).

41) 2001년 기준으로 일본의 침사(鍼師) 수는 약 12만명 선, 구사(灸師)는 12만명 수준이다. 현재 일본에는 의사·치과의사와 별도로 '안마사·지압사·침사·구사 등에 관한 법률'이 있는 바, 이 법률에 따르면 침구사의 면허는 국가에서 수여하는 면허로, 면허증이 있는 사람은 병원에 취직할 수도 있지만 독립하여 개업도 가능하다. 일본에서는 침사나 구사 시험에 응시하려면 3년제 이상의 전문학교를 졸업하면 된다. 2001년 기준으로 침사·구사·안마-마사지-지압사 시험에 응시할 수 있는 학생을 배출하는 교육기관은 시각장애인 학교를 포함해 전국에 126개교나 된다. 이들 학교의 졸업생들이 침사 및 구사시험에 응시하게 되는데 매년 각각 약 2,500여명씩 배출되고 있다(침뜸 정책자료집, 49-51면).

42) 중국 중의대의 본과 정규과정은 중의학 전공(5년), 침구학 전공(5년), 중약학 전공(4년), 추나학 전공(5년. 여기에 안마학 포함)의 세부 전공으로 나뉘어져 있다. 졸업을 하면 중의사 학위를 갖게 되고 진료과목은 침구전공 중의사, 중의전공 중의사 등과 같이 전공과목대로 세분화하여 표시한다. 2000년 기준 대략 32만여명의 중의사가 활동하고 있다(침뜸 정책자료집, 47-49면).

43) 1960년 11월 28일, 의료유사업자령(보건사회부령 제 55호)과 접골사·침사·구사·안마사 자격시험 규정(보건사회부령 제 56호)이 제정되었다. 시험규정에 의하면, 침사나 구사 등의 자격시험은 보건사회장관의 지시에 의하여 매년 1회씩 서울특별시장 또는 도지사가 시행하도록 되어 있었다.

44) 1962년 의료법의 시행으로 일제로부터 침구사자격증을 받은 80여 명을 제외하고 전국적으로 활동하던 8만여명의 침구사들의 활동은 무면허 침구사의 의료행위가 되어 금지되었고, 그로

정도 삭제(보건사회부령 제85조. 1962. 7. 21)되었고 그 결과 우리나라는 해방 후 한 명의 침구사도 배출하지 못하게 되었다. 다만 현재는 침구술이 한의학에 흡수됨에 따라 기존 침사자격증 소지자(2001년 12월 기준으로 모두 70세를 넘긴 55명이 있음)외에 한의사가 침술치료를 하고 있다. 또한 1994년 1월 의료법이 개정되면서 한방전문의 제도가 도입된 바, 한의학과의 전문의 과정에 침구학이 포함되었고 2002년 기준으로 침구학 분야에 55명의 전문의가 활동하고 있다. 그러나 6년 과정의 한의대에서 공부하는 주된 교과목은 한약을 제조하는 첩약에 관한 것이고 침구관련과목에 대해서는 총 1,408시간의 교육을 받음으로써 전문적인 침구시술 한의사를 배출하기는 어렵다고 여겨진다.[45)]

이와 같은 상황에서 2002년 한나라당 이연숙 의원은 "침구의술은 세계보건기구(WHO)에서 300여개 질병에 대한 치료효과를 인정한 바 있으며, 세계 각국에서 일차 보건진료 및 미래 대체의학으로 널리 연구・활용되고 있고, 우리나라의 경우 고령화 사회의 도래와 의료개방시대를 맞아 한방의학의 보급 및 경쟁력 강화 필요성이 대두되고 있는 바, 한의사 외에 침구치료를 할 수 있는 전문인력의 수요가 증가하고 있는 추세임"을 들어 침구사를 의료인에 포함시키고 침구전문인력을 양성하고자 의료법 개정안을 국회에 제출하였으나 입법화되지 못하고 현재에 이르고 있다.

생각건대 현행 의료법체계 하에서는 대법원의 태도가 유지될 수밖에 없지만, 입법정책상으로는 미국, 일본, 중국 등과 같이 우리나라도 조속한 시일 내에 한의사 이외에 침구사를 신설하여 의료인에 포함시키고 의료기관의 종별에 침구의원을 신설하며 침구사면허제를 도입하는 한편, 의사도 침구의술을 배워 이를 운용할 수 있는 여건을 만드는 등 침구의술의 보급을 확대할 수 있는 근거규정을 마련하여 국민보건 향상에 기여할 수 있어야 할 것이다.

인해 우리나라에서 침구술은 쇠퇴기로 접어드는 결과를 초래했다.

45) 2002년 7월 보건복지부가 국회 보건복지부위원회의 김명섭 의원(새천년민주당) 앞으로 보낸 자료에 따르면, 경희대학교 한의대생이 6년 동안 침구술을 학습하는데 1,408시간을 배정하고, 이 중 침구학이나 경혈학과 같은 침구학 관련 필수과목에 512시간을, 유관과목 학습시간으로 896시간을 배정하고 있다고 한다.

Ⅲ. 무면허 대체의료행위의 위법성조각사유로서 형법 제20조의 '사회상규에 위배되지 않는 행위'

1. 서설

지금까지 의사의 치료행위를 중심으로 하여 대체의료행위의 법적 성질에 대하여 살펴보았다. 그러나 현재 우리나라에서 대체의료행위는 의과대학이나 한의과대학을 나온 전문의료인에 의해 행해지기 보다는 비의료인에 의해 행해지는 경우가 대부분이다. 이 경우 상해의 결과가 초래되었다면 상해죄의 구성요건해당성을 긍정하고 위법성조각여부를 판단하면 될 것이다. 다만 문제가 되는 것은 비의료인의 침술행위와 같은 무면허 대체의료행위는 성공·실패를 불문하고, 또한 상해죄의 성립여부는 별론으로 하더라도 무면허 의료행위를 규정한 의료법 제27조의 구성요건에 해당하는데, 이를 형법 20조의 '사회상규에 위배되지 않는 행위'로 평가하여 위법성을 조각시킬 수 있는가이다. 이와 관련하여 연구대상 판례는 "피고인의 침술행위는 의료법을 포함한 법질서 전체의 정신이나 사회통념에 비추어 용인될 수 있는 행위에 해당한다고 볼 수는 없다 할 것이어서 위법성이 조각되지 아니한다."고 판시하고 있다.

따라서 이하에서는 연구대상 판례와 같이 비의료인의 무면허 대체의료행위의 위법성조각을 판단함에 있어 형법 제20조의 '사회상규에 위배되지 아니하는 행위' 여부로 논증하는 것이 타당한지, 그리고 이 경우에도 '사회상규에 위배되지 아니하는 행위'의 핵심요건으로서 일반인의 건전한 도덕감, 법질서 전체의 정신, 사회윤리 내지 사회통념, 선량한 풍속 등과 같은 추상적 기준 이외에 사회상규위배 여부의 구체적 판단기준은 없는 것인지에 대해 검토하고자 한다.

2. '사회상규에 위배되지 아니하는 행위'의 의의

형법 제20조는 정당행위라는 표제 아래 "법령에 의한 행위 또는 업무로 인한 행위 기타 사회상규에 위배되지 아니하는 행위는 벌하지 아니한다"고 규정하여 위법성조각사유의 하나로 보고 있다. 그런데 다른 위법성조각사유와는 달리 형법 제20조의 '사회상규에 위배되지 아니하는 행위'라는 위법성조각사유는 독일형법[46]이나 일본형법[47]에서 찾아볼 수 없는 우리나라 형법에 특유한 것으로 평가된다. 나아가 동 규정의 실질적 의의는 한편으로 "사회상규라고 하는 초실정법적 정당성 기준을 법규화함으로써 법관이 실정법 이외에 사회윤리나 선량한 풍속 등 일련의 도덕적 가치들에 의해 구성요건에 해당하는 행위의 위법성 실질을 판단할 수 있는 근거를 마련"[48]한데 있고, 다른 한편으로 "비록 행위 유형상 구성요건에 해당될 수 있는 행위일지라도 사회적으로 용납되는 행위를 대폭 허용함으로써 형식적 범죄개념으로 인해 야기될 수 있는 전 국민의 전과자화를 막고 형법의 근본원리인 관용주의 내지 보충성의 원리를 심화"[49]시킨 데 있다.

그러나 문제는 위법성조각사유로서 규정된 형법 제20조의 '사회상규'라는 개념이 지나치게 모호하고 추상적이라는 점이다. 그럼에도 불구하고 판례[50]와 다수견해[51]

46) 독일형법은 위법성조각사유로서 정당방위(제32조), 과잉방위(제33조), 정당화적 긴급피난(제34조), 면책적 긴급피난(제35조)에 관한 규정만을 두고 있고, 제226조의 a에 피해자의 승낙이라는 표제 아래 "피해자의 승낙 하에 상해를 한 자는 그 상해행위가 승낙에도 불구하고 선량한 풍속(die guten Sitten)에 반하는 때에는 위법이다"고 규정하여 상해죄에 대해서만 개별적인 위법성조각사유로서 피해자의 승낙에 관한 규정을 두고 있다.

47) 일본형법은 정당행위(제35조), 정당방위(제36조), 긴급피난(제37조)을 위법성조각사유로 규정하면서, 특히 제35조의 정당행위에 대해서는 "법령 또는 정당한 업무로 인한 행위는 벌하지 아니 한다"고 규정하고 있다.

48) 양화식, "형법 제20조의 '사회상규에 위배되지 아니하는 행위'에 관한 고찰", 형사법연구 제19호, 한국형사법학회, 2003, 176면.

49) 허일태, "형법 제20조의 '사회상규에 위배되지 아니하는 행위'의 재조명", 비교형사법연구, 한국비교형사법학회, 제4권 제1호, 2002, 4면.

50) 판례는 이미 1950년대에 사회상규를 "그 입법정신에 비추어 국가질서의 존중성의 인식을 기초로 한 국민일반의 건전한 도의감"(대판 1956.4.6, 4289형상42)이라고 판시한 바 있으나, 1997년 이후 최근까지 판례는 다음과 같은 입장을 유지하고 있다: "형법 제20조 소정의 '사회상규에 위배되지 않는 행위'라 함은 법질서 전체의 정신이나 그 배후에 놓여 있는 사회윤리 내지 사회통념에 비추어 용인될 수 있는 행위를 말하고, 어떠한 행위가 사회상규에 위배되지 아니하는 정당한 행위로서 위법성이 조각되는 것인지는 구체적인 사정 아래서 합목적적, 합리적으로 고찰하여 개별적으로 판단되어야 할 것인 바, 이와 같은 정당행위를 인정하려면 첫째, 그 행위의 동기나 목적의 정당성 둘째, 행위의 수단이나 방법의 상당성 셋째, 보호이익과 침해이익과의 법익권형성 넷째, 긴급성 다섯째, 그 행위 외에 다른 수단이나 방법이 없다는 보충성 등의 요건을 갖추어야 한다"(대판 1997.11.14, 97도2118; 대판 2000.4.25, 98도2389; 대판 2003.5.13, 2003도939; 대판 2004.8.20, 2003도4732).

51) 대표적으로 이재상 교수는 "사회상규란 국가질서의 존엄성을 기초로 한 국민 일반의 건전한 도의감 또는 공정하게 사유하는 일반인의 건전한 윤리감정을 의미하는 것으로, 따라서 사회상규에 위배되지 않는 행위란 법질서 전체의 정신이나 사회윤리에 비추어 용인될 수 있는 행위"라고 정의하고 있다(이재상, 앞의 책, 277면).

는 사회상규의 개념을 적극적으로 규명하고 그 형법상의 기능을 인정하고 있는 바, '사회상규에 위배되지 아니하는 행위'의 핵심적 개념요소 내지 그 판단원리로 사회정의, 사회윤리(도덕률) 및 선량한 풍속 등을 언급하고 있다.

반면에 소수견해는 형법 제20조는 법이론적 근거를 가지고 있지 않으며, 사회상규라는 용어의 내용이 지나치게 모호하고 추상적이어서 법원의 자의적 적용에 대한 우려를 갖게 하며, 사회상규를 포함한 정당행위 규정이 위법성조각사유의 체계에 관하여 논리적 모순을 일으킨다는 등의 이유를 들어 이 조항의 폐지를 주장하는 견해[52]와 사회상규 개념을 적극적으로 확정하는 것을 포기하고 '사회상규에 위배되지 않는 행위'의 유형화를 시도함으로써 이 조항의 적용에 구체적인 지침을 마련하자는 견해[53]로 나뉘고 있다.[54]

생각건대 형법 제20조에 규정된 '사회상규'라는 개념은 그 자체가 실질적 개념이 아니라 시대와 사회의 변화에 따라 내용충족을 필요로 하는 열린 형식적 개념의 성격을 갖고 있기 때문에 다수설과 판례와 같은 개념정의의 시도는 일반인의 건전한 도덕감, 법질서 전체의 정신, 사회통념 등과 같은 여전히 추상적이고 막연한 그리고 동어반복적인 내용으로 대치될 수밖에 없다. 따라서 사회상규에 대해 누구나 수긍가능하고 통일된 개념정의는 불가능해 보인다. 다만 사회상규의 개념요소로서 일반인의 건전한 도덕감, 법질서 전체의 정신, 사회윤리 내지 사회통념, 선량한 풍속 등이 천진호 교수의 지적처럼 "지극히 정서적인 용어"이지만 "법과 도덕이 완전히 분리될 수 없고, 도덕원리도 법의 존재와 내용을 결정하는 근거로 사용된다"[55]는 측면에서는 허용될 수 있다고 여겨진다. 그러나 '사회상규'의 개념정의가 어렵다고 하여 일부 소수견해가 주장하는 것처럼 위법성조각사유로서의 형법 제20조의 형법적 기능을

52) 김영환, "형법 제20조 정당행위에 관한 비판적 고찰", 김종원교수화갑기념논문집, 법문사, 1991, 143면; 이정원, 형법총론, 문영사, 1997, 210면; 임웅, 앞의 책, 189면; 전지연, "안락사에 대한 형법적 고찰", 한림법학Forum, 제4권, 1994/1995, 147면; 천진호, "사회상규에 위배되지 아니하는 행위에 대한 비판적 고찰", 비교형사법연구, 한국비교형사법학회, 제3권 제2호, 2002, 161면.

53) 배종대, 앞의 책, 271면; 신동운, 형법총론, 법문사, 2001, 316-317면; 오영근, 형법총론, 박영사, 2005, 327면; 허일태, 앞의 논문, 23면.

54) 형법제정 전후부터 최근까지 사회상규의 의미에 관한 판례와 학설의 시대적 변화에 대한 자세한 분석으로는 이상용, 형법 제20조 정당행위 규정 중 사회상규에 관한 연구, 서울대학교대학원 법학박사학위논문, 2002, 53면 이하 참조.

55) 같은 취지로, 양화식, 앞의 논문, 179면.

부정하고 폐지하자는 데에는 찬성할 수 없다. 왜냐하면 '사회상규'라는 개념의 추상성과 불확정성에도 불구하고 이 규정의 제정당시 엄상섭 의원이 의도했던 입법취지인 위법성의 조각을 통해 형법 각칙에 의한 범죄의 성립범위를 축소시키고자 하는 독자적 기능은 여전히 수행되고 있으며,[56] 나아가 이미 지난 수십 년 간 이에 따른 규범적 판단이 내려져왔음을 도외시할 수 없기 때문이다. 그리고 일부 소수견해가 주장하는 법관의 자의적 판단에 의한 남용의 우려도 낙태사건[57]이나 연구대상 판례와 같은 무면허 대체의료행위사건에서 볼 수 있듯이 대법원은 '사회상규에 위배되지 아니하는 행위'를 지나치게 신중할 정도로 인정하고 있기 때문에 이 규정의 남용의 우려는 현실적이지 않다고 판단된다.[58] 결국 형법 제20조의 '사회상규'와 관련해서는 '사회상규'의 개념정의가 가능한지 여부의 문제보다 어떤 행위유형이 '사회상규에 위배되지 아니하는 행위'에 속하는지, 그 구체적인 판단척도를 어떻게 법이론적으로 구체화할 것인가의 문제가 더욱 중요하다고 생각된다.

3. '사회상규에 위배되지 아니하는 행위'의 법적 성질

'사회상규에 위배되지 아니하는 행위'의 법적 성질[59]에 대한 오늘날 통설적 입장은 구성요건해당성배제사유가 아닌 위법성조각사유로 보고 있다. 다만 이를 위법성조각사유로 보더라도 판례[60]와 다수견해[61]는 정당방위나 긴급피난 등과 같은 개별적인 위법성조각사유와는 달리 일반적·포괄적 위법성조각사유로 파악한다. 다만 논리적으로 볼 때 형법 제21조 이하의 위법성조각사유들은 형법 제20조에 비해 특별법의 지위를 갖고 있으므로 구성요건에 해당하는 행위의 위법성을 판단할 때에는

---

56) 형법 제20조의 법제사적 연혁에 관해 자세히는 이상용, 앞의 논문, 166면 이하 참조.

57) 대판 1985.6.11, 84도1958.

58) 같은 견해로 이상용, 앞의 논문, 188면.

59) 이에 대한 체계적 분석으로는 양화식, 앞의 논문, 181면 이하; 허일태, 앞의 논문, 14면 이하; 천진호, 앞의 논문, 162면 이하 참조.

60) 1976.7.13, 75도1205; 1989.12.12, 89도875; 1993.6.8, 93도766; 1994.6.14, 94도778; 1999.12.28, 98도138.

61) 김일수, 한국형법 I(총론 상), 박영사, 1996, 596면; 신동운, 앞의 책, 240면; 안동준, 형법총론, 학현사, 1998, 134면; 이재상, 앞의 책, 269면, 277면; 이형국, 앞의 책, 173면; 임웅, 앞의 책, 1999, 182면.

먼저 이들 위법성조각사유들의 성립여부를 검토하여야 하며, 이들 사유가 적용될 수 없을 때 비로소 형법 제20조가 적용되므로 '사회상규에 위배되지 아니하는 행위'는 보충적 성격을 갖는다고 한다.

이에 반해 소수견해[62]는 "사회상규를 초법규적으로 이해하면 사회상규의 이중적 지위를 인정해야 한다"[63]거나 "사회상규에 위배되지 아니하는 행위라는 유개념(Gattungsbegriff)과 정당방위 · 긴급피난 · 피해자의 승낙 등과 같은 종개념(Artbegriff)을 동의어로 사용하면서 동시에 유개념이 종개념을 포괄한다고 보는 점에서 사고논리에 배치된다"[64] 등의 근거를 제시하면서 '사회상규에 위배되지 아니하는 행위'를 일반적 · 포괄적 위법성조각사유가 아닌 개별적 위법성조각사유라고 본다. 다만 사회상규의 독자적 기능은 위법성조각의 일반원리를 정하는 데 있는 것이 아니라, 현존하는 위법성조각사유 이외에 그 정당성을 인정해야 할 경우를 포괄적으로 그리고 보충적으로 규정하는 성격을 갖고 있다고 한다.

생각건대 다수견해는 추상적이고 불확정적인 '사회상규'라는 개념을 설명하기 위해 사회윤리나 사회통념과 같은 일반적이고 포괄적인 용어를 그 개념요소로서 사용하고 있는 데, 이러한 개념요소가 비록 일반적 · 포괄적 성격을 갖고 있다하여 우리 형법이 규정하고 있는 위법성조각사유의 체계적 구조를 간과한 채, 곧바로 위법성조각사유의 법적 성질도 일반적이고 포괄적인 성격을 갖는 것으로 보는 것은 타당하지 않다고 본다. 왜냐하면 이미 배종대 교수가 적절히 지적했듯이,[65] 우리나라 형법의 위법성조각사유의 체계적 구조상 '사회상규에 위배되지 아니하는 행위'는 형법이 규정한 정당행위 · 정당방위 · 긴급피난 · 자구행위 · 피해자의 승낙이라는 5가지 위법성조각사유의 하나인 정당행위의 세 번째 요건에 불과하고, 나아가 정당행위에서 차지하는 비중 또한 1/3에 지나지 않는 것으로 보아야 하기 때문이다. 따라서 '사회상규에 위배되지 아니하는 행위'는 일반적 · 포괄적 위법성조각사유라기 보다는 다

62) 김영환, 앞의 논문, 1991, 140면; 박상기, 앞의 책, 153면; 배종대, 앞의 책, 267면; 허일태, 앞의 논문, 17면 이하; 천진호, 앞의 논문, 168면 이하. 특히 이러한 소수견해에 대해 다수설의 입장에서 비판을 가한 최근의 글로는 양화식, 앞의 논문, 182면 이하.

63) 배종대, 앞의 책, 271면.

64) 천진호, 앞의 논문, 169면.

65) 배종대, 앞의 책, 271면. 보다 자세히는 배종대, "형법 제20조 정당행위에 있어서 '기타 사회상규'의 의미", 월간고시(1991/9), 89-90면.

른 위법성조각사유와 마찬가지로 정당행위중의 하나의 요건에 불과한 개별적 위법성조각사유로서 다른 모든 개별적 위법성조각사유가 적용될 수 없을 때 한하여 검토되는 지극히 제한적 의미와 기능을 갖고 있는 것으로 파악함이 타당하다고 여겨진다. 또한, 이러한 논증구조가 다수견해와 같이 '사회상규에 위배되지 아니하는 행위'의 일반적·포괄적 위법성조각사유를 인정하면서도 특별법지위를 거론하며 다른 개별적 위법성조각사유가 적용될 수 없을 경우에 비로소 적용되는 보충적 성격을 갖고 있다는 다소 논리모순적인 설명보다 비교우위에 있다고 본다.

4. 사회상규위배 여부의 구체적 판단기준

앞서 언급한 바와 같이 '사회상규에 위배되지 아니하는 행위'라는 형법 제20조의 위법성조각사유와 관련해서는 '사회상규'의 개념정의가 가능한지 내지 그 법적 성질이 무엇인가의 문제 보다 어떤 행위유형이 '사회상규에 위배되지 아니하는 행위'에 속하는지, 그 구체적인 판단척도를 어떻게 법이론적으로 구체화할 것인가의 문제가 더욱 중요하다고 본다.

우선 '사회상규에 위배되지 아니하는 행위'로 그동안 판례와 학설은 다양한 행위유형을 제시하고 있다.[66] 이를 다시 유사한 행위유형으로 한정하여 크게 분류하면 법적으로 징계권 있는 자의 체벌이나 징계권 없는 자의 징계행위, 소극적 저항행위, 경미한 법익침해 내지 법익충돌 행위, 일반인의 간단한 치료행위, 허용된 위험행위, 동가치적 이익충돌 내지 의무충돌의 경우, 국가 및 공공기관이나 회사 등에서 수년에 걸쳐 내려온 관행(관례)적 행위, 의례적인 선물제공 내지 기부행위와 같은 경미한 선거법위반행위 등이 있다. 특히 일반인의 간단한 치료행위와 관련해서는 대법원의 '수지침사건'에 대한 판결[67]이 대표적이며, 학설로는 "의료법에 위배되지 않는 범위 내에서의 일반인의 치료행위"[68] 또는 "간단한 치료행위"[69]와 "치료유사행위"[70]를

---

66) 판례와 학설이 인정한 '사회상규에 위배되지 아니하는 행위'의 구체적 유형에 대한 자세한 분석으로는 천진호, 앞의 논문, 173면 이하 참조.

67) 대판 2000.4.25, 98도2389.

68) 정성근, 앞의 책, 271면.

69) 손해목, 형법총론, 법문사, 1996, 433면.

70) 정성근, 앞의 책, 271면.

언급하고 있다.

문제는 일반인의 간단한 치료행위를 포함한 이러한 행위유형이 개별적 위법성조각사유이자 다른 위법성조각사유를 검토한 후 마지막 위법성 판단으로서 '사회상규에 위배되지 아니하는 행위'에 포섭되기 위한 구체적 기준이 무엇이냐에 있다고 본다. 이에 대해 판례는 사회윤리 내지 사회통념이란 추상적 기준을 보다 구체화하기 위하여 일관되게 사회상규위배 여부의 구체적 판단기준으로 다음과 같은 기준을 제시하고 있다: "형법 제20조 소정의 '사회상규에 위배되지 아니하는 행위'라 함은 법질서 전체의 정신이나 그 배후에 놓여 있는 사회윤리 내지 사회통념에 비추어 용인될 수 있는 행위를 말하고, 어떠한 행위가 사회상규에 위배되지 아니하는 정당한 행위로서 위법성이 조각되는 것인지는 구체적인 사정 아래서 합목적적, 합리적으로 고찰하여 개별적으로 판단되어야 할 것인바, 이와 같은 정당행위를 인정하려면 첫째 그 행위의 동기나 목적의 정당성, 둘째 행위의 수단이나 방법의 상당성, 셋째 보호이익과 침해이익과의 법익권형성, 넷째 긴급성, 다섯째 그 행위 외에 다른 수단이나 방법이 없다는 보충성 등의 요건을 갖추어야 한다".[71] 학설도 판례의 이러한 기준을 받아들이고 있다. 그러나 판례가 제시한 이러한 구체적 기준으로 앞서 언급한 다양한 행위유형의 사회상규 위배여부를 판단하기에는 어려움이 따를 수밖에 없으며, 나아가 구체적 기준을 자세히 들여다보면 이 기준이 정당행위의 성립여부를 판단하기 위한 독자적 기준이라기보다는 이론적 논증을 생략한 채 긴급피난의 성립요건을 차용하고 있다는 점을 발견할 수 있다. 따라서 아래에서는 연구대상 판례를 중심으로 이러한 문제점을 보다 자세히 살펴보고자 한다.

5. 연구대상 판례의 검토

연구대상 판례는 "피고인의 침술행위는 의료법을 포함한 법질서 전체의 정신이나 사회통념에 비추어 용인될 수 있는 행위에 해당한다고 볼 수는 없다 할 것이어서 위법성이 조각되지 아니한다"고 판시하고 있는 데, 법질서 전체의 정신이나 사회통념을 보다 구체화하기 위하여 기존 판례에서 적용하고 있는 사회상규 위배여부의 구

71) 대판 1986.10.28, 86도1764; 1994.4.15, 93도2899; 1999.1.26, 98도3029; 대판 2000.3.10, 99도4273; 2000.4.25, 98도2389; 2002.12.26, 2002도5077.

체적 기준, 즉 ① 그 행위의 동기나 목적의 정당성, ② 행위의 수단이나 방법의 상당성, ③ 보호이익과 침해이익과의 법익권형성, ④ 긴급성, ⑤ 그 행위 외에 다른 수단이나 방법이 없다는 보충성 등을 그대로 따르고 있다. 연구대상 판례를 포함하여 대법원이 이러한 구체적 기준을 마련한 것은 다른 위법성조각사유와는 달리 위법성조각사유로서 '사회상규에 위배되지 아니하는 행위'의 성립요건을 충족시킬 만한 구체적 내용이 형법 제20조에는 규정되어 있지 않으며, 그와 동시에 사회윤리 내지 사회통념과 같은 추상적 기준을 보다 구체화하기 위한 불가피한 선택으로 보인다. 다만 이러한 구체적 기준을 토대로 다시 법관이 "합목적적 · 합리적으로 판단" 하거나 "종합적 관점에서 총체적 판단"을 내려야 하기 때문에 법관의 자의적 판단을 구속할 수 없을 것이라는 비판이 제기되고 있다.[72] 그러나 "법관은 헌법과 법률에 의하여 그 양심에 따라 독립하여 심판한다"라고 규정한 헌법 제103조와 이에 근거하여 "증거의 증명력은 법관의 자유판단에 의한다"라고 규정한 형사소송법 제308조에 의하여 법관의 자의적 판단은 일정한 한계 속에서 허용되는 것으로 보아야 하기 때문에 이러한 비판에 수긍할 수 없다. 따라서 법관이 사회상규 위배여부의 구체적 기준과 관련하여 공정성과 합리성에 바탕한 법해석을 직무로 하는 자의 법조적 양심인 법리적 확신에 기초해서 논리적 규칙이나 수학적 공리를 가리키는 사고법칙(Denkgesetz)과 사회생활상의 경험이 아닌 자연법칙과 예외를 허용하지 않는 경험법칙(Erfahrungsgesetz)에 위배되지 않고 증거자료를 최대한 활용하였다면[73] 이러한 내재적 한계 속에서 법관의 자의적 판단은 허용될 수 있다고 본다.

생각건대 문제의 소재가 사회상규 위배여부의 구체적 기준에 관한 법관의 자의적 판단에 있다기보다는 판례가 원용한 그 구체적 기준의 내용에 있다고 여겨진다. 즉 사회상규 위배여부와 관련하여 기존의 판례와 연구대상 판례는 ① 그 행위의 동기나 목적의 정당성, ② 행위의 수단이나 방법의 상당성, ③ 보호이익과 침해이익과의 법익권형성, ④ 긴급성, ⑤ 그 행위 외에 다른 수단이나 방법이 없다는 보충성 등을 언급하고 있으나, 이는 정당행위의 성립여부를 판단하기 위한 독자적 기준이라기보다는 이론적 논증을 생략한 채 긴급피난의 성립요건중 일부(②:실질적 상당성의 원리, ③:우월성의 원리, ⑤:보충성의 원리 등)와 범죄성립요소와 관련 없는 양형조건중 일부

72) 배종대, 앞의 논문, 88-90면.

73) 권영성, 헌법학원론, 법문사, 2002, 1009면; 배종대, 형사소송법, 홍문사, 2004, 673-674면.

(①:범행의 동기·수단과 결과)를 혼합·차용하고 있다는 점을 발견할 수 있다.

더 나아가 이러한 5가지 요건으로 앞서 언급한 '사회상규에 위배되지 아니하는 행위'의 모든 행위유형의 사회상규 위배여부를 판단할 수도 없다. 이에 대법원은 연구대상 판례와 같은 무면허 대체의료행위라는 행위유형의 사회상규 위배여부를 판단하기 위해 다시 "그 침술행위의 위험성의 정도, 일반인의 시각, 시술자의 시술의 동기, 목적, 방법, 횟수, 시술에 대한 지식수준, 시술경력, 피시술자의 나이, 체질, 건강상태, 시술행위로 인한 부작용 내지 위험발생 가능성 등을 종합적으로 고려하여"라는 기준을 제시하고 있다. 그러나 이러한 기준은 대체의료행위에 있어 과실인정을 위한 일반적·객관적 기준을 수평적으로 나열한 것에 지나지 않는다. 따라서 이러한 기준보다는 무면허 대체의료행위의 엄격한 제한이라는 측면에서 상해를 수반하는 '좁은 의미의 대체의료행위'는 물론이고, 보건위생상 위해를 발생시킬 우려가 있는 '넓은 의미의 대체의료행위'까지도 ① 의료면허나 자격의 소지여부, ② 의학적 적응사유에 합당한 치료의 필요성, ③ 의술의 법칙과의 합치성, ④ 설명의무를 전제한 환자의 유효한 승낙, ⑤ 치료의 목적 등과 같은 (대체)의료행위의 적법요건으로 해결하는 것이 보다 바람직하다고 본다. 이런 관점에서 연구대상 판례 역시 "국내에서 의사의 처방 없이 침술행위를 할 수 있는 면허나 자격을 취득하지는 못한 사실, 이러한 피고인이 단순히 수지침 정도의 수준에 그치지 아니하고 환자 박정엽 등의 몸 부위에 체침을 시술한 사실, 환자 김성심은 나이가 많은 노인으로서 시술행위로 인한 부작용 내지 위험발생 가능성이 높아 보이는 사실 등을 인정한 다음, 이러한 피고인의 침술행위는 의료법을 포함한 법질서 전체의 정신이나 사회통념에 비추어 용인될 수 있는 행위에 해당한다고 볼 수는 없다 할 것이어서 위법성이 조각되지 아니한다"고 하여 의료면허나 자격의 소지여부, 의학적 적응사유에 합당한 치료의 필요성, 의술의 법칙과의 합치성, 치료의 목적 등을 부분적으로 검토하였으나 환자의 동의여부, 시술자의 설명의무 이행여부 등은 판시내용에서 생략하였다. 따라서 향후 무면허 대체의료행위의 사회상규 위배여부를 판단할 때에는 이에 대한 검토도 판시내용에 포함시키는 것이 바람직하다고 여겨진다.

Ⅳ. 맺는 말

서양의학은 의술에 과학기술을 도입함으로써 질병에 대한 원인규명과 그 치료에 획기적인 발전을 이룩했으나 환자를 질병을 치료하기 위한 객체로 전락시키고 국소적인 질병치유에만 관심을 둠으로써 암세포는 제거했으나 환자가 죽는 극단적인 사례도 발생하는 한계를 보이고 있다. 이에 따라 최근 국·내외 의료계에서는 서양의학의 대안의 하나로서 인간의 자연치유능력에 초점을 맞추어 조율하고 복원하는 대체의학에 대한 관심이 고조되고 있다. 그러나 아직까지 의료계 내부에서 조차 대체의학의 개념과 그 종류에 대해 학문적 체계가 갖추어져 있지 않고 있으며, 대체의학이 갖는 비과학적 요소로 인해 많은 지지를 받지 못하고 있다. 이러한 현실 속에서 전문의료인이 아닌 비의료인이 수지침 시술, 안마, 지압 등을 대체요법이란 이름하에 무책임하게 행함으로써 대체의학에 대한 올바른 이해를 저해함은 물론 국민건강을 심각히 위협하고 있다. 이러한 문제의식 아래 본 논문에서는 무면허 대체의료행위의 형사법적 책임의 문제를 대법원 2005.4.29, 2004도7412 판결을 중심으로 고찰해 보았다. 중심내용을 간략히 요약하면 다음과 같다.

먼저, 연구대상 판례는 기존 판례와 마찬가지로 침술행위가 보건위생상 위해를 발생시킬 우려가 있는 이상 의료법상의 의료행위로 파악하고 있으며, 비록 피고인이 세계침구학회연합회와 중국 국제침구고시원이 주관하는 자격시험에 합격해 각기 면허증을 교부받았다고 하더라도 의료법 제25조 제1항의 '외국의 의료인 면허를 소지한 자'로 보기 어려워 의료법 제25조의 무면허 의료행위로 처벌이 불가피하다고 판시하고 있다. 이러한 판례의 태도는 비의료인에 의한 무분별한 무면허 대체의료행위를 처벌함으로서 국민건강을 보호하려는 취지로서 타당하고 본다.

다음으로 연구대상 판례는 비의료인의 무면허 대체의료행위의 위법성조각을 판단함에 있어 형법 제20조의 '사회상규에 위배되지 아니하는 행위' 여부로 판단하고 있다. 이와 관련하여 '사회상규'에 대한 개념정의가 가능한지 혹은 그 법적 성질이 일반적·포괄적 위법성조각사유인지, 아니면 형법이 인정하고 있는 5가지 위법성조각사유중 하나인 정당행위의 세 번째 요건에 불과한 개별적 위법성조각사유인지의 문제보다 어떤 행위유형이 '사회상규에 위배되지 아니하는 행위'에 속하는지, 그 구체적 판단척도를 어떻게 법이론적으로 구체화할 것인가의 문제가 더욱 중요함을 지적하였다. 그리고 연구대상 판례의 침술행위와 같은 무면허 대체의료행위를 논증대상으로 하였다. 연구대상 판례는 법질서 전체의 정신이나 사회통념을 보다 구체화하기 위하여 기존 판례에서 적용하고 있는 사회상규 위배여부의 구체적 기준, 즉 ① 행위의 동기·목적의 정당성, ② 행위의 수단·방법의 상당성, ③ 보호이익과 침해이익과의 법익권형성, ④ 긴급성, ⑤ 보충성 등을 그대로 따르고 있다. 이는 법질서 전체의 정신이나 사회통념과 같은 추상적 기준을 보다 구체화하기 위한 불가피한 선택으로 보인다. 그러나 이러한 구체적 기준은 정당행위의 성립여부를 판단하기 위한 독자적 기준이라기보다는 이론적 논증을 생략한 채 긴급피난의 성립요건과 양형조건 중 일부를 혼합·차용한 것에 지나지 않고, 모든 행위유형의 사회상규 위배여부를 판단할 수도 없다. 이에 연구대상 판례는 무면허 대체의료행위라는 행위유형의 사회상규 위배여부를 보다 구체적으로 판단하기 위해 다시 그 침술행위의 위험성의 정도, 일반인의 시각, 시술자의 시술의 동기, 목적, 방법, 횟수, 시술에 대한 지식수준, 시술경력, 피시술자의 나이, 체질, 건강상태, 시술행위로 인한 부작용 내지 위험발생 가능성 등이라는 기준을 제시하고 있다. 하지만 이러한 기준은 대체의료행위에 있어 과실인정을 위한 일반적·객관적 기준을 수평적으로 나열한 것에 불과하다. 따라서 이러한 기준보다는 무면허 대체의료행위의 엄격한 제한이라는 측면에서 상해를 수반하는 '좁은 의미의 대체의료행위'는 물론이고, 보건위생상 위해를 발생시킬 우려가 있는 '넓은 의미의 대체의료행위'까지도 ① 의료면허나 자격의 소지여부, ② 의학적 적응사유에 합당한 치료의 필요성, ③ 의술의 법칙과의 합치성, ④ 설명의무를 전제한 환자의 유효한 승낙, ⑤ 치료의 목적 등과 같은 (대체)의료행위의 적법요건으로 해결하는 하는 것이 타당하다고 여겨진다.

[§ 6]

여호와의 증인의 의료적 자기결정권에 따른 수혈거부와 의사의 형사책임

— 여호와의 증인의 수혈거부는 종교의 자유로 인정되어야 하는가?

자기결정권은 자신의 일차적 선호(preferences), 욕망(desires), 희망(wishes) 등과 같은 것들을 비판적으로 반성(reflect)하는 인간의 이차적 능력이고, 보다 고차원의 선호나 가치에 입각하여 이것들을 받아들이거나 변화시키려고 시도하는 능력이다. 이러한 능력을 행사함으로써 인간은 자신의 본성을 규정하고 자신의 삶에 의미와 일관성을 부여하며, 자신이 어떠한 유형의 인간이라는 것에 대한 책임을 지게 된다.

- Gerald Dworkin-

Ⅰ. 들어가는 말

사례 1

甲은 11세의 딸 A가 악성 전격성간염으로 인한 장내출혈증세를 보여 침례병원에 입원시켰다. 의사는 甲에게 A를 치료하는 치료방법은 수혈임을 설명하였으나, 甲은 '여호와의 증인'의 교리를 내세워 의사의 수혈치료를 거부하였고, A도 엄마 甲의 영향을 받아 수혈거부의 의사를 밝혔다. A는 다음 날 병원 측에서 대학병원으로 옮겨 수혈하려 하였으나 이를 계속 거부하여 결국 그날 밤에 사망하였고, 甲은 검찰에 의해 유기치사죄로 기소되었다.[1)]

1) 대판 1980.4.24, 79도1387. 이 판결에 대한 상세한 평석으로는 최우찬, "유기치사죄와 부작위에 의한 살인죄 및 양심범과의 관계", 형사판례연구 제1권, 박영사, 1993, 95면 이하 참조.

사례 2

심장만이 아니라 신장, 간 등 여러 다른 장기에서도 부족한 부분을 안고 태어난 생후 2개월의 영아 B는 여호와의 증인 신도인 부모인 乙과 丙의 종교적 신념에 따라 수혈 방식의 심장수술을 거부하다 사망하였다. 그러나 경찰 조사 결과 영아의 사망 원인은 논란이 됐던 수혈 거부와 직접상관이 없는 세균 감염에 의한 패혈성 쇼크인 점, 영아의 부모는 임신 당시부터 영아가 심장 기형이라는 점을 알고도 자녀를 낳아 기르려고 한 점, 그리고 트럭 운전으로 가계를 꾸려나가는 등 어려운 경제적 여건에도 불구하고 최선의 치료를 위해 출산 직후부터 1억원에 가까운 막대한 비용을 감내한 점 등이 밝혀졌다.[2)]

사례 3

□ 수술 전의 상황

망 이○○(1945.생. 이하 '망인'이라 한다)은 1975년경 우측 고관절 부위에 결핵성 관절염을 앓아 부산침례병원에서 골반과 대퇴골 유합수술을 받았다. 그 후 골반과 대퇴골의 유착된 부위에서 통증 등이 있자, 우측 고관절을 인공고관절로 치환하는 수술을 받기를 원하였다. 망인은 '여호와의 증인' 신도로서 다른 사람의 혈액을 수혈 받지 않는 방식(이하 '무수혈 방식'이라 한다)으로 시술되는 수술을 받고자, 2007. 11. 경 인천에 있는 힘찬병원, 서울에 있는 KS병원, 부산에 있는 동아대학교병원 등에 들러 문의를 하였는데, 위 병원들은 실혈의 위험성을 이유로 무수혈 방식에 의한 수술을 거부하였다.

망인은 2007. 12. 4. 경 ○○대학교병원에 가 위 병원 소속 정형외과 의사이던 丁에게 무수혈 방식에 의하여 수술을 받을 수 있는지 문의하면서 앞서 문의한 3곳의 병원들로부터는 수술을 거부당한 사실을 이야기하였다. 이에 丁인은 망인의 상태를 확인하기 위하여 검사를 시행하였는바, 대퇴골두와 골반의 유착 정도가 굉장히 심하였고, 결핵으로 뼈가 녹아있는 상태였으며, 엉덩이 부분에 피부반흔 및 근육 유착 정도가 심했기 때문에 수술을 하는 경우 다량의 출혈이 있을 것으로 예상하였다.

丁은 망인에 대한 수술 여부를 결정하기 위하여 2007. 12. 12. 망인으로 하여금 혈액검사를 비롯하여 수술에 필요한 전반적인 검사를 하게 한 후, 위 병원 혈액종양내

---

2) 메디컬투데이 2011.1.4.일자 기사.
〈출처〉 http://www.mdtoday.co.kr/mdtoday/index.html?no=147595 2011.2.20. 검색.

과에 무수혈 방식에 의한 수술 가능 여부를 묻자, 혈액 종양내과에서는 수술이 가능하다는 답변을 하였다. 丁은 이와 같은 검사결과와 답변을 확인한 후, 마취통증의학과와의 협의를 거쳐 망인에 대하여 무수혈 방식에 의해 수술이 가능하다고 판단하여, 망인으로 하여금 입원하도록 하였다.

망인은 2007. 12. 17. 위 병원에 입원하여 기본적인 검사를 받았는데, 혈소판 수치는 271.000ul(정상수치 150,000-400,000ul), 헤모글로빈 수치는 12.6g/dl(정상수치 12.0-16.0g/dl), 알부민 수치는 4.08g/dl(정상수치 3.8-5.3g/dl)이었고, 응고검사도 정상이었으며, 소변검사와 간기능 검사에서도 별다른 이상이 없었다.

망인은 2007. 12. 17. 위 병원에, "치료에 있어 전혈수혈이나 성분수혈을 전적으로 금해주실 것을 본 각서를 통해 알려드립니다… 담당 의료진은 치료 도중 전혈이나 혈액 성분의 수혈이 필요하다고 느낄지 모르지만, 그렇더라도 수혈을 원치 않는다는 본인의 의지는 확고하며, 설사 환자가 무의식이 되더라도 이 방침은 변하지 않습니다. 본인은 여호와의 증인 신분으로 관련된 문제를 심사숙고한 후 본 의료적/종교적 각서를 작성합니다. 본인의 이러한 방침을 따름으로 인하여 야기되는 모든 피해에 대하여 본인은 병(의)원 및 담당 의료진에게 민형사상의 어떠한 책임도 묻지 않겠습니다." 라고 기재된 책임면제각서를 제출함으로써, 다른 사람의 혈액을 수혈 받는 것(이하 '타가 수혈'이라 한다)을 거부하겠다는 명확한 의사를 표시하였다.

위 병원 마취통증의학과 전공의 이○○은 2007. 12. 19. 정형외과 전공의 양○과 함께 병실로 가서 망인 및 망인의 딸인 조○○을 만나, 수술 도중 대량 출혈이 발생할 가능성이 있고 그러한 경우 타가수혈을 하지 않으면 장기 손상 및 부전에 의한 사망가능성이 매우 높다는 설명을 하였다(다만 마취서약서에는 조○○이 서명하였다). 조○○은 복도로 양○을 따라 나와 망인이 듣지 못하는 상태에서 망인에게 수혈이 필요하면 타가수혈을 해 달라고 이야기하였다.

□ 수술의 진행 경과

마취과 이○○은 2007. 12. 20. 수술 시작 직전에 다시 망인에게 타가수혈을 거부하는 의사가 유효한지 확인하였는데, 망인은 타가수혈을 강력하게 거부하면서 다만 '셀 세이버(cell saver)'나 인공혈장 사용에는 동의하였다.

丁은 11:00경 위 병원 수술실에서 수술 중 출혈을 줄이기 위하여 저혈압 상태로 마취를 유도한 후 수술을 개시하였는데, 먼저 망인의 엉덩이 부분의 피부를 절개하여 근육조직을 박리하고 나서 수술용 절단 도구를 이용하여 우측 대퇴부와 괴사된 대퇴골부 사이를 절단하였다. 丁은 망인의 대퇴골부와 주변의 근육조직이 엑스레이 사진으로 볼 때보다 훨씬 더 심하게 유착된 것을 확인하고 혈관이 파열되지 않도록 주의하면서 위와 같이 절단술을 시행하였음에도 대퇴골부 주변에 있던 혈관이 파열되었다. 그 후 고관절 강직이 해소되었는지 확인하기 위형 관절운동을 시키니 절단된 대퇴골부와 그 주변에 있는 파열된 혈관에서 출혈이 있어 12:30경 즉시 혈관외과 전문의인 장○○을 불러 혈관봉합술을 시행하도록 하였다. 이로 인하여 파열된 혈관에서는 더 이상의 출혈이 없었으나 절단된 대퇴골부와 그 주변조직에서 계속해서 출혈이 발생하였다. 보통 인공고관절 수술을 하는 경우 300-500cc 정도 출혈이 있고, 많은 경우 1,000cc 정도 출혈이 있는데, 망인의 경우 이를 훨씬 초과하는 대량 출혈이 있었는바, 망인으로부터 출혈된 혈액 중 셀 세이버를 이용하여 망인에게 다시 투여한 혈액만도 3,689cc나 되었다. 이후 망인은 급격한 출혈로 인하여 범발성 응고장애가 발생하여 지혈이 되지 않았다.

이에 丁은 정형외과 전문의 김○○로 하여금 수술실 밖으로 나가 망인의 가족들에게 망인의 상태를 설명한 후 타가수혈을 할 것인지 여부를 묻도록 하였는데, 망인의 남편은 '여호와의 증인' 신도였으므로 타가수혈을 거부한 반면 망인의 자녀들은 타가수혈을 강력히 원하는 등 가족들 사이에 의견이 엇갈렸다. 위 김○○은 위와 같은 말을 듣고 다시 수술실로 들어가 피고인에게, 보호자가 여러 명 있는데 그 중 몇 명은 수혈을 해달라고 하고 몇 명은 수혈을 해서는 안 된다는 취지의 말을 했다고 전했는데, 위 김○○가 이 사건 수술 이전에는 피해자의 가족을 만난 적이 없었기에 구체적으로 누가 수혈을 요구하고 누가 수혈을 거부하는지에 대해서는 전달하지 못하였다.

丁은 가족들의 의사가 명확하지 아니하였기에(특히 피해자의 남편은 여전히 반대의사를 가지고 있었던 것으로 보인다) 피해자에게 타가수혈을 할 것인지에 대한 여부를 결정하지 못하고, 다시 의료진을 통해 피해자가 믿고 있던 '여호와의 증인' 교섭위원회에 이 사건과 관련된 자문을 급하게 요청하였으나, 이와 관련하여 별다른 답신을 받지는 못하였다. 그러던 중에도 피해자의 출혈은 계속되었고, 丁은 수술을 중단하고 14:50경 피해자를 중환자실로 옮겼다. 그 후 피해자의 남편도 타가수혈에 동의하여 망인의 가족들 전부가 타가수혈을 원하였고, 이와 관련된 각서까지 작성하여 ○○대학교병원에 제출하였으나, 당시는 피해자에게 폐울혈 및 범발성 응고장애가 발생하고 있는 상태라 타가수혈이 증상을 악화시킬 가능성이 있어 위 병원 측에서는 피해자에게 타가수혈을 시행하지 않았다.

망인은 21:35경 위 병원 중환자실에서 다량 실혈로 인한 폐부종으로 사망하였고, 丁은 검찰에 의해 업무상과실치사죄로 기소되었다.[3)]

---

3) 광주지방법원 2009.12.2. 선고 2009노1622 판결. 이 판결에 대한 상세한 평석으로는 박정수, "의사가 환자의 뜻에 따라 수혈을 하지 않음으로써 사망에 이르게 한 경우 업무상과실치사죄

[사례 1, 2, 3]은 여호와의 증인[4] 신도인 부모 또는 본인 자신이 종교적 신념에 따라 수혈을 거부함으로써 그에 따른 형사책임의 문제가 세상의 주목을 끌게 된 사안이다. 무엇보다 우리나라에서 여호와의 증인의 수혈거부에 따른 환자의 사망과 관련된 형사책임의 문제는 환자의 의료적 자기결정권[5]과 의사의 치료권이 극단적으로 충돌하여 파국으로 곧잘 치닫고 의사로 하여금 해결하기 어려운 딜레마에 빠지게 한다. 왜냐하면 [사례 3]과 같이 의사가 성년인 환자의 종교적 신념에 따른 의료적 자기결정권을 존중하여 일반적으로 환자의 생명을 구할 수 있는 최선의 의료적 처치로 여겨지는 수혈을 포기하고 그 결과 환자가 사망할 경우 의사는 업무상과실치사죄로 처벌될 위험에 처하게 되고, 반면에 수혈거부의사를 무시하고 수혈을 통하여 환자의 생명을 구할 경우에도 상해죄 내지 강요죄로 처벌될 위험 앞에 직면하기 때문이다.[6]

사실 이러한 문제는 종래와 같이 의사의 치료권을 우선시하여 환자는 단지 치료의 객체에 불과하다는 인식에서 벗어나 이른바 '충분한 설명이 전제된 동의'(informed consent)의 권리로서 환자의 의료적 자기결정권을 보다 중시하고 환자를 치료의 주체로서 파악해야 한다는 인식이 의학계뿐만 아니라 법학계에서 자리 잡기 시작하면서부터 발생하였다고 보여 진다. 이러한 인식의 변화는 자기의 문제를 자기의 고유한 가치관에 의해 자유롭게 결정할 수 있는 자기결정권을 인간의 존엄과 가치 및 행복추구권의 실현을 위한 불가침의 기본적 인권으로서 최대한 보장할 수 있다는 측면에서 타당하다고 본다. 다만 환자의 의료적 자기결정권도 헌법상의 구체적 권리의 하나이므로 타인의 권리를 침해하지 않는 등 헌법질서에 위반되지 않는 범

가 성립하는지 여부", 재판실무연구, 광주지방법원, 2010, 392면 이하 참조.

4) 여호와의 증인은 1870년 Charles Russel에 의해 설립되었으며, 1931년부터 '여호와의 증인'이라는 이름을 사용하기 시작했는데, 이 종교단체는 종교적 신념을 이유로 정치참여 거부, 집총거부, 수혈거부 등을 하고 있다. 이들의 신도 수는 전세계적으로 약 1천 5백만 명 정도로 추산되고, 국내에서는 1969년 약 1만 명에서, 1975년 약 3만 명, 1990년 약 6만 명으로 증가하였다가, 2004년 약 9만 명으로 추산되고 있다고 한다(노상엽, "의료행위 자기결정권과 그 한계", 가톨릭대학교 법학연구, 2010, 74면).

5) 보건의료기본법 제12조는 "모든 국민은 보건의료인으로부터 자신의 질병에 대한 치료 방법, 의학적 연구 대상 여부, 장기이식 여부 등에 관하여 충분한 설명을 들은 후 이에 관한 동의 여부를 결정할 권리를 가진다."고 규정하여 환자의 자기결정권을 명문으로 인정하고 있다.

6) 이상돈, "수혈거부와 무수혈 치료의 법적 책임", 이석우 엮음, 환자의 권리와 무수혈치료, 학영사, 2005, 123면.

위에서만 보호받을 수 있을 뿐이다.

그런데 종래 여호와의 증인의 수혈거부에 따른 형사책임의 법리 구성은 여호와의 증인인 환자의 의료적 자기결정권과 의사의 치료권을 상호 '대립' 내지 '충돌'하는 관계로 이해하는 데 문제가 있다고 본다. 이는 종래 여호와의 증인의 수혈거부에 따른 형사책임의 법리를 구성함에 있어 여호와의 증인의 수혈거부는 치료를 완전히 거부하는 것으로 자기파괴적인 행위에 해당하므로 허용될 수 없다거나, 수혈만이 생명을 구할 수 있는 유일한 방안이라는 전제를 출발점으로 삼고 있다. 그러나 이러한 전제는 한편으로 여호와의 증인의 수혈거부는 모든 치료를 완전히 거부하는 것이 아니라 건강이 회복되기를 희망하는 가운데 여러 가지 의료 시술 가운데 수혈만을 거부하는 것으로 자기파괴적인 행위로 볼 수 없으며, 다른 한편으로 수혈의 부작용에 대한 인식이 점증하고 있고 무수혈 치료기법이 비약적으로 발전함으로써 수혈이 생명을 보장하는 유일한 방안은 아니라는 점을 간과하고 있다.[7] 그렇기 때문에 이러한 전제의 오류를 바로잡을 경우, 즉 여호와의 증인의 수혈거부는 치료거부가 아니라 치료방법에 대한 선택권의 행사이며, 수혈의 방법 이외에도 무수혈 치료를 통해 생명을 구할 수 있다는 전제를 바탕으로 한다면 이는 환자의 자기결정권 행사와 의사의 치료권 사이의 '조화' 문제로서 긍정적이고 건설적인 해결책이 도출될 수 있다고 본다.

따라서 이하에서는 여호와의 증인의 수혈거부에 따른 형사책임과 관련된 합리적 법리 구성을 시도하기 위해 우선 환자의 의료적 자기결정권은 무엇을 의미하고, 여호와의 증인의 수혈거부는 어떠한 특수성이 있는지를 간략히 살펴보고자 한다(Ⅱ). 다음으로 이를 바탕으로 [사례 1, 2]과 같이 동의능력이 없는 미성년자나 영아를 대신하여 여호와의 증인인 부모가 자신의 종교적 신념에 따라 수혈을 거부할 경우 이러한 부모의 수혈거부에 대한 동의권은 유효한 것인지, 유효하지 않다면 어떠한 형사책임을 물을 수 있는가를 검토하고자 한다(Ⅲ). 나아가 [사례 3]과 같이 성년인 여호와의 증인의 의료적 자기결정권을 존중하여 의사가 수혈을 하지 않아 환자가 사

7) 한국의 경우 1986년 부천세종병원이 무수혈센터를 처음 만든 이후, 순천향대, 인제대, 서울대, 영남대, 동아대, 조선대, 충남대, 을지대 부설 병원 등 15개 의료기관에 무수혈 치료 전문센터가 만들어졌다고 한다(출처: 한겨레 21[2011.02.11 제847호], "무수혈 수술은 종교가 아니라 의학이다" 기사 - http://h21.hani.co.kr/arti/special/special_general/28991.html 2013.11.26. 검색).

망한 경우 의사에게 업무상과실치사죄를 인정함이 타당한지 여부를 검토하고자 한다(Ⅳ). 마지막으로 이러한 논의를 통해 여호와의 증인의 수혈거부에 대한 편견을 바로잡고 무수혈 치료에 대한 요구가 설혹 사망에 대한 위험을 증가시켰다는 이유만으로 의사 혹은 국가의 개입을 정당화하거나 그 개입을 형법적으로 강요하는 것은 타당하지 않음을 결론으로 제시하고자 한다(Ⅴ).

Ⅱ. 환자의 의료적 자기결정권과 여호와의 증인의 수혈거부의 특수성

1. 환자의 의료적 자기결정권의 의의와 한계

일반적으로 자기결정권이란 "개인이 국가나 사회로부터 간섭이나 침해를 받지 않고 사적 사항을 스스로 결정하여 자신의 생활영역을 자유로이 형성할 수 있는 권리"를 말한다거나,[8] "자기의 사적인 사항, 즉 ① 결혼 · 이혼 · 출산 · 피임 · 낙태 등 인생의 전반에 걸친 설계에 관한 사항, ② 생명연장치료의 거부 · 존엄사 · 자살 · 장기이식 등 삶과 죽음에 관한 사항, ③ 머리모양 · 복장 · 등산 · 수영 · 흡연 · 음주 등 개인의 생활방식이나 취미에 관한 사항, ④ 혼전성교 · 혼외성교 · 동성애 등 성인간의 합의에 의한 성적 행동에 관한 사항 등에 관하여 스스로 자유롭게 결정하고 그 결정에 따라 행동할 수 있는 권리"로 정의할 수 있다.[9] 이러한 자기결정권은 오늘날 의료행위에서 무엇보다 중요시되고 있다. 환자는 의료행위를 받을 것인가를 결정함에 있어 더 이상 객체가 아니 주체이며, 의사는 기본적으로 환자의 정신과 신체에 발생한 사실 및 발생할 사실과 관련된 정보를 제공하는 지위를 갖는데 불과하기 때문이다. 이에 환자는 자신의 신체나 정신에 일어날 일에 대하여 스스로 결정할 수 있는 자기결정권을 가지며, 어느 누구도 환자의 의사에 반하여 환자의 정신이나 신체에 개입할 수 없다.

무엇보다 환자의 의료적 자기결정권의 행사가 합리적이냐 합리적이지 않느냐의

8) 김강운, "헌법상 자기결정권의 의의", 법학연구 제20집, 2005, 161면.
9) 김주현, "자기결정권과 paternalism", 배준상교수 정념기념논문집, 1997, 48면.

문제는 다수의 사람이 생각하는 사상에 따라서 달라질 수 있으며, 자기결정권의 행사에서는 오로지 인간으로서의 존엄과 가치 및 행복을 추구할 권리를 보장하는가가 문제될 뿐이기 때문에 어떤 환자가 특정한 이유로 다수의 사람의 입장이나 일반적, 객관적으로 보아 합리적이지 않다고 여겨질 수 있는 내용으로 자기결정권을 행사한다고 할지라도 그 이유만으로 무시되어서는 안 된다고 한다.[10] 이 때문에 [사례 3]과 같이 성년인 환자가 여호와의 증인이라는 종교적 신념에 따라 수혈을 거부하는 경우에 비록 환자의 의료적 자기결정이 다른 다수의 사람의 관점에서는 비합리적으로 보이더라도 원칙적으로 의사는 환자의 의료적 자기결정에 따라야 한다. 의사가 일반적인 가치평가를 이유로 환자의 의료적 자기결정에 따른 명시적인 수혈거부에 후견적으로 간섭하거나 개입하여서는 안 된다.[11]

그러나 헌법상 보장되는 환자의 의료적 자기결정권도 구체적인 권리의 하나이므로 타인의 권리를 침해할 수 없을뿐더러 헌법질서에 위반되지 않는 범위에서만 보호받을 수 있을 뿐이다. 이에 따라 예컨대 환자가 단순히 죽기 위하여 무수혈수술과 같은 특정한 치료방법을 선택한 경우에는 인간생명의 보호와 존중이라는 헌법질서에 반하기 때문에 의료적 자기결정권의 한계를 벗어난 것으로 평가되어 보호될 수 없다. 같은 취지에서 판례도 "아무리 생명권의 주체라고 하더라도 자살의 경우와 같이 자기의 생명을 자유롭게 처분하는 행위는 헌법상 자기결정권의 한계를 벗어나고 사회상규에 반하므로 허용될 수 없다."고 판시하고 있다.[12] 다만 이와 달리 여호와의 증인인 환자가 종교적 신념에 따라 자신의 생명이나 신체의 치료를 위하여 수혈을 거부하고 무수혈 수술이라는 특정한 치료방법을 선택한 경우라면 그 치료방법이 수혈에 비하여 환자의 생명에 대한 위험성을 증대시킨다고 할지라도 이러한 치료방법의 선택은 생명과 신체의 건강한 회복을 목표로 하되 그 수단으로 자신의 신념이나 종교의 가르침에 반하지 않는 치료방법으로서 선택한 것인 동시에 이에 따른 치료과정에서 발생할 수 있는 생명에의 위험까지 감수한다는 의미를 가지므로 원칙적으로 의료적 자기결정권의 행사로 받아들일 수 있다고 한다.[13] 이에 따라 [사례 3]과

10) 김민중, "미성년자에 대한 의료행위와 부모의 권한 -종교상의 신념에 기한 수혈거부를 중심으로-", 의료법학 제13권 제2호, 2012, 227-228면.

11) 대판 2009.5.21, 2009다17417 전원합의체 참조.

12) 대판 2009.5.21, 2009다17417 전원합의체.

13) 김민중, 앞의 논문, 229면.

같이 의사결정능력이 있는 환자의 수혈거부의사를 무시하고 의사가 수혈을 감행할 경우에 이는 신체의 완전성에 대한 불법적인 침해로 상해죄 내지 강요죄가 성립할 수 있으며, 환자가 여호와의 증인임을 고려할 때 헌법 제4조에 의하여 보장된 종교의 자유에 대한 침해가 문제될 수 있다.

무수혈 수술은 종교가 아니라 의학이다[14)]

액정화면에서 초록 · 빨강 · 노랑 · 파랑의 그래프가 쉼 없이 깜빡인다. 혈압은 103/69, 맥박은 78회, 호흡수는 25회다. 김순애(64 · 가명)씨의 '바이탈사인'(활력징후)은 모두 정상이다. 수술은 마무리 단계다. 절개한 부위를 봉합하면 4시간여에 걸친 수술이 끝난다.

혈액 주머니 없는 수술방

그는 평소 숨이 가빴다. 병원에선 승모판막협착증이라고 진단했다. 피의 역류를 막아주는 심장의 얇은 막이 제 기능을 못한다는 뜻이다. 수술이 필요했다. 1월 27일 오전, 김씨는 심장혈관 전문의료기관인 부천세종병원 수술실 3번방에 누웠다. 의료진은 심장을 열었다. 수술이 진행되는 동안, 심장의 피는 혈관을 따라 흐르지 않는다. 그저 몸 밖으로 쏟아져 나올 뿐이다. 그대로 두면 수술이 끝나기 전에 환자가 죽는다. 이를 막기 위해 의사들은 보통 수혈을 한다. 환자의 심장에서 만들어진 피 대신 다른 이의 피를 혈관에 주입한다.

그런데 김씨가 누운 수술 방에는 수혈을 위한 혈액 주머니가 없다. 수혈은 마취과 전문의 담당이다. 이날 수술에는 이종현(47) 부천세종병원 마취통증의학과 과장이 참여했다. 이 과장은 김씨의 몸에 다른 이의 피를 주입하지 않았다. 보통 병원의 수술실이라면 난리가 났을 것이다. "사고 나면 어떻게 하느냐"며 의사들이 먼저 혈액 주머니를 챙겼을 것이다. 하지만 부천세종병원 수술실 3번방에서 그런 일은 없었다. 가위 소리와 바이탈 모니터 소리만 조용히 번졌다. 이윽고 김씨가 이동침대에 누워 회복실로 나갔다. 무수혈 심장수술은 성공적으로 끝났다. 김씨는 다시 건강해질 것이다.

김씨가 누운 수술 방에는 수혈을 위한 혈액 주머니가 없다.
수술에 참여한 이종현 부천세종병원 마취통증의학과 과장은
김씨의 몸에 다른 이의 피를 주입하지 않았다.

대다수 한국 의사들에게 이날 수술은 놀라운 사건이지만, 이 과장은 거의 매일 '사건'을 치른다. 수혈 없는 수술은 이 과장에겐 일상이다. 2001년부터 무수혈 수술을 시작한 이 과장은 최근 3~4년 사이 매년 220~270건의 무수혈 수술을 이끌었다. 지난 10년을 통틀어 적어도 1천 건 이상의 수술을 맡았다. 심장혈관질환 전문병원이므로 그 수술의 대부분은 심장수술이었다. "정확한 통계는 없지만…." 수줍은 표정에 자부심을 담아 이 과장이 말했다. "아마 한국에선 제가 무수혈 수술을 가장 많이 다뤘을 겁니다."

여느 날과 다름없이 무수혈 심장수술로 바빴던 지난해 12월 중순, 이 과장은 우연히 접한 뉴스에

14) 한겨레 21[2011.02.11 제847호], "무수혈 수술은 종교가 아니라 의학이다" 기사 〈http://h21.hani.co.kr/arti/special/special_general/28991.html〉

착잡해졌다. '여호와의 증인' 신도인 부모가 무수혈 수술을 고집하는 바람에 심장병을 앓는 생후 1개월 아이가 사망했다는 내용이었다. 언론과 여론은 부모를 광신도로 몰아갔다. "종교적 신념을 앞세워 위독한 자녀의 시급한 치료를 막아 사망토록 방치한 것"(〈국민일보〉 2010년 12월13일치 기사)으로 규정했다. 기사를 읽은 이 과장은 7년 전을 생각했다.

2003년, 선천성 심장기형을 가진 생후 2개월 아이가 부천세종병원에 왔다. 아이의 부모는 여호와의 증인 신도였다. 부모는 서울의 한 대형병원에 무수혈 수술을 의뢰했다. "그 병원에서 '아이를 죽이려 하느냐'며 무수혈 수술을 거부했다더군요." 부모는 주변의 소개를 받아 부천세종병원을 찾았다. 이 과장이 무수혈 수술을 맡았다. 아이는 지금 초등학생이 되어 건강하게 자라고 있다. 공교롭게도 7년 전 아이의 목숨을 건진 부모와 지난해 아이를 먼저 보낸 부모가 처음 찾아간 병원은 같은 곳이었다. 심장수술 분야에 정통하다는 그 대형병원은 여전히 무수혈 수술을 꺼리고 있다.

수술 후유증, 무수혈 환자가 더 적어

대형병원이 도리질 치고 언론이 '광신도의 집착'으로 몰아가는 무수혈 수술에 대해 이 과장은 다른 잣대를 갖고 있다. 남용되고 있는 수혈 치료의 유력한 대체요법이 무수혈 치료라고 그는 생각한다. 수술은 외과에서 맡지만, 마취와 수혈은 마취과 전공인 이 과장의 몫이다. 추정치이긴 하지만, 2010년 이 과장은 일주일에 2~4건, 한 해 250~270건의 무수혈 심장수술에 참여했다.

이 가운데 종교적 이유로 무수혈 수술을 적극 요청한 여호와의 증인 신도는 20~30건에 불과했다. 나머지 200여 건은 종교적 이유와 상관없이 "의료진이 보기에 무수혈로 충분히 수술이 가능하다고 판단한 경우"다. 이 과장은 "우리가 무수혈 수술을 택하는 환자의 70~80%는 다른 병원에서라면 관성적으로 수혈 수술을 택했을 것"이라고 말했다.

이들 가운데는 의료진이 판단을 내리기 전에, 종교적 배경이 없는데도 스스로 무수혈 수술을 요청하는 환자도 있다. "수혈의 부작용과 위험성을 아는 '의료인'이 무수혈 치료를 요구하는 경우가 많다"고 이 과장은 말했다. 지난해에도 그런 환자가 2~4건 있었다. 현직에서 은퇴한 의사 출신 노인의 암수술, 간호사 조카를 둔 중년 여성의 자궁근종수술 등을 이 과장은 무수혈로 이끌었다.

종교적 이유가 아닌 의학적 판단에 따라 무수혈 치료를 요구하는 환자가 생겨나는 데는 과학적 근거가 있다. 이 과장은 2007년 국내 학술지에 무수혈 심장수술 100건에 대한 연구논문을 냈다. 그 가운데 70여 건은 이 과장이 직접 참여한 수술이었다. 100건 가운데 수술 뒤 사망한 환자는 오직 1명이었다. 대형병원 의사들이 호들갑을 떤 것과 달리 무수혈 수술은 "사람 죽이는 짓"이 아닌 셈이다. 2006년에는 고관절수술을 받은 환자 가운데 수혈 집단(20건)과 무수혈 집단(20건)을 비교 연구한 논문을 발표했다. 수술 이후 감염 후유증을 겪은 이가 수혈 환자는 3건, 무수혈 환자는 1건이었다. 또한 무수혈 환자는 수혈 환자보다 평균 2일 먼저 퇴원했다. 무수혈 환자의 회복이 더 빠르다는 뜻이다.

무수혈 수술은 다른 이의 피를 공급받는 대신 환자 자신의 피를 재활용한다. 적어도 수술 일주일 전, 보통 한 달 전부터 적혈구 생성을 촉진하는 조혈제·철분제를 환자에게 투여한다. 수술 중에는 '셀세이버'(Cell Saver)라는 장치로 환자의 피에서 적혈구를 걸러내 다시 환자의 몸에 투여한다. 체내 혈액의 점도를 낮춰 수술 중 출혈량을 줄이는 방법 등도 병행한다.

수혈학회 "수혈은 될 수 있는 한 피한다"

1964년 미국에서 처음으로 무수혈 심장수술이 성공한 뒤, 미국·유럽 의학계에선 수혈의 부작용과 후유증을 막아줄 유력한 치료법으로 무수혈 수술이 확산돼왔다. 서양의학의 본토에서 무수혈은 '종교적 광신'이 아니라 '과학적 치료'의 도구로 인식된다.

항생제 오·남용에 대한 의료계의 성찰이 비교적 최근에 시작된 것처럼 수혈 수술에 대한 국내 의료계의 인식도 최근에야 조금씩 진전되고 있다. 대한수혈학회는 2009년 '수혈 가이드라인'을 발표했다. "수혈은 일정한 위험성을 동반하기 때문에… 수혈은 될 수 있는 한 피한다. 예정수술 때는 적극적으로 자기수혈을 도입한다." 그러나 병원을 찾는 환자 가운데 수혈의 부작용을 경계하는 이는 여전히 드물다. 의료진이 이를 설명하는 경우도 흔치 않다.

질병관리본부가 지난해 10월 30개 의료기관을 조사한 결과, 수혈 치료 때 수혈을 대체하는 요법이 있다고 환자에게 설명하는 경우는 22%에 그쳤다. 수혈동의서를 제시해 그 내용을 설명하는 경우가 28.2%였는데, 그나마도 각 병원이 자체 마련한 동의서를 쓰고 있었다. 수혈 부작용을 충분히 적어놓은 '질병관리본부 표준 수혈동의서'를 사용하는 경우는 6.7%에 불과했다. 일본에선 수혈동의서를 반드시 작성하도록 법에 규정했고, 캘리포니아·뉴저지·펜실베이니아 등 미국의 몇몇 주에선 동의서 작성 전에 수혈에 대한 충분한 설명까지 마칠 것을 법적으로 의무화했다.

한국은 2000년부터 보건의료법에 "모든 국민은 보건의료인으로부터 자신의 질병에 대한 치료 방법 등에 관하여 충분한 설명을 들은 후 이에 관한 동의 여부를 결정할 권리를 가진다"고 밝혔지만, 수혈 때 동의서를 받아야 하는지에 대한 법적 구속력을 가진 명문 규정은 아직 없다. 한국에선 의료진과 환자 모두 큰 고민 없이 수혈을 결정하는 셈이다.

미국은 치솟는 핏값을 무한정 감당하는 대신 무수혈 치료를 권장하면서 관련 연구를 지원하는 방향으로 정책을 틀었다. 이제 미국인에게 무수혈은 수혈보다 값싸고 안전한 치료법이다.

무수혈 대신 수혈을 선택하게 하는 것은 종교나 윤리가 아니라 경제의 논리다. "무수혈 수술을 하려면 수술 몇 주 전부터 환자를 입원시켜 의료진이 상태를 살펴야 하는데, 입원 환자의 순환을 빨리 해야 더 많은 이윤이 나는 병원 입장에선 이를 반기지 않는다"고 이 과장은 말했다. 환자 역시 경제적 부담이 있다. 무수혈 수술을 위해 필요한 조혈제·철분제는 30만~40만원이 든다. 수술 때 '셀세이버'를 사용하면 다시 20만~30만원이 들어간다. 의료보험이 적용되지 않으므로 비용은 모두 환자 부담이다. 한국 보건당국은 무수혈 치료에 의료보험을 적용할 준비가 돼 있지 않다.

15개 의료기관에 전문센터 개설

미국·유럽 등에서도 경제 논리를 따른다. 다만 결과는 다르다. 미국 의료보험 회사들은 무수혈 수술비용을 보장한다. 의료진도 무수혈 요법을 선호한다. 미국에서 약 500cc 혈액 한 팩을 수혈 받을 때 환자가 부담하는 비용은 220만원(1600~2400달러) 정도다. 한국에서는 그 비용이 8만원이다. 두 나라 모두 의료보험의 적용을 받긴 하지만, 의료비용 측면에서 미국의 핏값이 한국보다 훨씬 비싸다. 미국인들의 피가 원래 비쌌던 것은 아니다. 1980년대 이후 노령인구가 늘어 헌혈자가 감소했다. 인간면역결핍바이러스(HIV)·간염 등 수혈에 따른 감염 위험도 알려졌다. 덩달아 '안전한 피'를 검증하기 위한 수혈 혈액 검사비까지 올랐다. 그 결과 미국은 치솟는 핏값을 무한정 감당하는 대신 무수혈 치료를 권장하면서 관련 연구를 지원하는 방향으로 정책을 틀었다. 이제 미국인에게 무수혈은 수혈보다 값싸고 안전한 치료법이다.

더 근본적인 문제도 있다. 무수혈 수술에 대한 한국 의사들의 공포다. 수혈 여부의 기준이 되는 것은 혈중 혈색소(헤모글로빈) 수치다. 성인의 평상시 혈색소 수치는 15g/dℓ 정도다. 미국 마취과학회는 7~8g/dℓ 아래로 떨어질 때 수혈을 권하고 있다. "그런데 한국에선 많은 의사들이 10g/dℓ 아래로 떨어지면 관행적으로 수혈을 하는 경향이 있어요. 수혈 수술의 60~70%는 혈액을 한 팩 정도만 투입하는데, 그 정도 혈액 부족은 수혈을 하지 않아도 충분하거든요."(이종현 과장) 국내 의과대학에선 무수혈 수술을 가르치지 않는다. 대다수 한국 의사들에게 무수혈 수술은 '듣도 보도 못한' 미지의 영역이다. 반면 부천세종병원에선 성인 환자의 절반, 소아 환자의 30% 정도를 무수혈로 수술하고 있다.

이 과장은 1999년부터 무수혈 수술을 본격적으로 연구했다. 무수혈 수술에 대해 호기심이 있었지만, 의과대학은 물론 전공의 과정을 밟은 대형병원에서도 관련 정보를 구할 수 없었다. 1999년 홍콩에서 열린 국제 무수혈 치료 세미나에 참가했다가 무수혈 수술의 확산에 기여하기로 결심한 그는 남들이 까다롭다며 피해가는 이 분야의 경험을 하나씩 쌓기 시작했다. 1986년 국내에서 처음으로 무수혈 심장 수술에 성공한 부천세종병원은 그에게 꿈의 직장이었다. 병원장이 나서서 무수혈 치료를 권하는 '예외적인' 곳에서 그는 지난 10여 년간 일했다. 병원장을 비롯해 의사 70여 명 가운데 종교적 배경을 지닌 이는 드물다. 이 병원은 '의학적 신념'으로 무수혈 치료 분야를 개척해왔다.

의술은 개별적이다. 진단 · 치료의 잣대가 의사마다 다르다. 다만 임상 경험과 논문을 통해 그 잣대에 대한 공감대를 형성한다. 혹시 무수혈 수술에 대한 이 과장의 신념이 한국 의료계의 공감대로부터 멀리 떨어진 것은 아닐까? 지난 10년 동안 무수혈 치료법이 확산된 과정을 살펴보면 이 과장의 신념은 앞으로 더욱 굳건해질 가능성이 높다. 1986년 부천세종병원이 무수혈센터를 처음 만든 이후 순천향대 · 인제대 · 서울대 · 영남대 · 동아대 · 조선대 · 충남대 · 을지대 부설 병원 등 15개 의료기관에 무수혈 치료 전문센터가 만들어졌다. 무수혈 수술을 적용한 분야도 각종 암수술, 인공관절대체술, 제왕절개술, 뇌혈관수술 등으로 확산돼왔다. 각 병원에서 얼마나 많은 무수혈 수술이 이뤄지는지 정확한 통계는 나오지 않았다. 다만 순천향대에서는 1998년 20건이던 무수혈 수술이 2008년 802건으로 급증했다. 지난해 10월에는 무수혈센터 개소 10년 만에 2천 건의 무수혈 수술을 시행했다.

미국에선 유대인 · 무슬림의 무수혈 수술 많아

부천세종병원이 무수혈 수술의 시초라면 순천향대병원은 무수혈 수술의 경계를 계속 확장하고 있는 첨병이다. 종합병원인 만큼 심혈관 수술은 물론 각종 암수술로 무수혈 치료 범위를 넓히고 있다. 2000년 순천향대병원 무수혈센터가 개원한 뒤 2008년까지 이뤄진 무수혈 수술 통계(총 1524건)를 보면, 부인과 양성종양 266건, 일반외과 201건, 제왕절개 135건, 인공관절 113건 등 거의 모든 중대 질병 치료에 무수혈 수술을 적용하고 있다. 순천향대병원 무수혈센터는 개원 때부터 국내에선 처음으로 무수혈 치료 전문 코디네이터를 배치했다. 병원 안내 창구에서 무수혈 치료법을 상담 · 안내 · 유도한 것이다. '의학적 믿음'이 없었다면 불가능한 일이다.

순천향서울병원 무수혈센터장 염욱 교수는 "혈액도 장기다. 수혈을 하면 장기이식처럼 면역학적 문제를 일으킬 수 있다. 따라서 무수혈 치료를 적절히 사용한다면 수혈에 따른 부작용을 최소화하고 부족한 혈액 수급에도 숨통이 트일 수 있다"고 말한다. 다만 "무조건 혈액을 사용하지 않는 게 옳다는 뜻이 아니고, 의학적 관점에서 환자에게 좀 더 유리한 조건을 충족시킬 수 있다는 측면에서 무수혈 치료에 접근해야 한다"고 말한다.

**통념과 달리 여호와의 증인 신도만 그 혜택을 받는 것은 아니다.
순천향대에서 무수혈 수술을 받은 환자의 10%는
종교적 이유가 아닌 '의학적 이유'로 수혈을 거부했다.**

이와 관련해 의료계의 가장 큰 숙제는 선천성 심장병을 앓는 갓난아기에 대한 수술이었는데, 2009년 7월 서울대병원 김웅한 교수가 체중 2.8kg인 갓난아이를 무수혈 수술해 심장병을 고치는 데 성공했다. 대형병원을 중심으로 하는 한국 의료계의 주류가 무수혈 수술의 가능성에 도전하는 일이 잦아지고 있는 것이다.

의사들이 무수혈 치료에 관심을 갖게 된 가장 큰 이유는 수혈의 부작용이다. 보건복지부가 마련한

'수혈 동의서 표준안'을 보면, 수혈의 부작용으로 "발열 · 오한 · 오심 · 구토 · 알레르기 · 흉통 등을 초래할 수 있고, 적혈구의 비정상적 파괴 · 호흡곤란 · 급성폐손상이 드물게 발생할 수 있으며, 간염 · 후천성면역결핍증 등의 감염을 완전히 배제할 수 없고, 오랜 기간 수혈을 받을 경우 심장 · 간 · 내분비 장애 등 합병증이 발생할 수 있다"고 밝히고 있다. 2009년 10월, 질병관리본부가 국회에 제출한 국정감사 자료를 보면, 2006년부터 2009년 9월까지 국내에서 B형 또는 C형 간염, 말라리아 등 수혈 부작용으로 의심돼 신고 · 접수된 사례가 114건에 이르렀다. 수혈을 위한 피도 부족한 상황이다. 대한적십자사가 2009년 발표한 자료를 보면, 한국 국민의 헌혈률은 2004년 4.59%에서 2008년 4.24%로 감소했고, 2015년에는 2.5%까지 줄어들 것으로 예상된다.

통념과 달리 여호와의 증인 신도만 무수혈 수술의 혜택을 받는 것은 아니다. 순천향대병원에서 무수혈 수술을 받은 환자의 10%는 종교적 이유가 아닌 '의학적 이유'로 수혈을 거부했다. 이종현 과장은 무수혈 치료에서 세계적 명성을 가진 미국 뉴저지 주 잉글우드병원에서 두 달 동안 공부한 적이 있다. 1994년 무수혈센터를 만든 뒤 지금까지 수만 명의 환자를 무수혈 방식으로 치료했는데 "환자 대다수는 '여호와의 증인'이 아닌 사람들이었고, 종교적 배경이 있다 해도 유대인이거나 무슬림인 경우가 많았다"고 이 과장은 회고한다. 여호와의 증인과 마찬가지로 유대교와 이슬람교 역시 구약성경의 "피를 먹지 말라"는 말씀을 율법으로 삼는다. 이 과장은 "무수혈 수술을 소수 종파의 주장이라 여기는 의료인의 인식 전환도 시급하지만, 수혈 치료의 부작용을 이해한 환자들이 적극적으로 수혈 대체요법을 의료진에게 요구하는 노력도 필요하다"고 말했다.

"수혈 피할 수 없는 상황 있어"

의학적 논란이 완전히 사라진 것은 아니다. 대한수혈학회 임채승 총무이사(고려대구로병원 진단검사의학과)는 "수혈 받지 않는 것이 당연히 좋지만, 수혈을 피할 수 없는 상황이 있다. 그런 경우에 한해 최소한으로 수혈해야 한다는 게 의료계의 통념이다. 무수혈 수술을 주장하는 이들의 근거가 과학적으로 부족한 면도 있다"고 말했다. 반면 익명을 요청한 국립암센터의 한 의사는 "한국 의사들은 수혈을 하지 않으면 불안해하고, 지나치게 수혈에 의존한다. 무수혈 수술은 종교적 이유가 아니라 의학적 차원에서 좋은 수술이므로 확산되어야 한다"고 말했다. 수많은 암수술을 집도한 그는 "피가 부족하다며 헌혈을 장려하는 보건복지부도 수혈 대체치료를 지원하는 방향으로 정책을 잡아야 환자 생존율을 높이고 의료비용을 줄일 수 있다"고 덧붙였다.

대한수혈학회가 2009년 제정한 '수혈 가이드라인'을 보면, "혈색소 수치가 7g/dℓ 이하이면 수혈이 필요하다"고 적혀 있다. 한국 의료계의 대체적 통념인 셈인데, 무수혈 치료를 주장하는 의료인들은 그 수치를 더 아래로 끌고 간다. 순천향부산병원은 2002년 혈색소 수치가 2.6g/dℓ인 환자까지 무수혈 수술로 치료했다. 국내 의료인들도 수혈의 부작용에 대해서는 염려가 적지 않다. 무수혈 치료가 가능하다는 사실도 알고 있다. 다만 어떤 경우에 무수혈 치료를 적용해도 좋은지 '구체적인' 근거가 아직은 부족하다.

남겨진 논란을 마저 잠재울 유일한 방법은 무수혈 치료에 대한 더 많은 연구와 논의다. 수혈이 필요한 큰 수술은 주로 대형병원에서 이뤄진다. 대형병원은 이윤 논리에 종종 휘둘린다. 하루하루 수술에 쫓기는 대형병원 의사들은 대체치료법을 고민할 여유가 없다. 결국 무수혈 수술의 노하우를 축적하려면 정부 차원의 연구 지원이 필요하고, 환자들의 부담을 줄이려면 의료보장 범위도 넓혀야 한다. 그렇게 하는 미국 · 유럽에선 수혈 받지 않겠다는 요구가 환자의 당연한 권리다. 그렇지 못한 한국에선 수혈을 거부하면 종교적 광신도로 취급받는다.

안수찬 기자 ahn@hani.co.kr

신명주 인턴기자 · 연세대 의대 4학년

2. 여호와의 증인의 수혈거부의 특수성

여호와의 증인의 수혈거부는 여타 환자들의 수혈거부와 다른 특수성을 가짐에 유의할 필요가 있다. 즉 여호와의 증인의 수혈거부의 의사표시는 경제적 · 감정적 사정에 비롯된 충동적이거나 단발적, 비지속적인 것이 아니고 장기간의 성경교육을 통하여 형성된 종교적 양심에 바탕을 둔 것으로 진지하고 심각하며 지속적이고 건전한 결단의 표시이다. 또한 수혈거부를 통해 곧바로 사망에 이를 개연성이 높은 경우는 드물 뿐더러 그 개연성에 관계없이 사전에 명시적인 방법으로 수혈을 거부하나 수혈 외의 모든 치료를 거부하는 것은 아니다.

여화의 증인은 수혈에 관한 성경적 견해, 즉 하나님의 뜻이 무엇인지를 변별하기 위하여 상당한 기간 성경에 관한 가르침을 받는다고 한다.[15] 혹시 당하게 될지도 모를 비상사태에서 자신의 의사를 표시할 수 없는 채 타의적인 수혈을 당하게 될 것을 예상하여 심사숙고한 끝에 '의료 지침 및 위임장'[16]을 작성하고 소지하고 다닌다. 특히 이러한 의료 지침 및 위임장은 성인 2명의 입회하에서 작성되고 정기적으로 이를 갱신하여 최신의 의사를 나타내려고 하고 있으므로 그 의사가 확고하고 분명하다. 나아가 이들은 [사례 3]과 같이 대체요법이 다양하게 개발되어 있어 뇌나 심장의 수술까지도 무수혈수술이 성공적으로 이루어지고 있으며 무수혈수술이 오히려 부작용이 적고 경과가 좋음을 알고 무수혈수술이 가능한 병원을 찾아 무수혈수술을 요청한다. 그럼에도 불구하고 대중매체는 우선 쉽게 눈에 뜨이는 것이 수혈거부이므로 이를 곧바로 사망으로 연결시켜 여호와의 증인에게 형사책임을 물어야 한다고 주장한다. [사례 2]가 이에 해당하는 전형적인 예로 보인다. 그러나 [사례 2]에서 보듯이 이 사안에 대한 경찰 조사 결과 영아의 사망 원인은 일부 언론매체가 선정적으로 보도한 부모의 수혈거부와 직접상관이 없는 세균 감염에 의한 패혈성 쇼크인 점이 밝

15) 여호와의 증인은 특히 레위기 17:10-14에 나오는 "피를 멀리하라, 피째 먹지 말라, 피를 먹지 말라"는 말씀을 수혈금지와 연결한다고 한다. 이에 여호와의 증인은 입으로 피를 먹는 경우나 바늘을 통하여 사람의 몸속으로 피를 받아들이는 경우나 똑같이 하나님의 말씀을 어기는 행위라고 하는 이유로 수혈까지를 거부한다고 한다(김민중, 앞의 논문, 222면).

16) 여호와의 증인이 사용하는 '의료 지침 및 위임장' 제7항은 "본인은(의료 대리인을 포함하여) 그 누구에게도 이 문서에 기술한 지침을 무시하거나 무효화할 권한을 부여하지 않는다."라고 규정함으로써 의료 대리인은 단지 본인이 사전에 결정한 내용이 제대로 반영되도록 수임업무를 이행할 뿐임을 확인할 수 있다.

혀져 무혐의로 결론이 내려졌다.

이처럼 여호와의 증인은 대중매체를 통해 오해되고 있는 바와 같이 치료를 전적으로 거부하는 것이 아니라 오히려 자신의 종교적 신념에 따라 생명의 원천인 여호와의 뜻대로 살기 위하여 결코 자살을 택하지 않고 생명을 여호와께서 속해 있으므로 생존하기를 간절히 원하여 수혈만을 거부한 채 가능한 한 모든 치료방법의 시행을 원한다는 특수성을 보이고 있다.[17]

수혈의 위험성[18]

종전에 응급환자가 수혈을 거부하는 것은 곧 죽음이라는 단순한 등식이 잘못 받아들여져 온 데다, 생명을 무조건 至上의 가치라고 생각하는 데서 법률 분야에까지 논란의 여지가 생겨난 것이지만, 수혈만이 최상의 유일한 치료책도 아니고 수많은 대체요법이 나와 있고, 최근에는 수혈이 오히려 많은 위험성을 수반한다는 것이 점차 더 밝혀지고 있는 실정이다. 이상에서 논한 법률적 문제를 좀 더 이해하기 쉽게 하기 위한 범위 안에서 수혈의 위험성을 간략히 언급하고자 한다.

1984년에 노벨 의학상을 수상한 덴마크의 과학자 닐스 예르네는 여호와의 증인이 아니면서도 수혈을 거절한 이유를 질문 받고 이렇게 대답하였다. "사람의 피는 지문과 같아서, 서로 똑 같은 피란 있을 수 없다." 피는 극히 복잡하다. 19가지의 혈액형에 그 중 한 가지인 Rh 형에만도 300가지가 있으며, 피 안에 들어 있는 갖가지 항체가 사람마다 매우 독특하고 다양하다. 뿐만 아니라 수혈은 일종의 조직이식이기 때문에, 심장이나 간 기타 기관을 이식할 때, 피이식자의 면역계가 그것이 이질의 조직임을 감지하고 거부 반응을 일으킬 수 있듯이, 적합 판정을 얻은 피도 면역계의 기능을 억압할 수 있다. 30년 전에도 병리학자들과 혈액은행 관계자들은 이런 충고를 들었다. "혈액은 다이너마이트다. 큰 유익이 될 수도 있고 큰 해를 끼칠 수도 있다. 수혈로 인한 사망률은 에테르 마취나 충수 절제술로 인한 사망률과 대등하다. 대략 1,000회 내지 5,000회의 수혈 중 한 번은 사망이 초래된다"(뉴욕 주 의학지 1960. 1. 15.)

남 캘리포니아 대학교 의사들은 암 수술을 받은 100명의 환자를 대상으로 추적 연구를 실시하였다. "모든 후두암의 재발률이 수혈을 받지 않은 사람의 경우는 14퍼센트, 수혈을 받은 사람의 경우는 65퍼센트였다. 구강암, 인두암, 비암 등의 재발률은 수혈을 받지 않은 사람들이 31 퍼센트, 수혈을 받은 사람들이 71퍼센트였다."(이과학, 비과학, 후두과학 연보, 1989. 3.) 존 S. 스프랫 박사는 '암 치료를 위한 수혈과 수술'에서 '암 수술은 무혈 수술로 할 필요가 있을 것'이라고 결론 내렸다.(미국 외과학저널, 1986. 9.) '수혈 기법'(1982)은 수혈과 관련된 질병들에 대하여 AIDS, 간염 외에도 매독, 사이토메갈로 바이러스 감염, 말라리아, 헤르페스 바이러스 감염, 샤가스 병, 발진티푸스, 사상충증, 홍역, 살모넬라 병…… 등을 들고 있다.

혈액 전문가 개러트 알렌 박사는 수혈로 인해 매년 미국에서만도 최소 3,500명이 죽고 50,000명이

---

17) 오종권, "환자의 권리와 무수혈 치료", 이석우 엮음, 환자의 권리와 무수혈치료, 학영사, 2005, 55-56면.

18) 이하 오종권, "수혈에 관한 법적 문제", 의료법학 제2권 제1호, 2001, 498-500면.

해를 입는다고 추산하였다. 또 미국의 '남부 의학 잡지'에서는 '3,000건 내지 30,000건의 죽음이 수혈로 말미암는다는 추산은 아마 적게 잡은 것일 것'이라고 하였다.

다음에, 수혈은 피의 산소 운반 능력을 즉시 높여 주지 못한다. '마취'지(1975. 3. 150면)는 이런 중대한 점을 이렇게 지적하였다. "구연산을 포함하고 있는 적혈구의 저장된 헤모글로빈은 수혈 후 약 24시간 전에는 조직에 산소를 운반하는 작용을 온전히 발휘하지 못한다는 것을 기억할 필요가 있다…… 그러므로 급속한 수혈은 첫 단계에는 단순히 혈량 증량제로 간주되어야 한다." 또 사람의 피를 저장할 때에는 응고를 막기 위해 약품을 첨가해야 하는데 후에 그 피를 환자에게 주사하면 그 약품이 환자의 피에 영향을 주어 자연적인 혈액 응고력을 약화시켜 계속적인 출혈을 일으킬 수 있다. 저장된 피 대신 혈장 증량제인 링게르 씨 유액을 사용하면 이 문제를 피할 수 있다.

결론적으로, 코넬 대학교의 조시프 펠데슈 박사는 수혈로 인한 감염률은 10분의 1이라고 하면서 '이것은 약실 10개의 회전식 연발 권총으로 러시안 룰렛을 하는 것과 같다'라고 말하였으며, 경제학자 로스 에커트는 '수혈로 인한 사망자 수는 탑승객을 가득 실은 DC-IO 항공기가 매달 한 대씩 추락하는 것과 맞먹을 것'이라고 말하였다.

그리고 수혈의 위험성을 떠나서 수혈은 너무 남용되고 있다. 파리에 모인 800명의 의사들은, '피가 너무 흔히 기적의 강장제로 인정되어 필요하든 하지 않든 환자에게 주입되고 있다'고 하였다. 특히 이 의사들은 1단위(500cc) 수혈에 이의를 제기하면서 그것은 '100회 중 99회는 불필요하다'고 하였다. 미국에서의 한 연구 보고도 '어떤 지역에서 실시된 72퍼센트의 수혈은 불필요하거나 의심스러운 것'이라고 하였다.

Ⅲ. 미성년자에 대해 수혈을 거부한 여호와의 증인 부모의 형사책임

1. 수혈에 대한 미성년자 본인의 동의능력

의료행위에 대한 동의능력이란 환자 자신이 정신적 내지 신체적 성숙에 의하여 의료침습이나 그 의료침습에 대한 동의의 의미 및 위험을 판단할 수 있는 능력, 즉 자연적인 인식능력과 통제능력을 말한다. 구체적으로 (i) 단순한 설명을 통하여 치료의 내용이나 성질, 목적, 왜 그 치료가 필요한가에 대하여 이해할 수 있고, (ii) 치료의 주된 효과, 위험성 및 치료방법을 이해할 수 있고, (iii) 치료를 받지 아니하면 어떤 결과가 야기되는가를 이해할 수 있고, (iv) 이해한 정보를 계속 기억하며, 또한 그 정보를 이용하거나 비교형량하여 의사결정에 도달할 수 있는 능력을 의료행위에 대한 동의능력이라고 할 수 있다.[19] 원칙적으로 수혈도 의료행위이므로 환자 본인의 동의가 요구된다. 미성년자인 환자에 대해 수혈을 함에 있어서도 미성년자 본인의 동의가 필요하다.

[사례 1]과 같은 영아뿐만 아니라 만취자, 정신병자와 같은 의사무능력자가 한 행위는 법률상 무효이므로, 동의무능력자가 한 의료행위에 대한 동의는 법률상 효력이 없다. 다만 영아나 유아가 아닌 미성년자인 경우에 수혈의 내용을 제대로 판단할 수 있는 정상적인 판단능력을 지니고 있다면 스스로 수혈 여부에 대한 유효한 동의를 할 수 있다. 이와 관련하여 [사례 2]에서 만 11세인 환자가 수혈 내지 수혈거부에 대한 의사표시가 유효한지가 문제된다. 이는 곧 수혈의 경우에 구체적으로 몇 세 정도를 기준으로 동의능력 여부를 판단할 수 있는가의 문제로 연결된다. 동의능력에 필요한 연령은 일률적으로 정할 수 없으나, 수혈에 대하여는 16세 정도면 동의능력을 갖춘다는 견해가 제시되고 있다. 16세 이상이면 법적 판단능력이나 의료행위에 대한 동의능력이 있다고 정하고 있는 법률은 없으나, 개정 전에 여성의 혼인적령을 만 16세로 정한 민법 제807조(현재는 여자도 18세이다), 유언능력을 만17세로 정하고 있는 민법 제1061조 및 14세 미만을 형사미성년자로 정하고 있는 형법 제9조, 소송법상 선서능력자를 16세로 정하고 있는 민사소송법 제322조 및 형사소송법 제159조, 원동기장치자전거의 운전면허를 받을 수 있는 연령을 16세로 정하고 있는 도로교통법 제82조 등을 고려하면 16세 정도가 되면 의료행위에 대한 동의능력을 갖춘다고 보아도 무방하다는 이유에서이다.[20] 그러나 이와 같이 수혈에 대한 미성년자의 동의능력을 만16세 이상으로 한정하는 것이 바람직한 것인지 의문이다. 만14세 이상인 미성년자도 그의 정신적 성숙의 정도에 따라 수혈에 대한 동의능력이 있을 수 있기 때문이다. 이와 관련하여 독일의 아동종교양육법(KErzG: Gesetz über die religiöse Kindererziehung) 제5조에 따르면 "만14세 이후에는 어떤 종교를 믿을 것인지에 대한 결정권이 자녀에게 있다. 자녀가 만12세가 되면 자녀는 그의 의사에 반하여 지금까지의 신앙과 다른 신앙에 대한 교육을 받지 않다."[21]고 규정하고 있으므

19) 김민중, 앞의 논문, 238-239면.
20) 김민중, 앞의 논문, 240면.
21) KErzG § 5 Nach der Vollendung des vierzehnten Lebensjahrs steht dem Kind die Entscheidung darüber zu, zu welchem religiösen Bekenntnis es sich halten will. Hat das Kind das zwölfte Lebensjahr vollendet, so kann es nicht gegen seinen Willen in einem anderen Bekenntnis als bisher erzogen werden.

로 여호와의 종교를 믿을 것인지, 그에 수반하여 종교적 신면에 따라 수혈을 거부할 것인지 여부에 대한 자기결정권은 적어도 만14세 이상이 미성년자가 행사할 수 있다고 본다.[22] 따라서 만14세 이상인 미성년자 환자의 나이, 전반적인 정신 능력, 죽음에 대한 인식 정도, 종교적인 요인이 작용하는 경우 믿음의 정도 등을 종합적으로 고려하여 수혈에 대한 동의능력을 인정할 수 있다고 본다. 이러한 필자의 견해에 따르면 [사례 1, 2]에서 두 환자가 만11세와 생후 2개월의 영아라는 점에서 수혈의 동의능력을 인정할 수 없다.

2. 미성년자의 수혈에 대한 부모의 동의권

그렇다면 [사례 1, 2]에서 미성년자인 환자 본인의 수혈에 대한 동의능력이 부정되어 친권자인 부모가 종교상의 신념을 이유로 자녀에 대한 수혈을 거부할 경우에 과연 부모의 수혈거부를 따라야 하는지, 수혈거부에도 불구하고 수혈을 할 수 있는지가 문제된다. 친권자는 민법 제913조에 의하여 자를 보호할 권리의무가 있으므로 이에 기초하여 미성년자에 대한 의료행위에 대하여 동의권을 갖기 때문이다. 이 경우 부모가 수혈을 수반하는 수술이 긴급을 요하고, 수혈이 동의능력 없는 환자의 생명을 지킬 유일한 수단인 한 수혈을 하여야 한다고 판단된다. 그 이유로 ① '자의 복리'(민법 제912조 제1항) 내지 '자녀의 최선의 이익'(the best interests of the child), ② 환자의 추정적 의사를 제시할 수 있다.

즉 한편으로, 민법 제912조는 "친권을 행사함에 있어서는 자의 복리를 우선적으로 고려하여야 한다"고 하여 '자의 복리'가 친권행사의 기준이라는 사실을 명시하고 있고, 다시 민법 제913조는 "친권자는 자를 보호하고 교양할 권리의무가 있다"고 규정하고 있으므로, 친권자의 수혈에 대한 동의권은 미성년자를 보호하고 그의 객관적 이익을 위해서만 행사될 수 있을 뿐이다. 따라서 [사례 1, 2]에서 부모의 수혈에 대한 거부는 미성년자의 생명과 신체의 유지, 발전이라는 이익과 상반되는 것으로 친권의 남용으로 간주되어 인정될 수 없다.

다른 한편으로, 부모가 친권을 남용하여 수혈을 거부하는 경우에 예외적으로 의

22) 같은 취지로 Albrecht W. Bender, "Zeugen Jehovas und Bluttransfusionen", MedR 1999, S. 265.

사는 객관적이고 합리적인 자료에 기초하여 동의능력 없는 미성년자의 수혈에 대한 의사를 추정하여 제한적이고 필수적인 범위에 한하여 수혈을 할 수 있다고 보아야 한다. 왜냐하면 인간생명의 존엄성과 그 가치의 무한성에 비추어 볼 때 누구나 생존 본능을 가지며, 본능적으로 살려고 하는 의지 혹은 치유에 대한 희망을 가지고 있다고 보아야 하므로, 혹은 '의심스러운 때에는 생명을 존중한다'(in dubio pro vita)는 원칙을 적용하여야 하기 때문이다.[23)]

3. [사례 1, 2]에서 유기치사죄의 성립여부

앞서 살펴본 바와 같이 [사례 1, 2]에서 부모의 수혈에 대한 거부가 친권남용으로 간주되고 그에 따라 자녀가 사망하였을 경우 부모에게 유기치사죄(형법 제275조 제1항)가 성립하는지 여부가 문제된다. 이때 유기치사죄란 유기, 존속유기, 영아유기, 학대, 존속학대의 죄를 범하여 사람을 사망에 이르게 함으로써 성립하는 범죄를 말한다.

유기치사죄의 성립여부와 관련하여 우선, [사례 1, 2]에서는 부모가 유기죄에 있어서의 유기, 특히 보호자가 보호의무에 반하여 요부조자가 있는 곳으로 돌아오지 않는 경우뿐만 아니라 장소적 격리 없이 요부조자에게 보호에 필요한 조치를 하지 않은 경우를 포함하는 '부작위에 의한 치거'를 인정할 수 있는지가 문제된다. 이와 관련하여 [사례 2]는 부모가 종교적 신념에 따라 수혈이 아닌 무수혈 치료를 요구했을 뿐 요부조자인 영아의 생명보호에 필요한 모든 조치를 하였으므로 치거를 인정할 수 없다고 본다. 반면 [사례 1]에서 생모는 의사가 최선의 치료방법이라고 판단한 수혈을 완강하게 거부하고 이를 방해하였으므로 부작위에 의한 치거가 인정될 수 있다. 이때 부작위에 의한 치거 인정의 전제조건으로 응급상황에서 무수혈 치료가 아닌 수혈 치료가 최선의 치료방법으로서 달리 선택의 여지가 없어야 한다. 하지만 응급상황이 아닌 상황에서 수혈 치료가 언제나 최선의 치료방법인지는 의문이다. 왜냐하면 전 세계적으로 여호와의 증인 신자들이 수혈을 거부함에 따라 수혈을 하지 않

---

23) 김민중, 앞의 논문, 241면; 김재윤, "생명공학과 의료기술의 발전에 따른 형사법적 쟁점과 과제", 전남대 법학논총 제31집 제2호, 2011, 49면; 이재승, "독일법에서 수혈 거부의 문제", 이석우 엮음, 환자의 권리와 무수혈치료, 학영사, 2005, 161면.

고도 안전하게 수술을 할 수 있는 방법들이 개발되었고, 현재 국내에서도 무수혈 센터와 무수혈 치료 프로그램을 운영하는 병원들이 지속적으로 증가하고 있기 때문이다.[24] 따라서 응급상황을 제외하고 환자 본인 내지 친권자의 무수혈 치료 요구는 존중되어야 하고, 의료진으로서는 무수혈 치료가 가능한 병원으로 전원의무를 이행하는 것이 타당하다고 본다.

다음으로, 수혈 거부와 환자 사망 간의 상당인과관계가 인정되어야 한다. [사례 2]에서 영아의 사망은 부모의 수혈거부에 의해서가 아니라 패혈성 쇼크에 의한 것으로 상당인과관계조차 인정되지 않는다. 다만 [사례 1]에서 생모의 수혈거부와 환자의 사망 간의 상당인과관계를 판단하고 있지 않으나, 응급상황에서 수혈거부로 인해 환자가 사망할 수밖에 없었는지를 판단해야 한다. 나아가 오늘날과 같이 무수혈 치료가 가능한 시점에서는 추가적으로 부모가 무수혈 치료를 요구하고 이에 적합한 병원으로 전원하는 사이 환자의 병증이 악화되어 사망한 것인지 여부에 대해 신중한 판단이 요구된다.

마지막으로, [사례 1]에서 생모에게 유기의 고의가 인정되는지가 문제된다. 이와 관련하여 일부 견해는 피고인은 자신의 유기행위로 인해 피해자에게 적어도 생명의 위험을 초래시킬 수 있다는 구체적 위험을 인식한 경우에 해당하고, 이를 넘어 부작위에 의한 살인의 고의까지 인정할 수 있다고 한다.[25] 그러나 피고인인 생모는 종교적 신념만을 일반인과 달리할 뿐 자식을 향한 모정은 다른 어머니와 다르지 않을뿐더러 자식의 생명을 구하는 치료 방법을 선택함에 있어 수혈 치료만을 거부하고 이를 제외한 다른 가능한 모든 치료를 요구했을 뿐이므로 이를 두고 치거의 고의 내지 살인의 고의를 인정하는 것은 타당하지 않다고 본다.[26] 결국, 수혈거부에 다른 부모의 형사책임으로서 유기치사죄는 응급상황에서 무수혈 치료가 불가능함에도 종교적 신념에 따라 수혈 치료를 거부하고 이를 적극적으로 방해하는 제한된 경우에 한하여 인정될 필요가 있다고 본다.[27]

---

24) 박정수, 앞의 논문, 392면.

25) 최우찬, 앞의 논문, 100면 이하.

26) 같은 취지로 오종권, “수혈에 관한 법적 문제”, 의료법학 제2권 제1호, 2001, 480면.

27) 김재윤, 앞의 논문, 49-50면.

Ⅳ. 성년인 여호와의 증인의 수혈거부와 의사의 형사책임

1. 업무상과실치사죄의 성립여부

[사례 3]과 같이 정상적인 판단능력이 있는 성인 환자가 응급상황에서 자신의 종교적 신념에 따라 생명의 위험을 돌보지 않고 수혈을 거부하는 경우에 의사로서는 그러한 환자의 자기결정권을 존중해야 하는가, 반대로 환자의 생명보호가 최우선이라고 생각하여 전단적으로 수혈을 강행한 의사는 어떠한 형법상의 책임을 져야 하는지가 문제된다.

우선, 환자의 수혈거부의 명시적 의사표지가 있었음에도 불구하고 전단적으로 수혈을 강행하였을 경우에 환자의 몸에 물리력을 행사하였다면 폭행죄(형법 제260조 제1항), 수혈로 인하여 환자가 감염되었거나 정신적 상처를 입었다면 상해죄(형법 제257조 제1항), 또한 상황에 따라 체포죄 또는 감금죄(형법 제276조 제1항), 강요죄(형법 제324조) 등에 해당할 수 있다.[28] 하지만 이러한 의사의 행위는 환자 본인의 생명 위험이라는 현재의 위난을 피하기 위한 행위로서 수혈강제가 유일한 수단이라는 피난의 보충성, 생명 대 신체의 완전성 등의 충돌에 있어 본질적으로 우월한 이익인 생명의 보호를 위한 것으로 피난의 균형성, 수혈강제가 생명의 위험을 방지하기 위한 적합한 방법이라는 피난의 적합성 등의 긴급피난의 상당성 요건도 충족시키므로 긴급피난(형법 제22조)이 인정되어 위법성이 조각된다.

다음으로, [사례 3]과 같이 의사가 환자의 수혈거부에 따른 위험성을 충분히 사전에 설명하였음에도 불구하고 자신의 종교적 신념에 따라 수혈을 계속해서 거부하고, 치료도중 수혈하지 않은 경우 사망할 수 있게 된다고 하더라도 수혈해서는 안 된다는 뜻을 사전에 표시하자 의사가 환자의 자기결정권을 존중하여 치료도중 수혈이 필요한 상황이 발생했음에도 수혈을 하지 않음으로써 환자가 사망한 경우 의사에게 업무상과실치사죄(형법 제268조)가 성립하는지가 문제된다. 이와 관련하여 환자의 수혈거부도 유효한 자기결정권의 범위에 포함되는 것으로 보아 의사에게 업무상과실치사죄를 부정하는 견해와 긍정하는 견해의 대립이 있다. 업무상과실치사죄 부정설

28) 독일에서도 1960년에 장폐색증(Darmverschloβ) 환자의 의사에 반하여 필요한 수술을 시행하였음을 이유로 외과의사가 강요죄로 처벌된 예가 있다고 한다(이재승, 앞의 논문, 154면).

의 논거는 ① 환자는 의료행위에 있어 대상이 아닌 주체로서 치료의 방법, 내용, 범위 등을 스스로 결정할 권리가 있고, 이러한 환자의 자기결정권의 범위 내에 수혈거부도 포함된다는 점,[29] ② 여호와의 증인 환자는 수혈을 영적 순결을 빼앗기는 행위로 받아들이는데, 의사가 환자의 영적, 정신적 생명을 아랑곳하지 않는 처사야말로 의료인으로서 궁극적인 실패라는 점,[30] ③ 환자의 수혈거부에 따른 위험의 발생과 증대는 환자의 자율적인 자기위태화에서 비롯된 것이기 때문에 의사에게 그 책임을 귀속시킬 수 없다는 점,[31] ④ 여호와의 증인 환자들로 인해 무수혈 치료가 발전하는 등 이들의 수혈거부는 공공의 이익에 기여하였으므로 받아들여져야 한다는 점,[32] ⑤ 의사가 환자를 치료함에 있어 성실한 설명을 통하여 환자가 합리적으로 판단할 수 있도록 도와주는 데 그쳐야지 환자에게 합리적인 판단을 강요하거나 합리적이지 않다는 이유로 환자의 자기결정권을 침해해서는 안 된다는 점[33] 등이 제시되고 있다.

반면에 업무상과실치사죄 긍정설의 논거로는 환자의 자기결정권은 생명·신체·건강의 유지라는 자신의 복지에 이익이 되는 방향으로 행사되어야 하는데, 수혈거부는 이에 반하는 것으로 환자의 자기결정권의 범위 내에 포함될 수 없으므로 의사로서는 주의의무를 다하여 환자를 치료하여야 한다[34]는 점을 제시하고 있다.

[사례 3]의 사안에 대해 광주고등법원은 "① 피고인은 통상적인 방법에 의한 인공고관절 치환술을 매달 10회 이상 시술하였으며, 각종 무수혈 방식에 의한 수술 경험도 풍부한 점, ② 무수혈 방식에 의한 인공고관절 치환술은 타가수혈을 하지 않는다는 것만을 제외하고는 통상적인 수혈을 통한 인공고관절 수술법과 어떠한 차이도 없고, 국내에서도 무수혈 방식에 의한 인공고관절 치환술이 여러 차례 성공한 사례가 있는 점, ③ 인공고관절 수술의 경우 수술 중 출혈의 양은 각 환자에 따라 큰 차이가 있으며, 그 차이를 수술 전에 정확하게 예측할 수 있는 정밀한 검사방법이 없어 그 예측이 사실상 매우 어렵고, 그렇다고 의사들이 최악의 상황만을 고려하여 수

29) 오종권, 앞의 논문, 2001, 490면.
30) 백승우, "미성년자의 수혈거부", 환자의 권리와 무수혈 치료, 학영사, 2005, 98면.
31) 이상돈, 앞의 논문, 148면.
32) 이남석, "사회적 소수자의 집단적 권리보장을 위한 일 시론", 환자의 권리와 무수혈 치료, 학영사, 2005, 241면.
33) 권오승, "의사의 설명의무", 민사판례연구(11), 박영사, 1989, 245면.
34) 김천수, 환자의 자기결정권과 의사의 설명의무, 서울대 박사학위논문, 1994, 29면 이하.

술 여부를 결정해야 한다고 보기 어려운 점, ④ 피고인은 수술에 들어가기 전 수술의 가능성을 확인하기 위해 피해자에 대한 각종 검사를 하였고, 그 검사결과를 가지고 피고인이 근무하는 대학병원의 내과, 마취통증의학과 등 타과의 의료진들과 협진을 통하여 이 사건 수술이 가능하다고 판단을 하였던 점, ⑤ 피고인이 수술에 들어가기 전 수술 중 발생할 수 있는 출혈에 대비하여 가능한 모든 의료기구 등을 준비를 해두었으며, 수술 중 혈관의 손상에 대비하여 혈관외과 전문의인 장정환도 대기하고 있었던 것으로 보이는 점, ⑥ 대학병원 의사인 피고인이 사적인 이익, 즉 경제적인 목적이나 명성을 얻기 위해 이 사건 수술을 결정하였다고 볼 어떠한 정황도 엿보이지 아니하는 점 등에 비추어 보면, 앞서 살펴본 사정 및 검사가 제출한 증거들만으로는 합리적인 의심이 없을 정도로 피고인이 망인에 대하여 무수혈 방식에 의하여 수술하는 것이 가능하였다고 판단한 것에 과실이 있다는 점이 증명되었다고 보기 어렵다."[35]고 판시하여 과실을 부정하였다.

생각건대, 환자가 의사로부터 무수혈 치료의 위험성에 대한 충분한 의학적 정보를 제공받았음에도 불구하고 종교적 신념에 따라 수혈을 거부하고 무수혈 치료를 선택하여 생명에 위험이 발생할 가능성이 생긴다고 하더라도 이는 환자의 자율적인 자기위태화의 결과인 동시에 자기결정권의 범위에 속하는 것으로 의사로서는 환자의 결정을 존중할 필요가 있다. 따라서 환자의 명시적 의사표시에 의한 수혈거부에 따라 환자가 사망하거나, 수술 도중 대량출혈이 발생하자 의사가 환자의 뜻에 따라 수혈 치료를 제외한 다른 모든 가능한 치료방법을 시도하였으나 결국 환자가 사망한 경우에 의사의 진료에 대해 과실을 인정할 수 없다고 본다. 혹여 과실을 인정하는 경우에도 다음에서 살펴보는 바와 같이 피해자의 승낙에 의한 행위 내지 정당행위에 해당하는지 여부를 살펴보아야 한다.[36]

2. 위법성조사유로서 피해자의 승낙과 정당행위

(1) 피해자의 승낙

[사례 3]에서 의사의 과실을 보다 넓게 구성하여 환자가 여호와의 증인으로서 종

35) 광주지방법원 2009.12.2. 선고 2009노1622 판결.
36) 김재윤, 앞의 논문, 50-52면.

교적 신념에 따라 수혈을 거부하고 무수혈 방식에 의한 수술을 요구하더라도 힘찬병원, KS병원, 동아대학교병원이 망인에 대하여 무수혈 방식에 의한 인공고관절 치환술은 위험하다고 하여 그 수술을 거부한 점, 망인에게 인공고관절 치환술을 하는 경우 다량의 출현이 예상 되는 점을 고려할 때 수술 중 과다출혈 즉시 망인에게 수혈하여 망인의 생명 또는 신체에 대한 위험을 미연에 방지하여야 함에도 불구하고 수혈을 하지 아니한 것을 과실로 인정할 경우 과연 헌법상의 자기결정권이라는 피해자의 법익을 존중한 행위에 대해 위법하다고 평가할 수 있는지 의문이다.

형법 제24조는 "처분할 수 있는 자의 승낙에 의하여 그 법익을 훼손한 행위는 법률에 특별한 규정이 없는 한 벌하지 아니한다."라고 피해자의 승낙을 규정하고 있다. 이때 [사례 3]과 관련하여 쟁점은 수술 도중 과다출혈이라는 응급상황에서도 종교적 신념에 따라 타가수혈을 거부하고 무수혈 수술을 선택함으로써 위험을 감수하는 것이 피해자의 '처분 가능한 법익'에 해당하는가에 있다.

피해자의 승낙에 있어 처분 가능한 법익으로는 자유권, 재산권 등의 개인적 법익에 국한되나, 생명은 피해자의 승낙의 대상이 되지 아니한다. 생명은 인간에게 본질적인 가치이자 비대체적인 절대성을 가진 법익이기 때문에 자살의 경우를 제외하고 그 주체도 처분할 수 없는 법익이기 때문이다. 이에 형법은 피해자의 생명에 대한 포기가 있더라도 형법상 촉탁·승낙에 의한 살인죄(제252조)로 처벌한다.[37] 따라서 [사례 3]에서 망인이 자신의 생명을 살릴 수 있는 방법이 있음에도 불구하고 이를 포기한 것은 생명의 포기이므로 피해자의 승낙을 통해 위법성이 조각될 수 없다고 볼 여지가 있다. 그러나 사안에서 환자는 생명을 보존하기 원하였으므로 인공고관절 치환술이라는 수술을 요청하였고, 단지 종교적 신념에 따라 죽음의 위험도 감수하고 무수혈 수술의 방법을 고수한 자기결정권을 행사한 것이므로 '생명의 포기'가 아니라 '생명에 대한 위험성의 감수'라고 봄이 타당하다고 본다.[38] 나아가 형법 제24조에 따른 피해자의 승낙이 의사의 치료행위를 정당화시켜주기 위해서는 ① 환자의 의사결정능력의 존재, ② 의사의 적절한 설명의무 이행, ③ 환자의 자발적이고 진지한 의사에 기한 결정이라는 요건이 충족되어야 한다. 이와 관련하여 광주고등법원이 적

37) 손동권/김재윤, 새로운 형법총론, 율곡출판사, 2011, 241면.

38) 같은 취지로 오두진, "여호와의 증인 환자의 자기결정권 행사와 의사의 형사책임 -응급상황을 전제로-", 대한의료법학회 학술대회 자료집, 2012.12, 37면.

절하게 판시한 바와 같이, "① 피해자는 '여호와의 증인' 신도로서 타인의 피를 받는 행위를 종교적인 신념에 따라 명백하게 거부하고 있었던 점, ② 피해자는 오래전 받은 골반과 대퇴골의 유합 수술로 인한 후유증으로 상당한 통증을 느끼고 있었으며 일상생활에도 상당한 지장을 겪고 있었기에 인공고관절 치환술을 받기를 원하고 있었던 점, ③ 조선대학교병원에서 수술을 받기 전 다른 3개의 병원에서 진료를 받았는데, 그 과정에서도 수술 도중 상당한 출혈이 발생할 수 있어 무수혈 수술은 위험하다는 사실을 고지 받았던 점, ④ 그러던 중 조선대학교 병원에서 무수혈수술이 가능하다는 얘기를 전해 듣고 위 병원에 찾아갔는데, 피고인으로부터 진료를 받는 과정 및 수술을 준비하는 과정에서도 수술도중 출혈 발생 가능성 및 그로 인한 위험성 등에 대해 충분한 설명과 고지를 받았던 점, ⑤ 피해자의 딸은 피해자가 무수혈 수술을 받은 것을 반대하여 피해자를 설득하기도 하였던 것으로 보이나, 피해자는 결국 자신의 종교적인 신념에 따라 무수혈 수술을 결정하였던 점, ⑥ 이 사건 수술과정에서 심각한 출혈이 발생한 것을 제외하고는 피고인이 예상하지 못한 상황이 발생하였다거나 피해자가 미리 고려하지 못한 상황이 발생하였다고 보기는 어려운 점, ⑦ 어떤 의미에서는 심각한 출혈 자체와 그로 인한 사망의 결과도 피해자가 이 사건 수술과정에서 발생할 수 있는 최악의 상황으로 가정하고 있었고, 이를 종교적인 이유에서 전부 감내할 의사를 가지고 있었다고 볼 수 있는 점" 등이 인정되므로,[39] 의사 丁이 피해자의 치료방법 선택에 따라 수술과정에서 자가 수혈만을 시행하고 타가수혈을 하지 않은 행위는 피해자의 승낙에 의한 행위에 해당하여 위법성이 조각될 수 있다.

(2) 정당행위

한편, 의료행위에 있어 피해자의 승낙에 따른 위법성조각은 환자가 승낙의 의미를 이해할 능력이 있는 자유로운 의사에 의하여 이루어져야 한다. 즉 피해자는 법익의 의미와 그 침해의 결과를 인식하고 이성적으로 판단할 수 있는 자연적 통찰능력과 판단능력을 가지고 있어야 한다. [사례 3]에서 환자는 성년으로서 무수혈 수술에 따른 위험성에 대해 충분히 인식하고 이성적으로 판단할 수 있는 능력이 있다고 인

39) 광주지방법원 2009.12.2. 선고 2009노1622 판결.

정된다. 다만 환자나 의료진이 무수혈 수술에 따른 위험성을 충분히 고려하였으나, 미처 예상하지 못한 응급상황이 발생한 경우에는 위와 같은 법리를 그대로 적용하기 곤란하다. 이러한 응급상황의 경우에 의료진은 환자가 의식이 여전히 있는 경우라면 그 의사를 다시 확인하는 방법으로, 환자에게 의식이 없는 경우라면 환자의 추정적인 의사 내지 가족과 같은 보증인의 의사를 객관적으로 파악하여 그에 따른 치료방법을 결정해야 한다.

그러나 실제에 있어 환자가 의식이 없는 급박한 응급상황에서 의료진에게 여러 객관적인 상황을 고려하여 환자의 추정적인 의사 내지 가족과 같은 보증인의 의사를 파악한 다음 그에 따라 치료방법을 선택하도록 하는 것은 거의 불가능에 가깝다. 이 때문에 의사는 시간적, 장소적, 방법적으로 즉시 확인할 수 있는 범위 내에서 환자 가족이나 친척, 친구 등의 의사를 확인하여 이를 고려하거나, 환자가 사전에 의사를 표시한 문서(예컨대 [사례 3]에서 피해자가 제출한 책임면제각서) 등이 있으면 그 취지를 고려하여 환자가 최초 의도했던 치료행위의 목적 달성을 위한 치료방법 중에서 가능한 한 환자가 선택한 의료방법에 가까운 수단을 선택하여 치료하거나, 환자의 뜻에 따라 특정의 치료방법을 배제하는 등의 방법으로 수술이나 치료방법을 결정하여야 한다. 위와 같은 과정에 따라 의료진의 치료행위가 결정되거나 부작위가 이루어졌다면 그 결과 의학적으로 환자의 치료가 달성되었는지 혹은 실패되었는지를 불문하고 이러한 의료진의 치료행위는 형법 제20조의 정당행위로서 위법성이 조각된다고 봄이 타당하다.

이에 따라 [사례 3]에서 설사 수술 중 환자에게 발생한 대량, 급격한 출혈 및 그로 인한 응고장애가 피해자의 승낙의 전제사실이 아니어서 예상치 못한 상황이 응급발생한 것으로 본다고 하더라도 그러한 응급상황 발생 당시 피해자는 의식이 없었고, 이에 "① 기본적으로 원래의 피해자의 의사를 존중하는 틀에서 벗어나지 않으면서 승낙의 철회(타가수혈을 배제한 수술의사의 철회)에 대한 유족들의 의사를 물어보기로 한 점, ② 丁을 비롯한 의료진이 피해자의 진정한 추정적 의사를 알아내기 위해 수술실 밖에 있는 유족들의 의사를 확인하였으나 유족들로부터 통일된 의사를 얻어내지 못한 점, ③ 그리하여 여호와의 증인 교섭위원회에까지 자문을 구하였으나 답신을 받지 못한 점, ④ 이후 유족들이 타가수혈을 해달라는 통일된 의사를 가져왔을 때는 이미 수혈이 의미가 없는 시점이었던 점" 등을 인정함으로써 의사 丁의 무수혈

수술에 대해 정당행위에 해당하여 위법성을 부정한 광주고등법원의 판단은 타당하다고 본다.[40)]

V. 맺는 말

여호와의 증인 환자의 수혈거부에 대한 편견은 의료계뿐만 아니라 법조계에서도 뿌리가 깊다. 그 대표적인 예로 대법원이 유기치사죄를 인정한 [사례 1]의 사안을 언급할 수 있다. 그러나 1997년 유럽의회가 '유럽생명윤리협약'을 채택한 뒤, 환자의 자기결정권에 대한 존중은 '세계적 상식'으로 통한다. 이에 따라 사람은 누구나 자신의 생명과 신체의 기능을 어떻게 유지하고 발달시킬 것인지에 대해 타인의 강요에 의해서가 아니라 스스로 결정할 권리, 즉 자기결정권이 있고, 의사는 특별한 사정이 없으면 환자의 자기결정권을 존중해야 한다는 것은 의료계의 상식으로 자리 잡고 있다. 이러한 자기결정권의 존중 노력은 법조계도 예외가 아니다. 무엇보다 여호와의 증인 환자의 수혈거부와 무수혈 치료에 대한 요구라는 자기결정권의 행사는 생명의 포기와 동일시 될 수 있을뿐더러 치료를 향한 방향으로 나아간 것으로 평가될 수 있으므로 의료계뿐만 아니라 법조계는 이러한 환자의 자기결정권은 존중할 필요가 있다. 그러한 결정이 '인간으로서의 존엄과 가치 및 행복추구권의 보장'이라는 우리 헌법의 최고 이념에 반하는 것이라고 볼 수 없기 때문이다. 이 때문에 무수혈 치료에 대한 요구가 설혹 사망에 대한 위험을 증가시켰다는 이유만으로 의사 혹은 국가의 개입을 정당화하거나 그 개입을 형법적으로 강요하는 것은 타당하지 않다고 본다.

따라서 광주고등법원이 [사례 3]과 같이 의사결정능력이 있는 여호와의 증인 환자의 수혈거부와 무수혈 치료 요구에 대해 환자의 자기결정권의 차원에서 보호되어야 하고 그에 따라 환자가 사망하였다고 하더라도 의사의 의료행위를 과실로 평가할 수 없으며, 설혹 과실이 인정될지라도 피해자의 승낙 내지 정당행위로 위법성이 조각되어 업무상과실치사죄가 성립하지 않는다고 판시한 것은 타당하다고 본다. 이와

40) 광주지방법원 2009.12.2. 선고 2009노1622 판결.

달리 [사례 1]에서 대법원은 미성숙한 미성년자의 수혈거부에 따른 부모의 형사책임으로서 유기치사죄를 인정하였으나, 무수혈 치료가 알려져 있지 않았던 당시와 달리 오늘날에는 무수혈 치료에 대한 성공사례가 많음을 고려할 때 응급상황에서 무수혈 치료가 불가능함에도 종교적 신념에 따라 수혈을 거부하고 이를 적극적으로 방해하는 제한된 경우에 한하여 부모에게 유기치사죄가 인정될 필요가 있다고 본다.

제3부

생명의 마지막 단계에서 생명의 형법적 보호

(마약류관리법)

[§ 7]

완화의료*

— 말기 암환자의 암성 통증관리의 한계는 어디까지인가?

Ⅰ. 들어가는 말

질병으로 인해 병원에 입원한 환자에게 수반하는 커다란 고통은 바로 견딜 수 없는 통증일 것이다. 특히나 말기 암환자가 겪는 통증은 형언할 수 없다고 한다. '암성 통증으로부터의 해방'(Cancer Pain Relief)을 하나의 슬로건으로 하고 있는 세계보건기구(WHO)에 따르면 전 세계에 약 4백만명의 암환자가 암성 통증으로 고통을 받고 있다고 한다. 우리나라에서도 매년 약 20만명이 암으로 진단을 받고 이 중 7만여명이 사망하고 있으며, 암환자의 절반 이상이 심한 통증으로 고통을 받고 있다([그림 1, 2] 참조).[1] 이러한 상황에서 말기 암환자의 통증을 모르핀 등 마약을 사용하여 완화·조절하는 암성 통증관리는 매우 중요하다. 말기 암환자와 가족의 요구를 충족시키고, 안락사 요구 등 의료 윤리적 갈등을 해소하고, 나아가 말기 암환자의 편안하

---

* 이 글은 원래 김재윤, "암성 통증관리와 관련한 마약사고와 법적책임", 법학논총 제27집 제2호, 전남대학교 법학연구소, 2007.12, 77-93면에 게재된 것으로 최근의 논의까지를 반영하여 수정·보완한 것임.

1) 암의 진단초기에 있거나 혹은 항암치료를 받고 있는 암환자의 약 30~50%가, 진행성 암환자의 약 60~70%가, 그리고 말기 암환자의 80~90%가 심한 통증으로 고통을 받고 있으며, 이러한 통증은 일상생활을 방해할 뿐만 아니라 암환자의 삶의 질을 현저히 손상시키고 있다고 한다(보건복지부, 암성통증관리지침 권고안, 2003, 9면).

고 존엄한 임종을 도울 수 있기 때문이다.[2)]

그러나 말기 암환자의 절반정도는 충분한 통증조절을 받지 못하고 있는 것으로 알려 지고 있는데, 그 원인으로는 의료적 원인뿐만 아니라 사회제도나 문화적 요인이 지적되고 있다. 구체적으로 의료인의 문제로는 ① 통증조절에 대한 지식의 부족, ② 환자의 통증 호소를 제대로 평가하지 않음, ③ 법적 규제에 대한 우려로 취급 기피, ④ 환자가 마약성 진통제에 중독되지 않을까 하는 우려, ⑤ 마약성 진통제의 부작용에 대한 우려 등이 있다. 환자 측면에서는 ① 통증을 다른 사람에게 호소하는 것을 기피, ② 마약성 진통제 투약 기피, ③ 마약성 진통제에 중독 우려, ④ 마약성 진통제의 부작용 우려 등이 있다. 제도 측면에서는 ① 암성 통증조절의 필요에 대한 사회적 인식 부족, ② 건강보험에서의 비용지불의 기피 내지 삭감, ③ 마약성 진통제 취급에 대한 지나친 법적 규제 등이 있다.[3)]

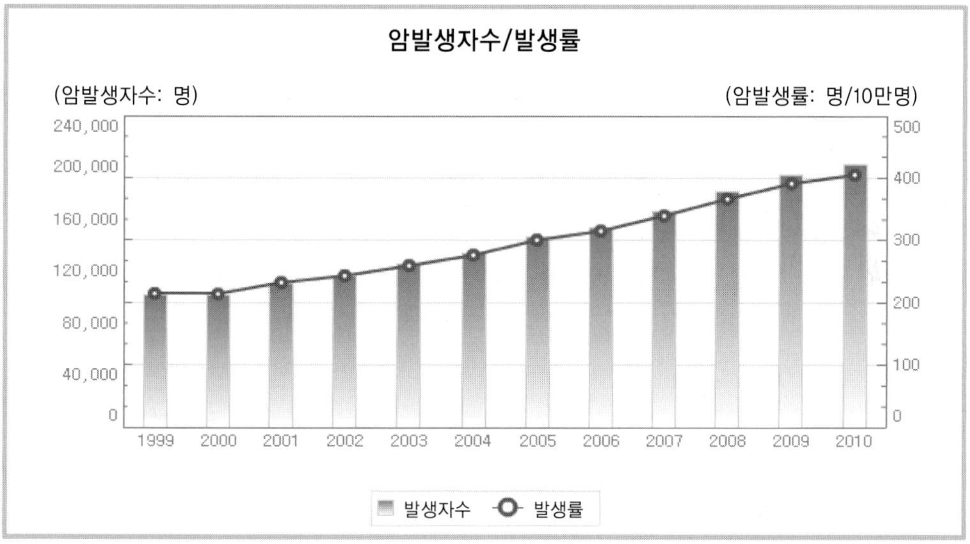

출처: 보건복지부 암등록통계((국가승인통계 11744호)

[그림 7-1] 한국인의 연간 암발생자수(막대) 및 인구 10만명당 암발생률(실선)

---

2) 세계보건기구도 통증관리를 위해 '3단계 사다리'(three-step ladder)에 따라 경한 통증에는 비마약성 진통제를 우선 처방하고(1단계), 중등도 통증에는 처음부터 약한 마약성 진통제를 처방하고(2단계), 심한 통증에는 처음부터 강한 마약성 진통제를 투여(3단계)할 것을 권장하고 있다.

3) 허대석, "암성 통증관리의 현황", 암환자 통증관리 방안 심포지엄(2002.7.10), 국립암센터, 6-9면.

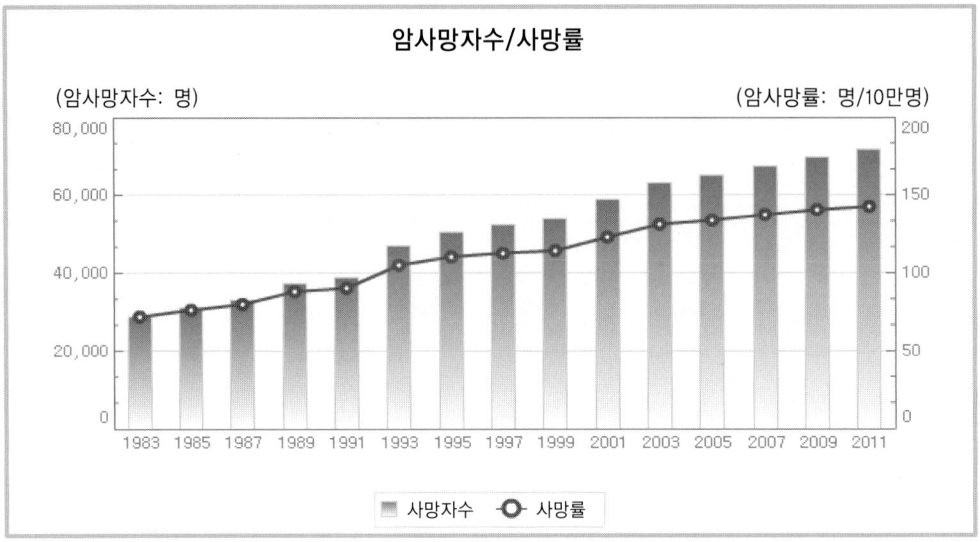

출처: 통계청 사망원인통계(국가승인통계 제10154호)

[그림 7-2] 한국인의 연간 암사망자수(막대) 및 인구 10만명당 암사망률(실선)

이와 같이 암성 통증관리를 어렵게 하는 여러 장벽들 중 공통적이고 중요한 요인으로 의사 및 환자의 마약류 진통제에 대한 중독과 부작용에 대한 우려 및 그에 따른 지나친 법적 규제가 아닐까 한다. 전자와 관련해서 의사는 마약류 진통제를 투여함으로써 그 부작용으로 환자의 사기(死期)가 단축되고, 이때 일정한 법적 요건을 충족시키지 않는다면 간접적 안락사가 정당화되지 않고 촉탁·승낙에 의한 살인죄로 처벌될 가능성이 있다. 후자와 관련해서는 의사를 포함하여 마약류취급 의료업자가 이를 오·남용하거나 그 사용에 따른 법적 의무를 위반했을 경우에 '마약류관리에 관한 법률' 위반으로 처벌될 가능성이 있다.

따라서 이하에서는 마약류 진통제를 사용하는 암성 통증관리와 관련하여 발생할 수 있는 대표적인 두 가지 사례를 중심으로 그에 대한 법적 책임의 문제를 살펴보고자 한다. 이를 통해 마약류취급 의료업자(의·약사 등)가 암성 통증관리와 관련한 마약사고를 예방하기 위해 지켜야할 준칙은 무엇이며, 향후 효율적인 암성 통증관리를 위한 법제도적 개선방안은 무엇인지를 고찰하고자 한다.

“한국, 통증관리에 소극적이다”[4)]

한국은 예부터 ‘아파도 참는 것’이 미덕이었다. 언제부터 왜 그런지 모르겠지만 아파도 참을 수 있을 만큼 참아보다 도저히 안 되겠으면 병원을 찾는 식이다. 때문에 통증을 참다가 병이 더 악화되는 경우도 많았다.

지금은 인식이 많이 개선돼 사람들이 병원을 많이 찾지만, 문제는 통증 관리다. 아직도 통증을 ‘참을 수 있으면 참는 것’이라는 생각이 있기 때문이다. 혹은 진통제에 내성이 생길 것을 두려워 해 진통제 복용을 꺼리는 경우도 많다.

그러나 통증관리는 환자의 삶의 질과 밀접한 관련이 있다. 새끼손가락이 살짝 베어도 통증에 신경쓰이는데 암성환자나 비암성환자 등 만성적인 통증에 시달리는 환자들의 통증은 삶의 질을 현격히 떨어뜨린다.

WHO에서 암성통증 뿐 아니라 만성 비암성 통증의 관리에도 적극적으로 의료용 마약성 진통제를 사용하도록 권고하고 있지만, 한국에서는 만성요통과 같은 만성통증에 있어 의료용 마약성 진통제 사용이 여전히 논란거리다.

지난 7일, 서울에서 열린 국제골다공증학회에서 호주 모내시 대학교(Monash University) 역학 · 예방의학과 오웬 더글라스 윌리엄슨(Owen Douglas Williamson) 교수가 만성요통 관리의 최신지견을 주제로 강연을 진행했다.

구체적인 제목은 ‘만성하부요통 관리에 있어 마약성 진통제 사용의 효과와 안전성’이었는데, 마약성 진통제가 통증감소 효과와 만성하부요통의 감소 및 기능 향상에 효과적이라는 것이 주된 내용이었다.

물론, 중독의 위험이 있는 마약성 진통제인 만큼 중장기 기간에 걸친 부작용 관리가 필수라는 점도 강조했다.

오웬 더글라스 윌리엄슨 교수는 비암성 통증관리에 있어서는 논란의 여지가 있지만 마약성 진통제의 역할은 인정돼야 한다고 주장했다.

그는 “미국의 경우 통증을 5번째 활력징후(vital sign)로 정의하고 혈압, 체온 등과 같이 환자가 병원에 방문 할 때마다 체크한다. 필요 시 중등도 및 중증 통증의 조절을 위해서 의료용 마약성 진통제를 적극적으로 치료하고 있다. 또한 적극적인 통증치료를 기본적인 인권으로 보고 있다”고 설명했다.

그에 반해 한국은 아직까지 마약성 진통제의 사용이 소극적이라고 지적했다.

암성 통증 및 비암성 통증 환자에게 마약성 진통제를 적극적으로 사용하지 않아 환자의 치료옵션의 선택 범위가 좁아질 수 있다는 것이다.

그렇다면 호주에서 의료용 마약성 진통제 사용에 대한 환자와 의료진의 인식은 어떨까.

오웬 더글라스 윌리엄슨 교수는 “호주와 캐나다에서 역시 의사와 만성통증 환자 모두 의료용 마약성 진통제 사용에 따르는 부작용과 중독 등에 대해 우려하고 있다. 특히 환자들은 만성통증을 앓고 있다는 것과 그 치료를 위해 의료용 마약성 진통제를 사용하고 있다는 것에 대한 사회적인 편견에 대해 걱정한다. 이에 따라 호주와 캐나다는 통증 및 의료용 마약성 진통제에 대한 오해를 감소시키는데 우선순위를 두고 있다”고 말했다.

호주에서도 마약성 진통제에 대한 필요성은 인정하지만 여전히 해결해야 할 점은 남아있는 셈이다.

또한 마약성 진통제 사용에 대한 안전성과 유효성을 평가하기 위한 장기간의 임상연구가 없다는 점

---

4) 청년의사 2013.09.16.자 기사.
〈출처: http://www.docdocdoc.co.kr/news/newsview.php?newscd=2013091500009 2013.12.4.검색〉

도 해결해야 할 숙제다.

그는 “현재 별도의 장기간 임상 연구 계획은 없지만, 캐나다의 경우 모든 통증 환자를 대상으로 장기간의 데이터 확보를 위해 환자 등록 사업을 전국적인 차원에서 진행 중이다. 현재 3,000명을 추적 관찰하고 있으며, 약 70~80%의 환자 데이터가 지속적으로 관리되고 있다. 캐나다뿐 아니라 몇 개 국가에 걸쳐 데이터 수집을 진행 중이다”라고 말했다.

아직까지도 마약성 진통제가 암성 혹은 비암성 환자의 통증관리에 있어 가장 효율적인 수단인 것인가 하는 의문은 여전히 남는다. 마약성 진통제의 내성, 부작용에 대한 우려가 있기 때문이다.

그는 “마약성 진통제들의 부작용 중에 변비가 있는데, 이런 것도 환자의 삶의 질을 떨어뜨리는 요인이다. 옥시코돈과 날록손 복합제의 경우 변비 문제를 해결할 수 있다”며 “의료용 마약성 진통제는 마치 팔레트에 있는 여러 물감 중 하나라고 할 수 있다. 만성통증 관리에 효과적인 여러 가지 치료 옵션 중 하나라고 보면 된다”고 말했다.

마약성 진통제 사용에 대한 오웬 더글라스 윌리엄슨 교수의 대답은 명확하다.

만성 통증관리에 있어 마약성 진통제는 최적의 치료옵션을 제공해줄 수 있다는 것.

다만, 진통제를 치료가 아닌 관리의 개념으로 봐야 하며 궁극적인 통증 관리가 이뤄지기 위해서는 환자가 만성통증 관리에 대해 더욱 잘 이해할 수 있도록 교육하는 것이 필요하다고 설명했다.

그는 “환자의 통증 관리에 있어서 환자의 효과에 대한 기대와 실제 결과에 대한 차이를 줄여주는 것이 필요하다. 환자로 하여금 통증 관리에 대해 보다 현실적인 기대를 갖도록 교육이 필요하다는 뜻이다. 통증은 치료하는 것이 아니라 관리하는 것이라는 관점에서 환자를 교육하고 지원하는 것이 보다 효과적이고 중요하다”고 언급했다.

Ⅱ. [사례 1]에 대한 검토: 간접적 안락사의 허용요건

사례 1

A환자(82세/여)는 2000. 10. 1.경 유방암 2기 진단 하에 H병원 일반외과에서 우측 유방절제술(modified radical mastectomy) 및 피부이식술(skin graft)을 시행 받았다. 수술 후 외래에서 경과관찰을 하던 중인 2004. 5.경 우측 견과절과 폐에 유방암 전이가 발생되어 항암치료 및 방사선 치료를 시행하여 일시적인 증상의 호전을 보였지만 경제적 사정으로 치료를 제대로 받지 못한 결과, 2005. 2.경 좌측 어깨 통증 및 호흡곤란이 심해져 결국 H병원 일반외과 외래를 통해 입원치료를 받았지만 이미 암이 많이 진행되어 의사들은 A환자의 향후 여명을 길어야 2~3개월가량으로 진단하였다. A환자는 2005. 4. 1.경 내과계 중환자실에서 암의 전이에 따른 극심한 통증을 호소하였다. 의사 甲은 이 통증을 조절하기 위해 모르핀 5mg을 주사했으나, 주사 전에 A환자 및 가족에게 모르핀 투여에 따른 부작용을 설명하지 않았다. A환자는 모르핀 주

사 30분 후에 갑작스런 호흡곤란의 부작용으로 사망하였다. 이 경우 의사 甲에게 어떤 법적 책임이 있는가?

1. 문제의 소재

[사례 1]은 말기 암환자의 통증관리 과정에서 흔히 발생하는 상황이다. 암의 전이에 따라 극심한 고통을 호소하는 환자에게 '마지막 모르핀' 한 방울이 죽음을 재촉할 수 있지만 그보다 더할 수 있는 통증을 억제할 수 있다면 모르핀을 투여하는 것이 의사의 의무이기 때문이다. 즉 아무리 주의 깊게 모르핀을 사용한다고 하더라도 호흡중추를 약화시키고 기관지염 등의 부작용이 발생하게 됨으로써 '마지막으로 투여되는 모르핀'이 고통의 감소와 생의 종말을 동시에 가지고 오게 된다고 하여 형법상의 살인죄로 의사를 처벌할 수는 없기 때문이다.

형법상 [사례 1]은 일반적으로 간접적 안락사의 문제로 다루어진다. '간접적 안락사'(indirekte Sterbehilfe)란 오로지 환자의 고통을 완화·제거하기 위한 적극적인 처치가 불가피하게 부작용을 수반하여 환자의 생명단축을 초래한 경우를 말한다. 예를 들어 [사례 1]과 같이 말기 암환자에게 그 고통을 감소시키기 위하여 죽임이 앞당겨진다는 것을 알면서도 모르핀을 계속 증량하여 주사를 한 결과 그 부작용으로 불가피하게 환자가 사망하게 되는 경우가 이에 해당한다. 이를 '결과적 안락사'라고도 한다.

우리나라 형법학자들은 고통경감을 위한 의료적 처치가 부수적으로 생명단축을 초래한 간접적 안락사만큼은 환자의 진지한 촉탁·승낙과 같은 일정한 요건이 충족되는 한 촉탁·승낙에 의한 살인죄[5]나 업무상과실치사죄[6]의 위법성이 조각된다고 한다.

따라서 [사례 1]의 의사 甲은 간접적 안락사의 허용요건을 모두 충족하였는지가 문제가 된다. 특히 의사 甲은 모르핀을 투여하기 전에 A환자나 가족에게 그에 따른 부작용을 설명하지 않았는데, 이에 대하여 어떠한 법적 책임을 물을 수 있는지가 문

5) 형법 제252조(촉탁, 승낙에 의한 살인등) ①사람의 촉탁 또는 승낙을 받어 그를 살해한 자는 1년 이상 10년 이하의 징역에 처한다.

6) 형법 제268조(업무상과실·중과실 치사상) 업무상 과실 또는 중대한 과실로 인하여 사람을 사상에 이르게 한 자는 5년 이하의 금고 또는 2천만원 이하의 벌금에 처한다.

제된다.

2. 간접적 안락사의 허용요건과 의사의 설명의무

(1) 간접적 안락사의 허용요건

우리나라에서 고통을 완화시키기 위한 의료적 처치가 필연적인 생명단축을 부수적으로 가져오는 간접적 안락사가 법적으로 문제된 적은 없다. 그러나 형법이론은 일정한 요건이 구비된 경우에 간접적 안락사는 허용되는 것으로 보고 있다(다수설).[7] 간접적 안락사가 정당화되기 위한 요건으로는, ① 불치 또는 난치병으로 인한 사기임박(死期臨迫), ② 환자의 극심한 고통, ③ 고통제거 또는 완화의 목적, ④ 환자의 진지한 촉탁·승낙, ⑤ 원칙적으로 의사의 시술, ⑥ 시술방법의 윤리적 정당성을 든다.[8] 이와 같은 정당화요건을 충족할 경우 간접적 안락사는 ① 형법 제20조의 기타 사회상규에 위배되지 아니하는 행위로서,[9] 또는 ② 피해자의 승낙(형법 제24조)과 긴급피난(형법 제22조)으로서,[10] 또는 ③ 형법 제20조의 업무로 인한 행위로서 위법하지 않다거나,[11] ④ 허용된 위험으로서[12] 허용된다고 한다.[13]

[사례 1]에서 의사 甲이 이와 같은 간접적 안락사의 정당화요건을 충족했는지를 살펴보면, 우선 의사 甲은 A환자의 명시적이고 진지한 촉탁에 의해서 모르핀을 투여했고 이는 환자의 통증을 완화하기 위한 것으로 살인의 고의 내지 미필적 고의가

---

7) 김일수/서보학, 형법각론(제7판), 박영사, 2007, 26면; 이재상, 형법각론(제9판), 박영사, 2013, 23면; 임웅, 형법각론(제4정판), 법문사, 2012, 27면.

8) 정영석, 형법각론(5정판), 법문사, 1983, 223면 이하.

9) 이재상, "안락사의 형태와 허용한계", 김종원교수화갑기념논문집, 1991, 581면.

10) 전지연, "현행형법에 따른 안락사의 허용여부에 대한 검토", 명형식교수화갑기념논문집, 1998, 171면. 면책적 긴급피난으로 불가벌이라는 견해로는 허일태, "안락사에 관한 연구", 형법연구 I, 세종출판사, 1997, 439면.

11) 정성근, 형법총론, 법지사, 1998, 343면.

12) 이형국, 형법각론연구 I, 법문사, 1997, 18면; 최우찬, "안락사와 존엄사", 고시계, 1989.2, 42면.

13) 독일연방최고법원도 간접적 안락사의 경우 비록 의사가 생명단축을 감수하였다고 하여도 살인죄로 처벌되지 않으며, 살인미수도 성립되지 않는다고 판시한 바 있고(BGHSt 42, 301 (1997) 참조), 학설도 이러한 입장을 지지하고 있다. 그러나 우리나라와 마찬가지로 그 근거에 관하여는 상당한 논란이 있다(Schönke/Schröder-Eser, Strafgesetzbuch, 26. Aufl., 2001, Vor §§211 ff. Rn. 26 참조).

인정되지 아니한다. 따라서 살인죄 내지 촉탁살인죄는 성립하지 않는다. 그러나 의사 甲은 A환자가 고령이고 입원 당시에도 호흡곤란이 있었으므로 통증조절을 위한 모르핀 투여시 수반하는 부작용으로서의 호흡곤란을 예견하고 이를 회피할 적절한 의료적 조치를 취했어야 함에도 불구하고 이러한 주의의무를 게을리 한 점이 인정된다. 나아가 A환자의 사망과 주의의무 위반 사이의 인과관계도 인정되므로 업무상 과실치사죄의 구성요건해당성은 충족된다. 하지만 A환자를 사망에 이르게 한 의사 甲의 모르핀 투여 행위는 A환자가 난치병인 유방암으로 인해 사기가 임박해 있고, 이로 인해 극심한 고통을 겪고 있었으며, A환자의 진지한 촉탁에 의해 고통을 제거할 목적으로 의사 甲 본인이 직접 시술하였고, 이러한 모르핀 투여는 암성 통증관리를 위해 널리 인정된 것으로 윤리적으로 정당한 행위라는 간접적 안락사의 정당화 요건을 모두 충족하였으므로 위법성조각의 근거에 대한 학설다툼이 있지만 업무상 과실치사죄의 위법성이 조각된다는 데에 이론의 여지가 없다. 따라서 의사 甲에게는 어떠한 형사상의 책임을 물을 수 없다.

(2) 의사의 설명의무 위반의 법적 책임

의사 甲에게 형사상 책임으로 업무상 과실치사죄를 물을 수 없지만 이와 별도로 민사상 불법행위에 의한 손해배상책임이 있는지 여부를 검토해야 한다.

민법 제750조는 "고의 또는 과실로 인한 위법행위로 타인에게 손해를 가한 자는 그 손해를 배상할 책임이 있다"고 규정하고 있으므로 불법행위법상 의사의 손해배상책임은 의사가 의료행위를 함에 있어서 고의 · 과실로 인한 위법행위로 환자에게 손해를 가한 경우에 성립한다. 의료과실에 있어서의 고의는 형법상 범죄행위로 되는 것이므로 불법행위로 인한 손해배상책임이 성립하려면 ① 의사의 과실(주의의무 위반), ② 위법성, ③ 손해의 발생, ④ 주의의무 위반과 손해 사이의 인과관계의 존재 등의 요건이 필요하다. 여기서 위법성을 띠는 것은 실정법을 객관적으로 위반하는 행위뿐만 아니라 반사회적인 행위도 포함된다. 따라서 의료과실이 의료기술의 합법성과 의학적 적응성을 결여하였기 때문에 발생한 경우에는 환자의 생명과 신체적 완전성을 침해하는 것으로 위법성을 띠게 된다. 또한 의사가 설명의무를 위반하여 환자의 자기결정권을 침해한 경우에도 의료행위의 적법성을 결여한 위법행위로 된다.[14]

[사례 1]에서 의사 甲이 민사상 불법행위로 인한 손해배상책임이 인정될 수 있는지를 살펴보면, 우선 의사 甲은 앞서 언급한 바와 같이 A환자의 고통을 완화하기 위해 모르핀을 주사하며 호흡곤란과 같은 부작용을 예견하고 이를 회피할 주의의무가 있음에도 이를 게을리 하였으므로 주의의무 위반이 인정된다. 그리고 이러한 주의의무 위반으로 인해 A환자가 사망하는 손해가 발생하였고, 양자 사이의 인과관계도 충분히 인정된다.

한편, 위법성과 관련된 요건과 관련하여 의사 甲은 A환자에게 모르핀 투여에 따른 부작용에 관한 설명의무를 충실히 이행하지 않았다. 이때 의사의 '설명의무'(Aufklärungspflicht)란 의사가 환자에 대하여 그 병상, 치료방법, 치료에 따르는 위험 등을 충분히 설명해 주고, 환자는 이를 제대로 이해한 후에 자율적인 자기결정으로 자신에 대한 신체손상을 수반하는 의료행위를 승낙한 경우에만 당해 의료행위가 정당성을 가질 수 있다는 이론을 말한다.[15] 이러한 의사의 설명의무 위반은 곧 자기결정권이라는 환자의 인격권을 침해한 것이 명백한데, 문제는 설명의무의 위반이 환자의 자기결정권이라고 하는 인격권의 침해로 보아 정신적 손해만 있는 것으로 볼 것인가, 아니면 이를 곧 주의의무의 위반으로 보아 신체적 · 물질적 손해와 정신적 손해 모두를 의사 측에 부담시킬 것인가라는 점이다. 이와 관련하여 다수 견해는 환자의 자기결정권은 그 자체가 목적이 아니라 있을 수 있는 물질적 손해를 회피하기 위한 목적으로 환자에게 허용된 것이므로 정신적 손해는 물론이고 신체 · 건강침해로 인한 물질적 손해도 청구할 수 있도록 함이 타당하다고 한다.[16]

생각건대 의사가 설명의무의 위반으로 환자의 자기결정권이라는 법익을 침해한 경우에 이를 오직 인격권의 침해로만 보게 된다면, 오늘날 인정하고 있는 환자의 법적 지위를 여러 가지 측면에서 명백하게 악화시킬 수 있다. 그러므로 의학의 과학적

14) 김재윤, 의료분쟁과 법, 율곡출판사, 2006, 78-79면.

15) 의사의 설명의무와 환자의 자기결정권에 대한 자세한 분석으로 김천수, 오진에 대한 설명과 동의의 법리, 대구대학교출판부, 1999; 박일환, "의사의 설명의무와 환자의 승낙", 의료사고에 관한 제문제(재판자료 제27집), 법원행정처, 1985, 151면 이하 참조.

16) 이에 반해 소수 견해는 설명의무의 위반은 단지 자유침해만이 야기된 것이며 의학의 과학적 기준에 적합한, 즉 기술과오나 주의의무의 위반이 없이 발생한 부작용 내지 신체침해는 의사의 영역에서 비롯되는 새로운 위험의 실현이 아니므로 책임범위에서 제외되어야 한다고 주장한다. 이러한 소수설은 의사의 설명의무의 위반에 대해 환자의 인격권의 침해에 대한 위자료만 인정하자고 한다. 이에 관한 자세한 설명은 김재윤, 앞의 책, 129-130면 참조.

기준에 따라 처치한 경우에도 의사의 설명의무의 위반은 신체침해를 구성하게 되며 그로 인하여 발생한 신체적·물질적 손해와 정신적 손해의 배상을 모두 인정함이 타당하다고 여겨진다.[17)]

의사 甲은 모르핀을 A환자에게 투여하기 전에 A환자나 가족에게 모르핀 투여에 따른 부작용을 설명하지 않았다. 설사 A환자가 극심한 고통을 호소하여 A환자에게 모르핀 투여에 따른 부작용을 충분히 설명할 시간적 여유가 없었다 하더라도 의사 甲의 설명의무는 면제되지 아니한다. 왜냐하면 의사 甲은 모르핀의 투여 이후에 환자 가족이나 A환자가 안정을 되찾았을 경우에는 환자 본인에게 부작용과 관련된 위험설명을 이행해야 했기 때문이다. 따라서 의사 甲은 불법행위법상의 모든 요건을 충족시켰으므로 민사상 불법행위에 따른 손해배상책임과 정신적 손해에 대한 배상책임을 부담한다.

3. 소결

말기 암환자의 극심한 고통을 완화하고 편안하고 존엄한 생의 마감을 위한 암성 통증관리의 필요성은 부인할 수 없다. 그러나 암성 통증관리에 사용되는 모르핀과 같은 마약류 진통제에 대해서는 의사와 환자 모두 그 부작용을 우려하고 있다. 실제로 의료현장에서는 말기 암환자에 대한 모르핀 투여와 관련한 의료사고가 종종 발생하고 의료진에게 민·형사상의 법적 책임을 묻고자 하는 의료소송이 제기되기도 한다.

그러나 의사는 말기 암환자에게 모르핀과 같은 마약류 진통제를 투여함으로써 그 부작용으로 환자의 사기(死期)가 단축될지라도 ① 불치 또는 난치병으로 인한 사기 임박, ② 환자의 극심한 고통, ③ 고통제거 또는 완화의 목적, ④ 환자의 진지한 촉탁·승낙, ⑤ 원칙적으로 의사의 시술, ⑥ 시술방법의 윤리적 정당성이라는 간접적 안락사의 정당화요건을 충족하면 형사상 촉탁살인죄 내지 업무상 과실치사죄의 책임은 지지 아니한다. 하지만 의사 甲과 같이 환자의 강한 요청에 의해 암성 통증완화를 위한 모르핀을 투여할지라도 환자에게 그 부작용에 대하여 사전 또는 사후에

---

17) 같은 취지로 이덕환, 의료행위와 법, 문영사, 2003, 131-132면.

충분한 설명을 하지 않은 것은 설명의무를 위반한 것이다. 이러한 의사의 설명의무 위반이 있을 때에는 민사상 손해배상책임과 정신적 손해에 대한 배상책임을 피할 수 없다. 따라서 의료진이 말기 암환자에 대한 암성 통증관리를 함에 있어 법적 책임의 문제로부터 자유롭기 위해서는 간접적 안락사의 정당화요건을 충족했는지, 나아가 의사의 설명의무를 충실히 이행하였는지를 유의하여야 한다.

Ⅲ. [사례 2]에 대한 검토: 마약류 의약품의 오·남용과 진료기록부등 허위 작성

사례 2

의사 乙(수원 K병원 원장, 50세/남)은 2002. 5.경부터 2004. 9.경까지 사이에 자신이 운영하는 병원에서 마약인 염산페치딘(데메롤)[18] 등을 약 91회 상습 투약하였고, 자신이 상습적으로 마약류 의약품을 투약하고 적발될 것이 두려워 그 정을 모르는 간호사들을 시켜 병원에 입원중인 말기 암환자들에게 투약한 것처럼 마약류의약품 관리대장, 진료기록부, 간호일지 등 관련 장부를 조작하였다. 이 경우 의사 乙의 죄책은?

1. 문제의 소재

통계에 의하면 우리나라에서 암성 통증관리를 위한 마약성 진통제 총생산량은 1984년에 연간 3kg에서 1991년에 33kg, 2000년에 184kg으로 꾸준히 증가하고 있지만, 이를 인구당 계산하면 아직 선진국의 1/100~1/500 수준에 해당한다고 한다 ([그림 7-3, 7-4] 참조). 그리고 대부분의 1, 2차 의료기관은 마약성 진통제를 취급조차 하고 있지 않아 마약성 진통제를 구하는데 환자나 보호자들이 많은 어려움을 겪고 있다고 한다. 그 결과 마약성 진통제 사용이 필수적인 말기 암환자들이 제대로 통증

18) 말기 암환자나 대형 수술 후의 진통제로 사용되는 염산 페치딘은 아편, 모르핀 등과 같이 강력한 진통효과를 갖는 마약으로 상습 투약시 환각, 중추신경 흥분 효과가 있으며 중독성, 내성이 강하다.

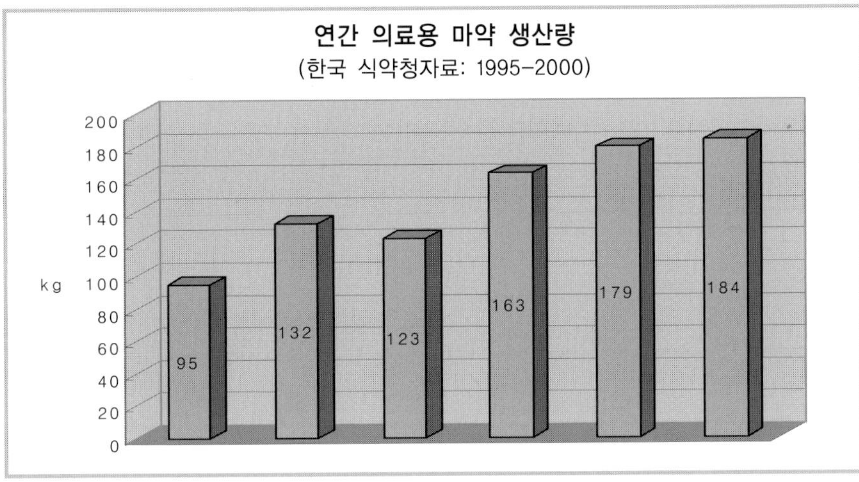

출처: 허대석, "암성 통증관리의 현황", 2002, 9면

[그림 7-3] 1995-2000년 의료용 마약 생산량

출처: 허대석, "암성 통증관리의 현황", 2002, 2면

[그림 7-4] 1972-1993년 선진국과 우리나라 마약성 진통제 사용량 비교

조절이 되지 않은 채 임종을 맞이하고 있다고 한다.[19] 이렇게 말기 암환자들의 암성 통증관리를 위해 필수적인 마약류 의약품의 총생산량이 적고 의료기관에서도 취급을 꺼려하는 가장 큰 제도적 원인으로 마약류 의약품의 오·남용의 우려에 따른 지나친 법적 규제를 지적할 수 있다.

현재 우리나라에서는 마약류 의약품도 마약류에 포함되기 때문에 이에 대한 오·남용을 적발하기 위해 검찰청, 경찰청, 해양경찰청, 관세청, 식품의약품안전청 등 다수의 국가기관이 활동하고 있다. 특히 마약류 의약품의 오·남용을 규제하기 위해 '마약류 관리에 관한 법률'(이하 '마약류관리법'이라 함)[20]에서는 마약류취급 의료업자(의·약사 등)에게 그 업무 외의 목적을 위하여 "마약 또는 향정신성의약품을 소지·소유·사용·운반·관리·수입·수출·제조·조제·투약·매매·매매의 알선·수수 또는 교부하거나, 대마를 재배·소지·소유·수수·운반·보관 또는 사용하거나, 마약 또는 향정신성의약품을 기재한 처방전을 발부하거나, 한외마약을 제조하여서는 아니 된다"(마약류관리법 제5조 제1항)는 등 마약류취급시 준수해야 할 사항으로 총 31개를 규정하고 있다.

그러나 이와 같은 마약류 의약품의 오·남용을 방지하기 위한 국가적 차원의 노력과 이를 뒷받침하기 위한 마약류관리법의 마련에도 불구하고 마약류 의약품의 오·남용 사례는 계속해서 증가하고 있는 실정이다.[21] 그 원인으로는 다음과 같은 세 가지 점을 지적할 수 있다. 우선, 의약분업의 실시로 인해 마약류 의약품의 판매와 사용량이 급증하고 있기 때문이다. 이는 마약류 의약품에 대한 보험급여비 청구액이 의약분업 실시 이전보다 4.6배 증가했다는 데에서도 분명히 나타난다. 다음으로, 의약분업 이후 도매상 및 의료기관 중심으로 이루어지던 마약류 의약품 판매 창구가 소규모 병원이나 약국으로 확산되어 마약류 의약품에 대한 유통과정에 대한 관리가 소홀해질 수밖에 없음을 언급할 수 있다.[22] 마지막으로, 의·약사 등 마약류

19) 허대석, 앞의 논문, 9면.

20) 2000년 1월 12일에 제정된 이 법률은 기존 마약법, 향정신성의약품관리법 및 대마관리법으로 구분·시행되고 있는 마약류 관계 법률을 통합한 것으로 불필요한 규제를 폐지·정비하고, 기타 현행 규정의 운영상 나타난 일부 미비점을 개선·보완한 것이다.

21) 2006.1~9. 사이에 검거된 전체 5,909명의 마약사범 가운데 의료업계에 종사하는 사람은 137명으로 2.3%를 차지한다(마약류대책협의회 홈페이지 http://www.drug.go.kr/app/cover/portal 2007.11.10. 검색).

22) 수원지방검찰청, 보도자료(2006.3.7), 2면 참조.

취급 의료업자가 유효기간이 지난 향정신성의약품을 투약하거나 마약류의약품 관리대장을 허위기재 · 미기재 하는 등 마약류취급의 중요성에 대한 인식이 결여되어 있다는 점을 지적할 수 있다. 이처럼 한편으로는 마약류 의약품의 생산량을 늘리고 말기 암환자들이 조금 더 쉽게 마약류 진통제에 의한 암성 통증조절을 할 필요성도 있으나, 다른 한편으로는 그로인해 마약류 의약품의 오 · 남용의 위험성도 확대될 수 있음을 간과해서는 안 된다. [사례 2]는 이와 같은 마약류 의약품의 대표적 오 · 남용 사례라 하겠는데, 이를 중심으로 마약류 의약품 오 · 남용의 법적 문제를 살펴보면 다음과 같다.

2. 마약류관리에 관한 법률 위반 여부

의사 乙은 자신이 운영하는 병원에서 말기 암환자에게 투여해야 하는 염산페치딘 등을 약 91회 승습 투약하였으므로 마약류관리법 제5조 제1항의 위반 여부가 문제된다. 앞서 언급한 바와 같이 마약류관리법 제5조 제1항은 마약류취급 의료업자(의 · 약사 등)는 그 업무 외의 목적을 위하여 "마약 또는 향정신성의약품을 소지 · 소유 · 사용 · 운반 · 관리 · 수입 · 수출 · 제조 · 조제 · 투약 · 매매 · 매매의 알선 · 수수 또는 교부하거나, 대마를 재배 · 소지 · 소유 · 수수 · 운반 · 보관 또는 사용하거나, 마약 또는 향정신성의약품을 기재한 처방전을 발부하거나, 한외마약을 제조하여서는 아니 된다"고 규정하고 있다. 의사 乙은 마약류취급 의료업자로서 말기 암환자의 통증조절과 같은 의료행위라는 업무 이외의 목적으로 마약류에 해당하는 염산페치딘을 약 91회 승습 투약하였으므로 마약류관리법 제5조 제1항을 위반하였다. 마약류관리법 제5조 제1항을 위반한 의사 乙에 대하여는 10년 이하의 징역 또는 1억 이하의 벌금을 과할 수 있으며(마약류관리법 제60조 제1항 제1호), 1년의 범위 내에서 취급업무정지 내지 허가취소의 행정처분을 병과할 수 있다(마약류관리법 제44조).

나아가 상습적으로 염사페치딘을 투약한 의사 乙은 그 정을 모르는 간사호사들을 시켜 마약류의약품 관리대장을 조작하게 하였으므로 마약류관리법 제11조 제1항의 위반 여부가 문제된다. 마약류관리법 제11조 제1항은 "마약류취급자는 총리령으로 정하는 바에 따라 그 취급하는 마약에 관하여 장부를 갖추어 두고 수입 · 제조 · 조제 · 양수 · 양도 · 투약 또는 투약하기 위하여 제공하거나 학술연구를 위하여 사용한 마약의 품명 · 수량 · 사용일과 상대자의 주소 · 성명을 기록하고, 상대자가 마약류취급자인 경우에는 그 종류와 허가증 또는 지정서의 번호를 장부에 기록하여야 한다"고 하여 마약류관리대장의 비치 및 작성의무를 규정하고 있는 바, 의사 乙은 동 규정에 위반하여 마약류관리대장을 허위기재하게 하였으므로 동 규정 위반의 특수간접정범(형법 제34조 제2항)[23]이 성립한다. 따라서 동 규정을 위반한 의사 乙에게는 2년 이하의 징역 또는 2천만원 이하의 벌금(마약류관리법 제63조 제1항)에 1/2까지 가중하여 처벌할 수 있으며, 취급업무정지 3개월 내지 허가취소의 행정처분을 병과할 수 있다(마약류관리법 제44조).

이처럼 암성 통증관리에 필수적인 마약류 의약품의 오 · 남용을 방지하기 위하여 마약류관리법은 의료용 마약류의 관리에 관한 여러 사항을 세부적으로 규정하고 이를 위반할 경우에 최고 무기징역 또는 1억원 이하의 벌금 등의 엄한 형벌의 부과를 예정하고 있다.

3. 의료법 위반 여부

의사 乙은 그 정을 모르는 간호사로 하여금 진료기록부와 간호일지의 조작을 지시하였으므로 의료법 제22조 제1항의 위반 여부가 문제된다. 의료법 제22조 제1항은 "의료인은 각각 진료기록부 · 조산기록부 · 간호기록부 그 밖의 진료에 관한 기록(이하 '진료기록부등'이라 한다)을 비치하여 그 의료행위에 관한 사항과 소견을 상세히 기록하고 서명하여야 한다"고 규정하여 진료기록의무를 규정하고 있다. 이러한 진료기록부의 진료기록은 일종의 증명문서로서 환자의 이익을 위해서뿐만 아니라 의사가 환자에 대한 의료행위의 기억자료로 활용하기 위해서도 중요하다. 특히 의료분쟁에 대한 민사소송에서 진료기록부에 기재를 하지 않았거나, 기재했더라도 진료기록상 흠결이 있다면 입증방해로 간주되어 의사에게 불이익을 초래한다.[24] 나아가 형

---

23) 형법 제34조(간접정범, 특수한 교사, 방조에 대한 형의 가중) ①어느 행위로 인하여 처벌되지 아니하는 자 또는 과실범으로 처벌되는 자를 교사 또는 방조하여 범죄행위의 결과를 발생하게 한 자는 교사 또는 방조의 예에 의하여 처벌한다.
②자기의 지휘, 감독을 받는 자를 교사 또는 방조하여 전항의 결과를 발생하게 한 자는 교사인 때에는 정범에 정한 형의 장기 또는 다액에 그 2분의 1까지 가중하고 방조인 때에는 정범의 형으로 처벌한다.

사상으로도 의료법 제22조의 위반에 대해 300만원 이하의 벌금에 처해질 수 있으며(의료법 제90조), 1년의 범위 내에서 면허자격이 정지되는 행정처분이 과해질 수 있다(의료법 제66조 제1항). 따라서 의료법 제22조를 특수간접정범의 형태로 위반한 의사 乙은 300만원의 벌금에 1/2까지 가중하여 형사처벌될 수 있으며, 1년 이하의 면허자격정지의 행정처분이 병과될 수 있다.

4. 소결

말기 암환자의 효과적인 통증관리를 위해서 마약성 진통제의 사용은 필수적이다. 하지만 외국과 달리 국내에서는 말기 암환자의 절반 이상이 적절한 통증조절을 받지 못하고 있는데, 가장 큰 원인으로 마약성 진통제의 사용과 관련된 과도한 법적 규제를 지적할 수 있다. 실제로 의약분업의 실시로 마약류 의약품의 판매가 소규모 병원이나 약국으로 확대되었고, 2005년 4월부터 실시되고 있는 재가암환자 관리 사업으로 인해 암성 통증관리 대상자도 늘어나 마약류 의약품에 대한 관리는 상당한 어려움에 처하고 있다. 이러한 상황에서 법제도는 마약류 의약품의 오·남용의 위험성을 우려하여 마약류 의약품의 사용에 따른 관련 서류작성, 장부기재 및 보관, 수량 확인, 반납 처리 등을 법적 의무로 규정하고 이를 위반할 경우 형사책임과 행정처분을 부과할 수 있도록 하고 있다. 이로 인해 많은 의료인들은 마약성 진통제의 사용을 기피하고, 그 결과 극심한 암성통증으로부터 벗어나 편안하고 존엄하게 생을 마감할 환자의 권리가 침해되고 있는 실정이다.

Ⅳ. 맺는 말

우리나라에서 말기 암환자의 암성 통증관리는 아직까지 초보적 단계에 머무르고 있다. 매년 암으로 사망하는 7만여명 중 절반 이상이 격심한 통증으로 고통을 받고 있으나 의료적 요인, 문화적 요인 및 법제도적 요인으로 인해 효과적인 암성 통증관

24) 김재윤, 앞의 책, 66면.

리가 이루어지고 있지 않다. 특히 마약류 의약품에 대한 강력한 법적 규제 일변도의 정책으로 말미암아 '빈대 잡으려다 초가삼간 다 태운다'라는 속담처럼 마약류 의약품을 오·남용하는 소수의 마약류취급 의료업자를 처벌하기 위해 다수의 말기 암환자가 고통 받는 모순된 결과가 초래되고 있다. 이러한 문제점을 극복하고 말기 암환자에 대한 효과적인 암성 통증관리가 이루어질 수 있는 대안으로 다음과 같은 두 가지 점들을 제시할 수 있다.

하나는 암성 통증관리에 사용되는 마약류 의약품에 대한 지나친 법적 규제를 완화하는 한편 마약류 의약품의 체계적 관리에 보다 초점을 맞추는 방향으로 암성 통증관리 정책이 변화해야 한다. 마약류 의약품에 대한 관리는 허술하게 하고 이를 위반할 경우에 엄격한 법적 책임을 묻겠다는 방식으로는 마약류 의약품의 오·남용의 문제를 해결할 수 없다. 구체적으로 지나친 법적 규제의 완화와 관련하여 마약류관리법상의 마약관련 업무의 휴·폐업 등의 20일 이내 신고의무(동법 제8조 제2항 내지 제3항), 마약구입서, 마약류관리대장 등의 2년간 보존의무(동법 제10조 제2항, 제11조 제4항), 사고마약류의 5일 이내 보고의무(동법 제12조, 동법 시행규칙 제23조) 등과 같이 단순한 신고의무와 보존의무의 위반에 대해서는 형사처벌을 대폭 완화해야 하고, 가능한 한 이러한 위반에 대해서는 형사제재가 아닌 행정처분으로 대체해야 한다.[25] 그리고 마약류 의약품의 체계적 관리와 관련하여 2004. 7. 1. 기준으로 식품의약품안전청 마약관리 인력은 본청과 지방청을 합해 11명에 불과하고, 약국·의원·제업소 등 합법적으로 마약류를 취급하는 사람은 총 34,392명에 달해 효율적인 마약류 의약품의 관리가 어려운 실정이다.[26] 따라서 마약류 의약품 관리인원을 대폭 확충하고 마약류 관리업무를 전산화함으로써 마약류 의약품의 오·남용을 사전에 예방하도록 하여야 한다.

다른 하나는 의·약사 등 마약류취급 의료업자에 대한 교육 강화를 통해 암성 통증관리와 관련한 마약사고를 예방하기 위해 준수해야할 사항이 무엇이고, 이를 위반하였을 경우에 어떠한 민·형사상의 법적 책임이 있고 행정처분이 내려지는지를 분

25) 같은 견해로는 김한균, 의료용 마약류관리 법제도 개선방안, 한국형사정책연구원, 2006, 153-154면 참조.

26) 약업신문, 2004.7.1. 기사(마약류대책협의회 홈페이지 http://www.drug.go.kr/app/cover/portal 2007.11.10. 검색).

명히 인식하도록 해야 한다. 즉 마약류취급 의료업자가 [사례 1]에서처럼 간접적 안락사가 정당화되기 위한 요건이 무엇인지, 마약류 진통제의 부작용에 관한 의사의 설명의무의 중요성 등을 사전에 인식하고 이를 준수하도록 해야 한다. 그리고 [사례 2]에서처럼 마약류 의약품의 사용과 관련된 마약류관리법상의 의무사항 및 그 위반 시 벌칙사항에 대해서도 숙지하도록 해야 한다. 마약류취급 의료업자가 자신의 행위에 대한 법적 책임을 사전에 분명하고도 충분히 인식했을 때 말기 암환자에 대해 보다 자유로운 암성 통증관리가 가능할 수 있기 때문이다.

(장기이식법)

[§ 8]

뇌사와 장기이식

— 뇌사자는 죽은 자인가?

인간의 자연적인 권리능력의 한계로서 평가되는 사망이라는 죽음의 시점은 출생시점에서와 같이 단순하게 평가될 수 있는 자연적인 사건이 아니고 정확한 평가를 필요로 하는 문제이다.

– Carl von Savigny

Ⅰ. 들어가는 말

사례 1

아파트 건설현장에서 노동일을 하는 T는 어느 날 오후 공사장에서 추락하여 인근 대학병원으로 후송되어 두개골 골절과 경뇌막하혈종(Subdural hematoma), 뇌간좌상(Brain Stem Contusion) 진단을 받았다. 대학병원은 뇌수술을 실시한 후 호흡곤란을 막기 위해 기관 절개술을 하였다. T는 이후 인공호흡기로 생명을 유지했으나 소생할 가능성은 없었다. 의사들은 그에게 뇌파검사를 실시하여 그의 뇌 피질 기능이 완전히 정지된 사실을 확인하였다. 이와 동시에 심장이식수술을 기다리는 환자 K가 T의 조직과 일치한다는 검사결과가 나오자, 외과의사 甲은 T 가족의 승낙 없이 그의 심장과 양쪽 콩팥을 제거했고, T의 심장은 K에게 이식되었다. T의 동생은 甲이 독단적으로 자신의 형의 심장 및 콩팥을 제거하고 사망에 이르게 한 甲을 살인죄로 고소하였다. 이에 甲은 법정에서 장기이식에 적합한 장기적출의 필요성과 심폐소생술의 불필요성을 들면서 자신의 입장을 변호하였다. 甲에게 살인죄가 성립하는가?[1)]

---

1) 이 사례는 이종원, “뇌사판정과 장기이식의 윤리적 문제”, 철학논총 제69집 제3권, 2012, 283

형법상 사람의 종기에 관한 전통적 견해는 심장의 고동이 영구적으로 정지한 때에 사망을 인정하는 맥박종지설('심장사설', '심장고동종지설'이라고도 한다)[2)]이다. 이 견해는 의학적으로 심장이 멈추고 이에 따라 혈액순환의 정지 10초 이내에 의식불명이 시작되며, 3-4분이 경과되면 의식불명은 회복되지 않고 사망에 이르게 된다는 데에 기초하고 있다. 이러한 맥박종지설에 따르면 [사례 1]에서 환자 K는 비록 뇌 기능이 완전히 정지되었다고 하더라도 심장의 고동이 멈추지 않았으므로 여전히 살아 있는 사람임에 틀림없다. 이에 환자 K로부터 심장과 콩팥을 제거하여 사망에 이르게 한 의사 甲은 사체손괴죄가 아닌 살인죄의 성립여부가 문제된다. 하지만 오늘날 첨단 의료기술의 발달은 맥박종지설에 따라 사람의 종기를 판단할 수 없게 하고 있다. 왜냐하면 비록 심장의 고동이 멈추게 되더라도 심폐소생술을 통해 심폐기능을 유지시킬 수 있게 되었고, 인공적인 생명연명 장치를 통해 환자의 생명을 인위적으로 연장시킬 수 있게 되었기 때문이다. 이는 맥박종지설에 의할 경우 사망의 확정이 불안정한 상태에 놓이게 됨을 의미하는 것이다.[3)]

이러한 맥박종지설이 사람의 종기에 대한 유일한 판단기준이 될 수 없게 됨에 따라 맥박종지설을 대체 내지 보완하는 개념으로 뇌사설이 제시되고 있다. 뇌사설이란 뇌 기능의 종국적인 훼멸(das endgültge Erlöschen aller Gehirnfunktionen), 즉 뇌사(Hirntod)에 이른 때에 사람이 사망하였다는 견해를 말한다.[4)] 뇌는 인간의 정신과 신체 전체의 조직 및 기능을 지배하므로 뇌 기능이 불가역적으로 완전히 소실된 상태를 사람의 죽음으로 보자는 것이다. 이 때문에 뇌사설은 맥박종지설에 비하여 사망의 종기와 관련하여 더 큰 엄정성과 확정력을 가질 수 있다.[5)] 그리고 뇌사설은 사람의 종기를 맥박종지설보다 앞당기는 결과를 초래하는데, 이는 무엇보다 뇌사자로부터 이식에 적합한 장기를 합법적으로 적출할 수 있다는 장점을 가진다. 하지만 뇌

면에서 소개된 '부르스 터거 사건'을 재구성한 것임.

2) 대표적으로 김성돈, 형법각론(제2판), 성균관대학교출판부, 2009, 33면.

3) 문채규, "뇌사의 법적 의미와 장기등이식에관한법률", 비교형사법연구 제5권 제2호, 2003, 723-724면.

4) 국내에서 뇌사설을 지지하는 견해로 박상기, 형법각론(제6판), 박영사, 2005, 23면; 손동권/김재윤, 새로운 형법각론, 율곡출판사, 2013, 9면; 이재상, 형법각론(제9판), 박영사, §2 Rn. 17; 이형국, 형법각론, 법문사, 2007, 14면; 임웅, 형법각론(제4정판), 법문사, 2012, 17면; 정성근/박광민, 형법각론(제3판), 삼지원, 2008, 21면.

5) 문채규, 앞의 논문, 724면.

사설에 대해서는 "의학적으로 뇌사상태일지라도 호흡과 심장박동이 계속되는 한 살아 있는 사람으로 보는 것이 여전히 법적 상식"[6]이라거나, 뇌사의 개념은 뇌사자로부터 장기이식을 위해서만 필요한 것이므로 죽음의 일반적 척도로서 뇌사를 규정할 필요는 없다[7]고 하여 반대하는 견해도 제시되고 있다. 하지만 이렇게 뇌사설을 반대하고 맥박종지설만을 고수할 경우 장기이식 목적에 사용되는 건강한 신장·간장·췌장·심장·폐 등은 얻을 수 없게 되어 2013년 9월말기준으로 25,333명에 달하는 장기이식대기자는 장기 구득에 더욱 어려움에 처하게 된다.[8] 이는 뇌사자를 명문으로 인정하고 있는 현행 '장기등 이식에 관한 법률'(이하 '장기이식법'이라 한다)과도 배치된다.

따라서 이하에서는 우선 뇌사의 개념과 판단기준을 살펴보고(Ⅱ), 죽음의 법적 척도로서 뇌사설이 타당한지, 그리고 뇌사자를 형법상 어느 정도 보호할 것이지를 검토하고자 한다(Ⅲ). 다음으로 형법과 달리 뇌사자를 명문으로 인정하고 장기이식법의 주요내용 및 문제점과 쟁점사항은 무엇이지를 검토하고자 한다(Ⅳ). 이러한 논의를 바탕으로 죽음의 법적 척도로서는 여전히 맥박종지설이 유효하지만 전체 죽음의 1% 정도로 추정되는 뇌사가 심장사보다 성행하는 경우에는 예외적으로 뇌사설을 죽음의 한 척도로서 수용하는 것이 타당함을 결론으로 도출하고자 한다(Ⅴ).

Ⅱ. 뇌사의 개념과 판단기준

1. 뇌사의 개념

죽음의 정의 및 판단기준은 사람의 권리 및 의무관계의 발생과 소멸에 직접적인 관계가 있기 때문에 민사법의 영역에서도 중요하지만 자연적인 죽음에 앞서 사람의 생명을 끊는 살해행위를 살인죄로 처벌하는 형법의 영역에서도 중요하다. 전통적으

6) 김일수/서보학, 새로쓴 형법각론(제3판), 박영사, 2000, 23-24면.
7) 심재우, "뇌자자 장기이식의 법적 문제", 성곡논총 제27집 제3권, 1996, 935면.
8) 질병관리본부 장기이식관리센터(www.konos.go.kr) 2013.12.10. 검색.

로 죽음은 신체의 모든 부분들이 한 순간에 소멸하지 않는다는 의미에서 '죽어가는 과정'이라 할 수 있다. 이때 '죽어가는 과정'이란 개개의 조직세포가 분해되고 재생능력이 쇠퇴하는 하나의 과정으로 간주되는 반면, '죽음'은 한 인격체의 삶의 종말에 이루어지는 일회적인 사건을 의미하는 것으로 간주될 수 있다. 하지만 현대 의학의 발달은 과거에는 상상할 수 없었던 생명소생술과 연장기술의 획기적인 변화를 가져오면서 인간의 죽음을 자연스러운 삶의 과정이 아니라 생(生)과 사(死)의 경계에서 선택할 수밖에 없도록 만들고 있다. 왜냐하면 인위적인 생명소생술과 연장기술은 죽음의 과정 중 어느 한 시점을 확정하여 죽은 자(死者)로 판정할 수밖에 없도록 만들고 있기 때문이다. 뇌사를 죽음의 법적 척도로서 수용할 수 있는지의 논쟁은 이러한 죽음의 선택 시점을 더욱 가속화시키는 계기가 되었다.[9)]

앞서 언급한 바와 같이 뇌사설은 뇌의 모든 기능이 상실되고 또한 어떠한 치료를 위해 최선의 노력을 다하더라도 회복될 수 없는 상태가 되었을 때, 뇌 기능의 정지는 심장이나 다른 장기의 손상 내지 정지로 직결되기 때문에 뇌사를 죽음의 법적 척도로서 인정하자는 견해이다. 즉 이러한 인간의 뇌가 질병이나 사고로 인해 그 기능을 상실하게 되면 더 이상의 인격적인 삶은 불가능하며, 삶의 의미 또한 상실하기에 사망으로 인정할 필요가 있다는 주장이다. 뇌는 인간의 의식적이고 무의식적인 신체조절체계의 중추 역할을 하는 핵심기관이며, 현재의 의료기술로는 인간의 뇌를 대체할 수 있는 대체물은 없기 때문이다.[10)] 하지만 뇌 기능이 어느 정도 상실되어야 뇌사를 인정할 수 있는지에 대해서는 전뇌사설, 뇌간사설, 대뇌사설로 견해가 대립되고 있다.

---

9) 1968년 호주에서 있었던 국제의학총회의 '뇌사에 대한 시드니 선언'과 미국 하버드 의대의 '뇌사판정에 대한 선언'을 필두로 선진국에서 뇌사를 인정하면서 장기이식은 가속화되었고, 1989년에는 세계보건기구가 인간의 존엄성과 관계된 동의, 매매 반대 등을 골자로 인간 장기이식에 관한 지침서를 제정하였다. 이러한 세계적인 추세와 더불어 우리나라에서도 1996년에 보건복지부에서 관심을 가지기 시작하였고 마침내 2000년 2월 9일 "장기등이식에관한법률"이 제정되었다(한성숙/홍현자/전희옥, "장기등이식에관한법률의 내용 및 시행상의 문제점 및 개선점", 한국의료윤리교육학회지 제7권 제1호, 2004.6, 2-3면).

10) 이종원, 앞의 논문, 276-277면.

2. 뇌사의 판단기준

(1) 학설의 대립

가. 전뇌사설

전뇌사(whole-brain death)설이란 '뇌의 모든 기능이 불가역적으로 상실된 상태'를 죽음으로 보자는 견해이다. 전뇌사는 대뇌, 뇌간, 소뇌를 포함한 전체 뇌의 기능이 모두 정지된 상태를 말한다. 이때 인공호흡기를 부착하면 호흡이 지속되고, 심박동이 유지되면서 맥박, 혈압, 체온을 유지하다가 일정 기간 내에서 심폐사에 이르게 된다. 전체 뇌 기능의 상실로 인해 심폐사에 이르는 기간은 성인의 경우 2일에서 10일 정도이며, 유아나 어린아이의 경우는 여러 주 정도라고 한다. 따라서 뇌 전체가 회복할 수 없을 정도로 파괴되었을 경우 비록 산소호흡기로 심장과 호흡 기능을 유지하더라도 사망한 것으로 보아야 한다는 견해이다. 전뇌사는 1981년 미국 대통령 자문위원회 보고서에서 전체 뇌 기능의 완전하고 불가역적인 상실은 죽음이 발생했다고 결정하는 명백한 기준으로 제시되었으며, 현재 세계 대부분의 사법권에서 현행법으로 허용하고 있다고 한다.[11] 장기이식법상 뇌사자라 함은 뇌사판정기준 및 뇌사판정절차에 따라 뇌 전체의 기능이 되살아 날 수 없는 상태로 정지되었다고 판정된 사람을 말한다(장기이식법 제3조 제4호 후단)고 규정하여 전뇌사설을 따르고 있다.

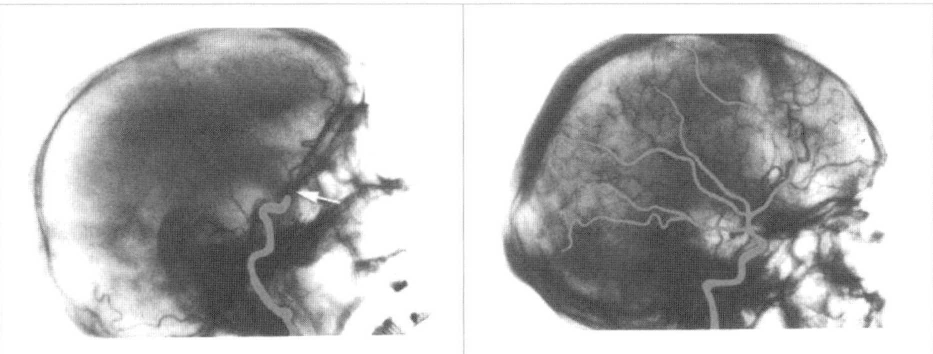

[전뇌사 상태] [정상 상태]

[그림 8-1] 전뇌사 상태와 정상 상태 비교[12]

11) 이종원, 앞의 논문, 277-278면.

12) 주호노, "뇌사와 장기이식의 형법적 문제 - 한국의 장기이식법을 중심으로-", 경희법학 제42

나. 뇌간사설

뇌간사(brain stem death)설은 호흡이나 심박기능 등 신체를 통합하는 기능을 가진 뇌간이 죽은 경우 사망으로 간주하자는 견해이다. 뇌간은 대뇌와 척수를 이어주는 다리역할을 하는 뇌의 가장 중요한 부분으로서 뇌간의 기능이 정지될 경우 뇌 전체의 기능상실로 연결되기 때문에 뇌간의 기능정지를 사망의 시점으로 보는 것이다. 뇌간이 전뇌의 생리학적인 핵심이 되며, 어차피 전뇌사가 뇌간의 기능정지를 포함하므로 뇌간사와 전뇌사를 동등한 개념으로 보는 것이다. 성인의 심장은 뇌간의 기능정지 후 1주 이내에 멈추며, 어린아이는 2주 이내에 멈추게 된다고 한다.[13]

다. 대뇌사설

대뇌사(higher-brain definition)설은 의식을 관장하는 대뇌의 기능이 멈추는 것만으로도 사망으로 간주하자는 견해이다. 이 견해에 따르면 대뇌, 즉 뇌의 '고등 기능'(higher functions)의 영구적인 상실을 사망으로 본다. 비록 뇌간은 살아서 뇌간의 반응이 유지되더라도 대뇌가 그 기능을 상실했기에 사망으로 간주하자는 것이다. 왜냐하면 인간의 정신활동인 인식, 느낌, 기억, 의식 등을 가능케 하는 뇌의 부분이 바로 대뇌와 피질인데 이 둘을 합쳐 고등뇌(higher brain)라고 부르는 데, 이 고등뇌를 인간 고유의 본질적인 기능으로 볼 경우 고등뇌 기능의 상실은 인격적인 인간으로서는 이미 끝났다고 볼 수 있기 때문이다.[14]

(2) 검토 및 소결

뇌사의 판단기준과 관련하여 대뇌사설은 우선적으로 지지할 수 없다고 본다. 왜냐하면 대뇌사설을 따를 경우 대뇌의 기능이 정지되었으나 자발적으로 호흡을 하고 있어 우리의 상식적 직관으로 살아있다고 여기는 식물인간상태의 환자나 대뇌 없이 또는 뇌간의 일부분이 없이 태어난 선천성 기형아인 무뇌아도 죽은 자로 간주되기 때문이다. 그러나 식물인간의 경우 대뇌의 기능은 정지하였지만, 뇌간의 기능은 어느 정도 정상적이기에 호흡, 혈액순환, 체온 등은 인공적인 보조 장치의 도움 없이

권 제2호, 2007, 30면.
13) 이종원, 앞의 논문, 278-279면.
14) 이종원, 앞의 논문, 279면.

도 유지할 수 있으며, 간호를 잘 하고 인공영양과 수액을 지속적으로 공급한다면 수개월이나 수십 년까지도 살 수 있기 때문에 여전히 살아 있는 사람이다. 나아가 무뇌아의 경우에도 뇌간은 지니지만 대뇌의 피질이 없기에 대뇌사설에 따라 죽은 자로 간주하여 이들로부터 장기적출이 허용될 경우 무뇌아는 가장 취약한 상태에서 장기적출의 대상이 될 수밖에 없고, 그들의 부모 또한 사회적 압력에 순응할 수밖에 없는 심각한 윤리적 문제에 직면하게 된다고 한다.[15] 다음으로 뇌간사설은 경우에 따라 대뇌사설보다 더 급진적인 주장이 될 수 있다는 문제점이 있다. 왜냐하면 현재의 의료기술이 뇌의 전체 구조나 상호간의 기능을 전부 확인할 수 없는 불확실한 상황에서 간혹 뇌간의 기능이 정지했음에도 불구하고 일부 대뇌의 기능이 유지되는 경우가 있을 수 있기 때문이다.[16] 생각건대 현재 장기이식법이 따르고 있는 전뇌사설이 타당하다고 본다. 왜냐하면 전뇌사설에 의할 때만이 뇌사상태의 확인이 용이하고, 인격의 기초가 되는 대뇌기능이 살아 있는 경우를 뇌사라고 보는 것은 부당하며, 이와 같은 이유에서 현재 세계 대부분의 사법권에서 현행법으로 전뇌사설을 따르고 있기 때문이다.[17]

Ⅲ. 죽음의 척도로서 뇌사설의 타당성과 뇌사자의 형법적 보호정도

1. 죽음의 법적 척도로서 뇌사설의 타당성

(1) 뇌사설에 대한 찬반론

종래 형법학계에서는 죽음의 법적 척도로서 맥박종지설을 지지하는 견해가 다수설을 차지하고 있었으나, 장기이식술이나 인공심폐장지의 개발 등 의료기술의 발달과 장기이식법의 시행 등에 따라 뇌사설을 지지하는 견해가 증가하고 있다.[18] 뇌사

15) 이종원, 앞의 논문, 280면; 임웅, 앞의 책, 17면.
16) 김상득, 생명의료 윤리학, 철학과현실사, 2001, 339면.
17) 같은 입장으로 이재상, 앞의 책, §2 Rn. 16; 임웅, 앞의 책, 17면.
18) 뇌사설의 찬반에 대한 상세한 분석으로 이상용, 장기이식법의 시행과 향후 전망, 형사정책연

설을 지지하는 학자들의 논거를 보다 구체적으로 살펴보면 다음과 같다. 우선 이재상 교수는 형법에서 사람의 종기를 판단하는 것은 전적으로 생물학적·의학적 기준을 따라야 하는 것이 아니라 형법이 사람의 생명을 보호하는 근본취지에 비추어 형법적 취지에서 판단해야 한다고 하면서, 형법이 사람의 생명을 보호하는 것은 그것이 인간의 인격의 기초이기 때문이며, 생명의 핵심은 호흡이나 심장의 고동이 아니라 뇌의 활동이고, 뇌의 기능이 완전히 죽었을 때에는 사람의 생명을 보호하기 위한 전제가 소멸된 것이라고 한다. 따라서 사람의 인격적 생명은 뇌사에 의해서 끝났다고 보아야하므로 생명을 보호하는 근본취지에서 뇌사설이 타당하다고 한다.[19] 정성근/박광민 교수 역시 생명의 핵심은 호흡이나 심장의 고동이 아니라 뇌 활동에 있으므로 뇌조직의 사망은 개인의 존재와 인격을 소멸시킨다고 해야 하며, 뇌기능이 정지된 이후에는 더 이상 회복이 불가능하다는 점에 비추어 전뇌사설을 지지한다.[20] 임웅 교수도 인간의 생명은 생물학적·사회적·인격적 통일체로서 그 중 사회적·인격적 정체성을 구성하는 뇌를 '생명중추'로 봄이 타당하며, 뇌사판정의 확실함과 신중함은 장기이식법에 의하여 충분히 강구되어 있다고 여겨지고, 장기이식의 필요성과 유용성이라는 시대적 요청에 부응할 수 있다는 점에서 뇌사설을 지지하고 있다.[21]

반면에 뇌사설을 반대하는 입장에서는 전통적 사망관념과의 괴리, 생명에 관한 공리주의적 시각의 경계, 뇌사설의 법적 불안정성, 뇌사판정기준의 불명확성, 의사의 재량권 확대에 따른 남용의 우려, 장기이식의 확대에 따른 인명경시풍조 등을 주요 근거로 제시하고 있다. 이를 보다 구체적으로 살펴보면 다음과 같다. 우선 심재우 교수는 "뇌사설의 바탕에는 공리주의적 사고가 있으며, 이러한 사고는 생명가치의 실존적 윤리성을 외면하는 대단히 위험스러운 사고"이며, "뇌사의 개념은 생명윤리의 도덕성에 근거한 개념일 수 없다"고 한다.[22] 김일수 교수는 "생사의 개념을 정하는 문제는 생물학이나 의학의 문제가 아니라 국민의 지배적인 법의식에 바탕을 둔 법학의 문제에 속하며, 의학적으로 뇌사상태일지라도 호흡과 심장박동이 계속되

구원, 2000, 90-97면 참조.

19) 이재상, 앞의 책, §2 Rn. 14.

20) 정성근/박광민, 형법각론(제3판), 삼지원, 2008, 21면.

21) 임웅, 앞의 책, 17면.

22) 심재우, 앞의 논문, 913면.

는 한 살아 있는 사람으로 보는 것이 여전히 법적 상식"이기 때문에 뇌사설은 국민의 법의식과는 배치된다고 한다.[23] 김성돈 교수는 뇌사설이 기능하는 유일한 역할은 뇌사자로부터 장기적출을 가능하게 하는 것이나, 사람의 생명에 대한 절대적 의미를 어느 정도 상대화할 경우 전통적인 심장사설에 의해서도 얼마든지 가능하다고 한다.[24] 이상돈 교수 역시 "죽음의 일상성은 과학기술적 합리성으로 대체될 수 없는 문화적 가치"이므로, "법은 뇌사를 일반적인 죽음의 개념으로 제도화해서는 안 된다"는 견해를 제시하고 있다.[25]

(2) 검토 및 소결

생각건대 규범학인 형법학에서는 자연과학인 의학적 판단에 의해서가 아니라 사회의 일반적 법의식에 토대하여 '죽음'의 의미를 파악하여야 하므로 맥박종지설이 죽음의 법적 척도로서 여전히 타당하다고 본다. 무엇보다 뇌사가 차지하는 비중은 모든 죽음의 1% 미만에 불과하여 사람의 종기로서 사망은 대부분 맥박종지설에 의해 결정되기 때문에 뇌사설을 일반적인 죽음의 법적 척도로서 인정하는 것은 부당하다고 본다.[26] 나아가 장기이식법도 죽음의 척도로서 형법상 맥박종지설을 폐기하고 뇌사설을 '채택'한 것이 아니라 장기이식이라는 현실적 필요성을 고려하여 뇌사설의 내용을 '반영'하여 '살아 있는 자'와 '사망한 자' 사이에 '뇌사자'라는 개념을 두고 있는 것에 지나지 않는다. 한편, 뇌사설을 반대하는 견해 가운데 "전뇌가 소실된 자뿐 아니라, 무뇌아(뇌간만 있는 상태), 회복될 수 없는 식물상태의 인간, 태어나자마자 고통스럽게 죽을 수밖에 없는 선천적인 중증장애상태의 유아 등도 심장사설의 입장에서 보면 살아 있는 사람에 분명하지만 안락사를 정당화시키는 우회적 방법을 통해 문제해결에 이를 수 있다"는 견해가 있으나,[27] 소극적 안락사의 인정여부와 죽음의 법적 척도로서 뇌사설의 인정여부는 논의의 차원을 달리하는 것이며, 설혹 뇌사

---

23) 김일수, 앞의 책, 23-24면. 같은 취지로 정영일, 형법각론(개정판), 박영사, 2008, 10면; 진계호/이존걸, 형법각론(제6판), 대왕사, 2008, 32면.

24) 김성돈, 앞의 책, 33면.

25) 이상돈, "뇌사와 인권 -죽음개념의 의사소통이론적 재구성-", 법철학연구 제2권, 1999, 261-262면.

26) 같은 취지로 오영근, 형법각론, 박영사, 2005, 19면.

27) 김성돈, 앞의 책, 33면.

설을 부인하고 소극적 안락사를 인정하여 생명의 상대화를 통해 뇌사의 문제해결을 긍정하더라도 소극적 안락사의 대상범위에 지속적 식물인간 이외에 전뇌소실자, 무뇌아 등 뇌사자를 포함시킬 수 있는가라는 또 다른 문제를 야기하므로 설득력 있는 견해라 보기 어렵다고 본다.

2. 뇌사자의 형법적 보호정도

현행 장기이식법은 뇌사를 사망으로 인정함을 여전히 엄격하고 좁은 범위로 한정하고 있다.[28] 장기이식법에서 사망은 종래와 같이 맥박종시설에 따라 인정하지만, 뇌사 상태로부터 장기적출이라고 하는 이식의료에 길을 열어 주기 위해 '살아 있는 자', '뇌사자' 그리고 '사망한 자'로 구분[29]하여 필요한 한도 내에서 예외적으로 뇌사를 사망으로 인정한다. 바로 여기서 살아 있으나 불가역적으로 죽어 가고 있는 자인 뇌사자를 형법상 어느 보호해야 하는가의 문제가 제기된다. 예를 들어 [사례 1]에서와 같이 의사 甲이 뇌사상태에 빠진 환자 T의 장기를 임의로 적출하여 그를 최종적으로 사망케 했을 경우 그를 살아 있는 사람의 생명을 보호법익으로 하는 살인죄(형법 제250조)로 처벌해야 할지, 아니면 사자(死者)에 대한 사회일반인의 숭경의 감정을 보호법익으로 하는 사체등오욕죄(형법 제159조)로 처벌해야 할지 문제되기 때문이다.

뇌사는 이미 생에는 다시 되돌아올 수 없다고 하는, 회귀불능점(point of no return)이 되는 시점을 경계로 하여 생명의 양과 질 모두 지극히 축소된, 통상의 생과는 다른 생명체가 되므로 거기에 대응하여 본인의 자기결정권에 의한 생명의 포기를 인정해도 괜찮다고 하는 만큼 형법적 보호를 후퇴해도 무방하다고 본다. 하지만 뇌사자는 죽어 버린, 즉 사망한 것은 아니므로 본래 형법적 및 규범적 판단으로는 양과

28) 전부 개정된 장기이식법은 장기등기증자에 대한 차별대우를 금지하고 이를 위반한 자에 대하여 국가 등이 시정을 요구할 수 있도록 하며 시정 요구를 따르지 아니한 자에게는 500만원 이하의 과태료를 부과하고, 뇌사판정위원회 구성을 기존 6명 이상 10인 이하의 위원에서 4명 이상 6명 이하의 위원으로 축소 등을 주요 내용으로 한다(주요 개정 내용은 국회의안정보시스템, 제안이유 및 주요 내용 참조, http://likms.assembly.go.kr/bill/jsp/BillDetail.jsp?bill_no=1808289).

29) 장기이식법 제4조 제5호.

질 모두 축소된 생명이라 할지라도 타인으로부터의 침해에 대해서는 통상의 생명과 완전히 동일한 형법적 보호가 이루어져야 한다는 점은 헌법과 형법의 사명으로서 당연하다. 따라서 앞서 언급한 형법적 보호의 후퇴도 이러한 헌법과 형법의 사명을 침범하지 않고, 그것을 능가하는 것보다 우월한 실재론적 가치가 있는 경우로 한정되게 된다. 이러한 우월한 실재론적 가치로는 생명윤리적 관점에서 장기 기증자의 타인의 생명을 구한다는 이타적 정신을, 사회적 관점에서 장기기증은 심장, 폐, 소장, 신장, 췌장 이식 등에 길을 열게 하므로 말기의 장기부전 환자들에 대한 불법적인 장기매매의 근절을 언급할 수 있다. 이러한 우월한 실재론적 가치가 긍정되는 경우에게만 생명의 포기를 인정할 수 있다. 이러한 한도 내에서 본인 또는 유가족에게 얼마 남겨지지 않은 생명의 포기를 인정하는 것이므로 보호되어야 할 법익도 그러한 한도 내에서만 존재하고, 이에 따라 뇌사자의 신체로부터의 장기이식법이 정하고 있는 요건과 절차에 따라 장기적출을 한 의사에게는 살인죄는 물론이고 촉탁·승낙살인죄(형법 제252조 제1항)의 구성요건해당성이 부정된다. 특히 장기이식법 제21조 제2항은 "뇌사자의 사망시각은 뇌사판정위원회가 제18조 제2항에 따라 뇌사판정을 한 시각으로 한다."고 규정하고 있으므로 뇌사판정시 이미 사망한 자가 되어 더 이상 뇌사자로부터의 장기적출 행위가 살인죄 내지 촉탁·승낙살인죄의 구성요건에 해당할 수 없다. 이에 따라 뇌사판정을 받은 뇌사자에 대한 장기적출은 이제 살아 있는 자가 아닌 사체로부터의 장기적출이 되고, 장기들이 오로지 죽음이 선언된 기증자에게서만 떼 낼 수 있게 하는 Dead-Donor rule,[30] 즉 장기기증자는 죽은 사람으로 파악하는 데에도 합치한다. 따라서 장기이식법은 뇌사를 죽음으로 간주하여 장기이식이 전제가 되는 경우에 한정되고, 장기이식과 관계가 없는 법영역에까지 미치지 않는다. 예를 들면 장기이식을 위해서 뇌사를 선택한 뇌사자를 단도로 찔러 임의로 장기를 적출한 행위를 가정을 경우에 그러한 행위는 장기이식의료와 전혀 관계가 없는 것이고, 뇌사자 본인도 단도로 찔리는 데에 동의하여 법익을 포기한 것은 아니다. 그러므로 이는 형법의 일반 해석에 영향을 미치지 않고, 뇌

30) The "dead-donor rule" refers to two widely accepted ethical norms that govern practices of organ procurement for transplantation: (1) vital organs should be taken only from dead patients, and (2) living patients should not be killed for or by organ procurement. 〈출처〉 http://www.ascensionhealth.org/index.php?option=com_content&view=article&id=135&Itemid=172

사자의 생명은 여전히 살아 있는 사람으로서 형법적 보호를 받아 그러한 행위는 살인죄가 성립한다는데 의문이 없다.[31] 나아가 [사례 1]에서 의사 甲은 장기이식법에서 요구하는 가족의 동의 없이 T의 심장과 양쪽 콩팥을 임의로 척출하여 그를 사망에 이르게 하였으므로 법령에 의한 행위로 위법성이 조각될 수 없기 때문에 살인죄가 성립한다.

Ⅳ. 장기등 이식에 관한 법률의 주요내용과 문제점

1. 장기등 이식에 관한 법률의 주요내용

(1) 제정배경 및 기본이념

우리나라에서는 1969년 처음 신장이식의 성공을 시작으로 1988년 뇌사자의 간을 적출하여 간이식을 하는데 성공하였으며, 1992년 심장이식, 췌장이식, 신장을 이식하는데 성공하였다. 그러나 뇌사자의 장기적출과 관련하여 의료계, 법조계 및 종교계 등을 중심으로 뇌사를 사망으로 인정할 것인가를 둘러싸고 논의가 활발하게 진행되었다. 이에 정부도 뇌사를 법적으로 인정하고 뇌사자의 장기적출을 합법화하여 장기이식을 공정하고 효율적으로 관리하며 불법적인 장기매매 행위를 근절하기 위한 목적으로 관련법령의 제정을 추진하여, 1999년 2월 8일 '장기등 이식에 관한 법률'을 제정하여, 2000년 2월 9일부터 시행되게 되었다.

장기이식법은 장기등의 적출과 이식은 인도적 정신에 따라 윤리적으로 타당하고 의학적으로 인정된 방법에 따라야 하며, 기증자의 의사는 존중되어야 하며, 이식의 기회는 모든 사람에게 공평하게 주어져야 한다는 기본이념(동법 제2조)의 바탕 위에서 장기등의 적출과 이식의 적정을 도모하고 국민보건의 향상에 이바지함을 목적으로 한다(동법 제1조). 장기이식법은 금전 또는 재산상의 이익 기타 반대급부를 주고받거나 이를 약속하고 장기를 공여 또는 이식을 하거나(동법 제7조 제1항) 이를 교

31) 김재윤, "생명공학과 의료기술의 발전에 따른 형사법적 쟁점과 과제", 법학논총 제31집 제2호, 2011, 52-54면.

사 · 알선 · 방조하는 행위를 금지한다(동조 제2항).

(2) 주요개념과 뇌사의 판정

장기이식법에서 '장기등'이라 함은 사람의 내장이나 그밖에 손상되거나 정지된 기능을 회복하기 위하여 이식이 필요한 조직으로서 신장 · 간장 · 췌장 · 심장 · 폐, 골수 · 안구, 그밖에 사람의 내장 또는 조직 중 기능회복을 위하여 적출 · 이식할 수 있는 것으로서 대통령령으로 정하는 것(동법 제4조 제1호)을 말하며, '살아 있는 사람'이란 사람 중에서 뇌사자를 제외한 사람을 말하고, '뇌사자'란 이 법에 따른 뇌사판정기준 및 뇌사판정절차에 따라 뇌 전체의 기능이 되살아 날 수 없는 상태로 정지되었다고 판정된 사람(동법 제4조 제5호)을 말한다.

뇌사판정위원회는 의료인, 변호사의 자격을 가지는 자, 공무원, 교원, 종교인, 기타 학식과 사회적 덕망이 풍부한 자 중에서 뇌사판정의료기관의 장이 위촉하는 전문의사 2명 이상과 의료법 제2조 제1항에 따른 의료인이 아닌 위원 1명 이상을 포함한 4명 이상 6명 이하의 위원으로 구성하며(동법 제16조 제3항, 동법 시행령 제18조 제3항), 뇌사판정의 요청을 받은 뇌사판정위원회는 전문의사인 위원 2명 이상과 의료인이 아닌 위원 1명 이상을 포함한 과반수의 출석과 출석위원 전원의 찬성으로 뇌사판정을 한다(동법 제18조 제2항). 뇌사판정의 기준은 제18조 제2항과 관련하여 6세 이상인 자에 대한 뇌사판정의 기준과, 6세 미만인 소아에 대한 뇌사판정기준으로 나누어 본 법 별표에서 그 기준을 제시하고 있다.

(3) 장기등의 적출의 제한

장기등을 이식하기에 적합하지 아니한 감염성병원체에 감염된 장기등, 암세포에 침범된 장기등, 그밖에 이식대상자의 생명 · 신체에 위해를 가할 우려가 있는 것으로서 대통령령으로 정하는 장기등의 경우에 장기등의 적출 · 이식이 금지된다(동법 제11조 제1항). 또한 살아 있는 자로서 16세 미만인 자, 임신한 여성 또는 해산한 날부터 3월이 경과하지 아니한 사람, 정신질환자 · 지적 장애인, 마약 · 대마 또는 향정신성의약품에 중독된 사람의 장기에 대해서도 적출은 금지된다(동조 제3항). 살아 있는 사람으로서 16세 이상인 미성년자의 장기등은 배우자 · 직계존비속 · 형제자매 또는 4촌 이내의 친족에게 이식하는 경우를 제외하고는 적출이 허용되지 않는다(동조 제4항).

(4) 동의의 원칙

장기이식법은 장기등의 적출에 있어서 본인 또는 가족의 동의를 원칙적 요건으로 요구한다. 즉 살아 있는 사람의 장기등은 본인이 동의한 경우에 한하여 적출할 수 있으며, 16세 이상인 미성년자의 장기등과 16세 미만인 미성년자의 골수를 적출하고자 하는 경우에는 본인의 동의 외에 그 부모(부모가 없고 형제자매에게 골수를 이식하기 위하여 적출하려는 경우에는 법정대리인)의 동의가 추가적으로 요구된다(동법 제22조 제1항). 뇌사자와 사망한 자의 장기등은 본인이 뇌사 또는 사망 전에 동의한 경우에 이를 적출할 수 있으며, 이때에도 그 가족 또는 유족이 이를 명시적으로 거부하는 경우에는 적출이 허용되지 않는다(동조 제3항 제1호). 본인이 뇌사 또는 사망 전에 장기등의 적출에 동의 또는 반대하였다는 사실이 확인되지 아니한 경우에는 그 가족 또는 유족의 동의로써 적출이 가능하다(동조 제3항 제2호). 이러한 동의를 할 수 있는 "가족" 또는 "유족"은 배우자, 직계비속, 직계존속, 형제자매, 가족 또는 유족이 없는 경우에는 4촌 이내의 친족의 순서에 따르게 된다(동법 제4조 제6호).

2. 장기등 이식에 관한 법률의 쟁점사항

(1) 뇌사판정

장기이식법의 쟁점사항과 관련하여 뇌사판정위원회의 존치 여부가 문제되고 있다.[32] 사실 뇌사판정이 이루어지기까지 소요되는 시간이 길수록 장기의 기능이 저하되고, 관리에 따른 비용이 증가함으로써 뇌사자나 수혜자 모두에게 불리하므로 뇌사판정의 정확성과 동시에 신속성이 요구된다. 그러나 종전까지는 충실한 생명보호의 입장에서 뇌사판정의 신속성보다 정확성을 강조하여 전문의사 2인 이상과 진료

---

32) 장기이식법의 문제점에 대한 전반적 분석으로 문성제, "우리나라 장기이식의 현황과 법률문제", 외법논집 제24집, 2006.11, 153면 이하; 성낙현, "장기이식에 관한 법적 · 현실적 문제와 그 해결방안", 법조 통권 제658호, 2011.7, 136면 이하; 주호노, "장기등 이식와 관한 법률의 문제점과 개정방향", 의료법학 제2권 제1호, 2001, 349면 이하 참조.

를 담당한 의사가 함께 작성한 뇌사조사서를 바탕으로 전문의사 3인 이상을 포함한 6명 이상 10인 이하의 위원으로 구성된 뇌사판정위원회의 전원일치의 판정을 요구하였다.[33] 이러한 엄격한 뇌사판정 절차에 따라 뇌사자가 발생한 시점에서부터 장기이식까지 시간이 많이 소요되고, 그로 인해 뇌사자 장기기증이 활성화되지 못하고 있다[34]는 비판과 함께 뇌사판정위원회를 폐지하고 독일과 같이 장기기증자를 상호 독립하여 진단할 수 있도록 권한을 부여받은 2명의 의사에 의하도록 간소화하자는 주장이 의료계를 중심으로 지속적으로 주장되어 왔다.[35] 그리고 실제로 이러한 주

〈표 8-1〉 각국의 뇌사판정제도[36]

국가 기준	영국1976 (왕립의과대학)	미국1981 (대통령위원회)	일본1985 (후생성뇌사 연구반)	대만1987 (행정위생서)	한국1999 (장기등 이식에 관한 법률)
깊은 혼수	○	○	○	○	○
자발호흡소실	○	○	○	○	○
양안동공상태 광반사소실	기재 없음	기재 없음	○	기재 없음	○
뇌간반사소실	○	○	○	○	○
뇌파검사로 평탄뇌파증명	×	○	○	×	○
무호흡검사	○	○	○	○	○
뇌파판정 시간	조거충족에 충분한 시간	6시간	6시간	12시간	6세이상: 6시간 1세-6세미만: 24시간 2개월-1세미만: 48시간
뇌사판정 의사	2명	규정 없음	2명이상	3명	전문의사 2명 이상과 진료담당의사가 조사한 후 뇌사판정위원회에서 결정
뇌사판정 시설기준	기재 없음	기재 없음	기재 없음	있음	+(시행규칙)

33) 개정전 장기이식법 제14조 제3항 및 제16조 제1항, 제2항.

34) 실제로 뇌사기증자의 현황은 2006년 141명, 2007년 148명, 2008명 256명, 2009년 261명, 2010명 268명, 2011년 368명으로 매년 채 400명이 되지 않는다(국립장기이식센터 홈페이지, 뇌사자의 장기이식 현황 참조 http://www.konos.go.kr/jsp/front/m05/sub_01.jsp).

35) 독일 장기이식법에 대한 상세한 분석으로 주호노, "독일의 「장기의 기증, 적출 및 이식에 관한 법률」", 경희법학 제33권 제1호, 1998, 349면 이하 참조.

36) 문성제, 앞의 논문, 162면.

장은 2009년 이애주의원이 대표발의한 장기이식법 전부개정법률안에 의해 반영되기도 하였다.[37] 하지만 이러한 의료계의 주장과 이애주의원 대표발의안은 개정 장기이식법에서 뇌사판정위원회를 존속시키되, 다만 뇌사판정위원회 구성을 기존 6명 이상 10인 이하의 위원에서 4명 이상 6명 이하의 위원으로 축소하는 선에서 절충되었다.[38]

생각건대 [그림 8-2]에서 보듯이 장기이식 대기자는 매년 증가하고 있으나 장기기증자가 부족하여 장기수급 불균형이 심각한 실정이므로 뇌사자 장기기증 활성화 방안을 마련할 현실적 필요성을 감안하더라도 형법과 장기이식법이 죽음에 대한 법적 척도로서 뇌사설을 명백하게 취한 것이 아니라는 점, 뇌사판정은 "반드시 곧" 죽을 예정이지만 아직은 살아 있는 사람에 대한 사망선고를 하는 것이라는 점 등을 고려하면 그 판정절차는 가능한 엄격하고 정확해야 한다. 따라서 현 시점에서 뇌사판

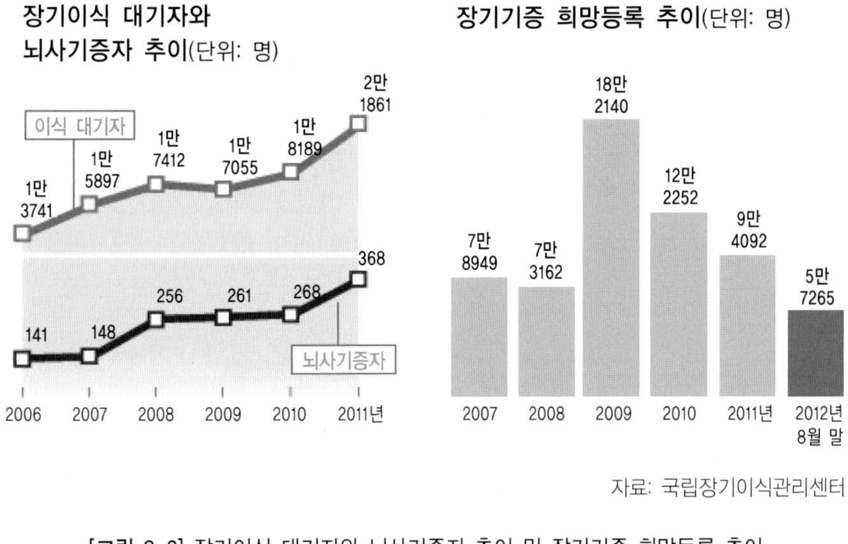

[그림 8-2] 장기이식 대기자와 뇌사기증자 추이 및 장기기증 희망등록 추이

---

37) 동 법률안 제18조 ① 뇌사판정기관의 장은 제16조 제1항에 따른 뇌사판정 신청을 받으면 제15조 제4항의 자격을 갖춘 신경과 등의 전문의사 2인 이상(이하 "뇌사판정의사"라 한다)으로 하여금 지체 없이 현장에 출동하여 뇌사판정대상자의 상태를 파악한 후 대통령령으로 정하는 바에 따라 뇌사판정을 실시하도록 하여야 한다. 이 경우 뇌사판정의 기준은 대통령령으로 정한다.

38) 장기이식법 제16조 ③ 제2항에 따른 뇌사판정위원회는 대통령령으로 정하는 바에 따라 전문의사 2명 이상과 「의료법」 제2조 제1항에 따른 의료인(이하 "의료인"이라 한다)이 아닌 위원 1명 이상을 포함한 4명 이상 6명 이하의 위원으로 구성한다.

장기기증의 국민적 공감대가 충분히 형성된 시점에서는 뇌사판정위원회를 폐지하고 신경과 전문의를 포함한 전문의사 2명이 1차 뇌사조사를 하고, 2차 조사를 하기 전에 뇌사자 장기기증의 동기, 뇌사판정의 기준의 적합성, 동의서 등을 병원윤리위원회에서 전반적으로 검토하여 최종 판정하는 방안[39]을 고려해 볼 수 있겠다.

(2) 완화된 동의방식

뇌사판정을 통한 장기이식은 뇌사자 본인의 자발적인 동의가 전제되어야 한다. 이때 뇌자자의 장기기능의 의사는 사전지시서나 생전유언을 통해서 알 수 있다. 이에 장기이식법은 장기등의 적출을 위해 본인의 뇌사 또는 사망하기 전 동의를 원칙적으로 요구하고 있으며, 본인이 뇌사 또는 사망하기 전에 장기등의 적출에 동의하거나 반대한 사실이 확인되지 아니한 경우에는 그 가족 또는 유족이 장기등의 적출에 동의가 있어야 한다. 다만 그 가족 또는 유족이 장기등의 적출을 명시적으로 거부하는 경우는 장기등의 적출이 허용되지 않는다(동법 제22조 제3항 제1호, 제2호). 즉 장기이식법은 넓은 의미의 완화된 동의방식을 취하고 있는 것으로 이해된다.[40]

이러한 완화된 동의방식은 사망자가 평소 자신의 장기를 기증할 의사가 명백히 있었음에도 불구하고 적시에 이 의사를 객관화하지 못했을 경우에도 가족 또는 유족의 동의만으로 장기등의 적출을 허용함으로써 타인의 생명구조에 공여할 수 있다는 장점이 있다. 반면에 이에 대해 ① 장기적출은 당사자의 고유 권한임에도 불구하고 이에 대한 의사표시가 없는 경우 가족 또는 유족으로 하여금 이를 허용하게 하는 것은 자율성의 원칙을 침해하는 것이라거나,[41] ② 친족 또는 유족이 사망자의 의사보다 자신의 표상을 우선시 할 가능성을 배제할 수 없으며, 나아가 아무리 친족이라고 하더라도 사망자 본인이 아닌 이상 사망자와는 전혀 다른 사람으로서 사망자의 신체에 관한 결정을 내릴 수 있을지도 의문이라거나, ③ 가족 또는 유족의 사망으로 충격적인 순간에 어려운 결정까지 하게 함으로써 가족 또는 유족에게 막대한 심리

---

39) 이러한 방안의 제안은 한성숙/홍현자/전희옥, 앞의 논문, 11면 참조.

40) 성낙현, 앞의 논문, 148면.

41) 구인회, "우리나라 '장기등 이식에 관한 법률'의 윤리적 검토", 법철학연구 제11권 제1호, 2008, 207-208면; 김학태, "한국 장기이식법의 윤리적 정당성에 관한 연구", 외법논집 제25집, 2007, 414면.

적 부담감을 준다는 비판이 제기되고 있다고 한다.[42)]

생각건대 장기이식법이 따르고 있는 완화된 동의방식에 대해 여러 비판이 있음에도 불구하고 이 방식이 뇌사자 본인의 장기기증을 통한 타인의 생명구조라는 자기결정권을 보호하면서도 가족 또는 유족의 시신에 대한 경외감을 최대한 보호할 수 있을 뿐만 아니라 장기수급율 제고라는 상충된 가치를 적절히 조화할 수 있다는 점에서 타당한 방식이라고 본다.[43)] 물론 뇌사자 본인의 장기기증의 의사표시가 불명확함에도 불구하고 가족 또는 유족의 동의만으로 장기적출을 허용하는 것은 자율성의 원칙을 침해하는 것으로 볼 수 있다. 하지만 이 경우 가족 또는 유족은 의사로부터 장기기증과 관련된 충분한 정보를 제공받은 이후 자신들의 이익을 위해서가 아니라 뇌사자 본인의 생전 장기기증에 대한 가치관을 최대한 고려하여 동의여부를 결정하고 동의 이후에도 장기등을 적출하기 위한 수술이 시작되기 전까지 언제든지 그 동의의 의사표시를 철회할 수 있으므로(동법 제22조 제4항) 실제적 관점에서 볼 때 뇌사자의 주관적 결정권을 침해한 것으로 보기 어렵다고 본다. 반면에 [사례 1]에서 외과의사 甲은 T 가족의 승낙 없이 그의 심장과 양쪽 콩팥을 제거하고 T의 심장을 K에게 이식하였는바, 이는 장기이식법 제22조 제3항의 요건을 갖추지 못한 것으로 위법한 장기이식행위로 살인죄가 성립함에 의문이 없다.

Ⅳ. 맺는 말

종래 인간의 죽음에 대한 법적 척도로 심장박동이 영구적으로 정지된 시점에서 죽음을 인정하는 맥박종지설이 폭넓은 지지를 받아 왔다. 하지만 비약적인 의료기술의 발전, 특히 심폐소생술의 발전은 심장박동과 호흡의 정지상태가 다시금 해소될 수 있게 함으로써 맥박종지설에 대해 커다란 의문을 품게 되었다. 이와 더불어 장기이식술의 발전은 분명 죽음 앞에 직면해 있거나 혹은 일생동안 불치병에 시달리는 많은 만성질환자에게 최후의 희망을 꿈꾸게 하였으며, 이에 장기이식에 대한 수요를 지속적으로 증가하게 하였다. 이러한 상황 속에서 "전뇌기능의 소실인 뇌사"를 죽음

---

42) 성낙현, 앞의 논문, 148면.

43) 같은 견해로 성낙현, 앞의 논문, 149, 156면.

에 때한 법적 척도로 인정하자는 뇌사설이 주장되었고, 이러한 뇌사설을 바탕으로 뇌사자로부터 일정한 요건 하에서 장기척출을 허용하는 장기이식법이 제정되기에 이르렀다. 하지만 장기이식법이 시행된지 14년이 지난 현재까지도 의료계, 법학계, 종교계에서 죽음의 또 다른 판단기준으로서 뇌사설의 타당성과 장기이식법의 문제점에 대한 논의는 여전히 현재진행형이다. 이에 본 글에서는 뇌사의 개념과 판단기준, 죽음의 법적 척도로서 뇌사설의 타당성, 장기이식법의 주요내용 및 쟁점사항에 대해 살펴보았고, 이를 간략히 요약하면 다음과 같다.

우선, 규범학인 형법학에서는 의학적 판단을 기초로 하더라도 사회의 일반적 법의식에 토대하여 '죽음'의 의미를 파악하여야 하므로 맥박종지설이 죽음의 법적 척도로서 여전히 타당하다. 다만 뇌사설은 뇌사가 차지하는 비중이 모든 죽음의 1% 미만에 불과하므로 이 부분에 한하여 예외적으로 죽음의 또 다른 법적 척도로 인정될 수 있을 뿐이다. 다음으로, 뇌사는 이미 생에는 다시 되돌아올 수 없다는 시점을 경계로 하여 생명의 양과 질이 모두 지극히 축소되므로 이에 대응하여 본인의 자기결정권에 의한 생명의 포기를 인정해도 괜찮다고 하는 만큼 형법적 보호가 후퇴되어도 무방할 것이다. 하지만 뇌사자의 생명권은 뇌사판정위원회의 뇌사판정이 있기까지는 사망한 것이 아니므로 살아 있는 사람으로서의 형법적 보호를 받아야 한다. 셋째, 장기이식법의 쟁점사항과 관련하여 뇌사판정은 "반드시 곧" 죽을 예정이지만 아직은 살아 있는 사람에 대한 사망선고를 하는 것이라는 점을 고려하면 현 시점에서 뇌사판정위원회 자체를 폐지하는 것은 바람직하지 않다. 마지막으로, 장기이식법이 따르고 있는 완화된 동의방식은 장기기증 여부가 뇌사자 본인의 고유 권한임에도 불구하고 이에 대한 의사표시가 없는 경우 가족 또는 유족으로 하여금 이를 허용함으로써 자율성의 원칙을 침해한다는 비판도 있으나, 가족 또는 유족이 뇌사자의 생전 의사에 명백히 모순되는 방향으로 그 동의권을 실행하지 않는다면 이러한 주관적 결정권은 실질적 관점에서 침해된 것으로 볼 수 없으므로 합리성과 효율성을 최대한 고려한 방식으로 타당하다고 본다.

[§ 9]

소극적 안락사(존엄사)*

— 무의미한 연명치료는 누구에 의해, 어떤 방법에 의해 중단되어야 하는가?

> *"회복불가능한 사망의 단계에 이른 후에 환자가 인간으로서의 존엄과 가치 및 행복추구권에 기초하여 자기결정권을 행사하는 것으로 인정되는 경우에는 특별한 사정이 없는 한 연명치료의 중단이 허용될 수 있다."*
>
> \- 대법원 2009. 5. 21. 선고 2009다17417 전원합의체 판결

Ⅰ. 들어가는 말

현대의학과 의료기술의 급진적 발전으로 말미암아 인위적으로 인간의 생명을 조절 내지 연장할 수 있는 현실에서 "나는 환자의 건강과 생명을 첫째로 생각하겠노라"(The health and life of my patient will be my first consideration)고 히포크라테스 선서[1]를 한 의사는 심각한 딜레마에 빠지곤 한다. 왜냐하면 의사는 극심한 고통에 시달리고 있는 시한부 루게릭병 환자가 자신의 진지한 요청으로 독극물을 직접 투여해 달라고 했을 경우, 뇌출혈 · 무항문증 · 식도폐색 등 복합장애를 갖고 태어난 신생아의 부모가 "그냥 죽도록 내버려두는 것이 더 인간적이다"고 하면서 응급수술거부와 치료중단을 강력히 요구하는 경우 등 의료현장에서 발생하는 수많은 사례에서 한 인간의 생명을 두고 곤혹스러운 결정을 내려야 하는 어려움에 처하기 때문이다. 이와 같은 사례에서 의사가 안락사라는 이름아래 환자의 죽음에 일정부분 관

* 이 글은 원래 김재윤, "안락사 허용론에 대한 고찰", 형사법연구 제26호 특집호(2006.12), 597-614면에 게재된 것으로 최근의 논의까지를 반영하여 수정 · 보완한 것임.

1) 이에 관한 자세한 분석으로 반덕진, 히포크라테스 선서, (주)사이언스북스, 2006 참조.

여를 한다면 형법상 촉탁·승낙에 의한 살인죄 또는 자살관여죄로 형사처벌[2]을 받을 수 있는 우리나라의 법 현실에서는 더욱 그러하다.

1997년 보라매병원 사건을 계기로 우리 사회에 촉발된 소극적 안락사 허용여부에 관한 논쟁은 2009년 대법원이 김 할머니 사건에서 환자에 대한 무의미한 연명치료 강요는 '인간의 존엄성'을 해친다는 이유로 소극적 안락사(존엄사)를 인정하는 판결[3]이 내려진 이후 현재까지 의료계는 물론이고 법조계에서도 뜨거운 논의대상이 되고 있다.[4] 특히 보라매병원 사건과 관련하여 2004년 6월 24일 대법원이 "보호자의 강청에 따라 치료를 요하는 환자에 대하여 치료중단 및 퇴원을 허용하는 조치를 취함으로써 환자를 사망에 이르게 한 담당 전문의와 주치의에게 살인방조죄가 성립한다"[5]고 판시함으로써 형법학계에서 다시 논란이 가열되고 있다. 이처럼 안락사 허용여부는 환자 입장에서는 '인간에게 자연스럽게 죽을 권리'(Recht auf einen natürlichen Tod)의 문제이고, 의료인 입장에서는 '환자에 대한 치료의무가 언제·어떤 조건하에서 면제 되는가'의 문제라 하겠다. 이러한 논란 가운데 제18대 국회에서는 존엄사 관련 법안들이 제출되었고,[6] 대한의사협회, 대한의학회, 대한병원협의

---

2) 형법 제252조 (촉탁, 승낙에 의한 살인등) ① 사람의 촉탁 또는 승낙을 받어 그를 살해한 자는 1년 이상 10년 이하의 징역에 처한다.
② 사람을 교사 또는 방조하여 자살하게 한 자도 전항의 형과 같다.

3) 대판 2009.5.21, 2009다17417. 이 판결에 대한 대표적인 평석으로는 이석배, "연명치료중단의 기준과 절차 -대법원 2009.5.21. 선고 2009다17417 판결이 가지는 문제점을 중심으로-", 형사법연구 제21권 제2호, 2009, 147면 이하; 정철, "연명치료중단 판결의 헌법적 검토 -대법원 2009.5.21. 선고 2009다17417 판결-", 서울대학교 법학 제50권 제4호, 2009, 111면 이하 참조.

4) 소극적 안락사란 사기가 임박하고 현대의학의 견지에서 불치이며, 특히 지속적 식물상태에 있는 환자에 대하여 의사가 생명유지에 필요한 의료적인 처치를 취하지 않거나 이미 부착된 생명유지장치를 제거하는 경우를 말하는데, 존엄사는 환자의 의사에 따라 고통 없이 인간으로서의 존엄을 지키며 사망에 이르게 한다는 점에서 소극적 안락사의 범주에 포함된다. 그리고 연명치료 중단은 소극적 안락사(존엄사)의 하나의 방법적 측면을 강조한 표현이다. 따라서 이하에서는 소극적 안락사(존엄사)와 연명치료 중단을 문맥에 따라 혼용하여 사용하기로 한다.

5) 대판 2004.6.24, 2002도995. 이에 대한 자세한 판례평석으로 손동권, "정범과 공범, 작위범과 부작위범의 구별", 인권과정의 통권 제346호(2005.6.), 101면 이하; 이정원, "의학적 권고에 반한 퇴원으로 사망한 환자에 대한 형사책임", 비교형사법연구 제6권 제2호, 2004, 361면 이하 참조.

6) 신상진 위원 대표발의의 "존엄사법안"(2009.2.5.), 김세연 의원 대표발의의 "삶의 마지막 단계에서 자연스러운 죽음을 맞이할 권리에 관한 법률안"(2009.6.22.), 김충환 의원 대표발의의 "호스피스·완화의료에 관한 법률안"(2008.12.9.)이 있다. 이들 법안에 대한 상세한 분석으로는 조규범, "존엄사에 대한 입법론적 고찰", 조선대 법학논총 제17집 제1호, 2010, 217면 이하 참조.

회가 주축이 된 연명치료중지에 관한 지침제정위원회에서는 2009년 9월 연명치료중지에 관한 지침(이하 '지침'이라 함)[7]을 공표하였다.

따라서 본 논문에서는 안락사 허용여부와 관련한 지금까지의 국내 논의를 종합적으로 고찰함으로써 적극적 내지 소극적 안락사의 허용론에 반대하는 견해를 도출하고자 한다. 이를 위해 우선 안락사의 개념정의를 새롭게 시도해 보고(Ⅱ), 다음으로 안락사 허용의 위험성을 바탕으로 적극적 안락사 허용론과 소극적 안락사 허용론에 대해 검토를 하고자 한다(Ⅲ, Ⅳ). 마지막으로 이러한 논의를 바탕으로 입법적 차원에서 안락사를 허용하기보다 일차적으로 사회정책의 일환으로서 호스피스 활동의 장려 등과 같이 말기암 환자가 존엄하게 자신의 죽음을 맞이할 수 있도록 하는 선진적 의료복지정책의 마련과 그 시행이 더욱 시급함을 강조하고자 한다(Ⅴ).

Ⅱ. 안락사의 새로운 개념정의 시도

안락사(Euthanasia,[8] Sterbehilfe)란 일반적으로 "아름답고 존엄한 죽음", "행복하고 품위 있는 죽음", "고통이 없는 빠른 죽음", "잠자는 것과 같은 평화로운 죽음", "가벼운 죽음", "깨끗한 죽음" 등의 다양한 의미를 내포하고 있지만,[9] 형법학계에서는 대체로 "심한 육체적 고통에 시달리며 사기(死期)가 임박한 불치 또는 난치의 환자의 촉탁·승낙을 받아 그 고통을 제거하거나 완화하기 위한 의료적 조처가 생명의 단축을 가져오는 경우"로 정의하고 있다.[10] 이러한 정의는 1962년 일본에서 안락

7) 이 지침에 대한 상세한 분석으로는 김혁돈, "존엄사 입법화에 대한 비교법적 제안", 단국대 법학논총 제33권 제2호, 2009, 594면 이하 참조.

8) 안락사를 뜻하는 Euthanasia라는 용어는 어원학적으로 볼 때, 그리스어인 eu(아름다운, 행복한)와 thanatos(죽음)라는 말의 합성어이다. 즉 불치의 질병으로 죽음이 임박한 고통 받는 환자를 도와서 고통이 없는 편안한 죽음을 맞이하게 한다는 뜻이다(이에 대한 자세한 설명은 이상용, 치료중단과 안락사, 한국형사정책연구원, 2001, 23-24면 참조).

9) 이덕환, 의료행위와 법, 문영사, 1998, 331면.

10) 박상기, 형법각론(제6판), 박영사, 2005, 26면; 배종대, 형법각론(제6전정판), 홍문사, 2006, 68면; 손동권/김재윤, 새로운 형법각론, 율곡출판사, 2013, 14면; 오영근, 형법각론, 박영사, 2005, 26면; 이재상, 형법각론(제9판), 박영사, 2013, §2 Rn. 26; 임웅, 형법각론(제4정판), 법문사, 2012, 23면; 정영일, 형법각론(개정판), 박영사, 2008, 23면.

사의 허용조건을 밝힌 나고야고등법원의 판결내용을 토대로 한 것으로, 그에 따르면 안락사는 ① 현대의학의 견지에서 환자가 불치의 질병에 걸려있고 사기가 임박해 있을 것, ② 환자의 육체적 고통이 격심할 것, ③ 안락사가 오로지 환자의 육체적 고통을 완화할 목적으로 행해질 것, ④ 환자의 의사표명이 가능한 경우에는 환자의 진지하고도 명시적인 촉탁 또는 승낙이 있을 것, ⑤ 안락사를 시행하는 자는 원칙적으로 의사일 것, ⑥ 안락사 시행의 방법이 윤리적으로 타당할 것이라는 요건을 갖추었을 때 적법하다는 것이다.[11)]

그러나 이러한 기존의 안락사에 대한 개념정의는 예를 들어 '지속적 식물상태'(Persistent Vegetative State, PVS)[12)]에 있는 환자의 경우에는 극심한 육체적 고통으로 괴로워하고 있는 상황은 아니기 때문에 이와 같은 환자의 생명유지장치를 차단하는 것을 뜻하는 소극적 안락사를 포함할 수 없다는 문제점을 가진다.[13)] 이와 관련하여 안락사의 개념에서 환자의 '육체적 고통'의 요소를 제거하는 동시에 '존엄하게 죽을 환자의 권리'에 초점을 두어야 함을 지적하면서, 안락사 개념을 "사기가 임박한 불치 또는 난치의 환자로 하여금 인간다운 죽음을 맞이하도록 하는 의료적 조처가 생명의 단축을 가져오는 경우"로 새롭게 정의해야 한다는 견해가 있다.[14)]

생각건대 이러한 견해 역시 한편으로 의학과 의료기술이 급속히 발전한 현시점에서도 대표적 불치의 질환인 암의 경우에 그 고통을 완벽하게 약물로써 진정시킬 수 없다고 보는 것이 일반적이므로 안락사의 개념에서 '육체적 고통'의 요소를 제외하는 것은 지나치게 성급한 판단이 아닌가하는 점, 다른 한편으로 지속적 식물상태에 있는 환자의 경우에는 '사기가 임박'한 것으로 볼 수 없는 경우도 있을 수 있다는 점 등에서 문제의 소지를 여전히 가지고 있다고 본다. 따라서 이러한 관점을 고려하여

---

11) 名古屋高判 昭和 37. 12. 22. 高集 15券 19號 674頁; 손동권/김재윤, 앞의 책, 14-15면.

12) '지속적 식물상태'(PVS)는 1989년 9월에 개최된 제41차 WMA(세계의사협회) 총회에서 채택된 성명에 따르면 다음과 같은 상태를 뜻한다. 의식상실이 몇 주 이상 지속될 경우에 신체가 식물적 생존유지에 필요한 기능만을 유지할 수 있기 때문에 PVS라고 하는데, 식물상태로부터의 회복은 그 상태가 시작된 지 처음 2~3일이나 몇 주 동안에 가능하지만, 식물상태에 있는 많은 사람들이 수개월이나 수년간 영양과 그 밖의 치료를 제공받아야만 살아갈 수 있다고 한다(이에 대한 자세한 설명은 문국진, 생명윤리와 안락사, 여문각, 1999, 211-213면 참조).

13) 같은 취지로 이상용, "안락사, 그 용어의 재음미", 비교형사법연구 제5권 제2호, 2003, 각주 19) 참조. 특히 이상용 교수는 일본 판례에 따른 현재의 안락사 개념정의를 폐기하는 대신에 치료중단과 의사조력자살의 용어를 사용할 것을 주장한다(이상용, 같은 논문, 170-171면).

14) 임웅, "안락사 허용론", 형사법연구 제16호 특집호, 2001, 224면.

안락사의 개념을 "심한 육체적 고통에 시달리며 사기가 임박하거나, 지속적 식물상태 등으로 인해 의식의 회복가능성이 희박한 불치 또는 난치의 환자로 하여금 인간다운 죽음을 맞이하도록 하는 의료적 조처가 생명의 단축을 가져오는 경우"로 새롭게 정의를 시도하고자 한다.

안락사, 존엄사, 연명치료중단15)

일반적으로 안락사는 불치의 질병에 걸려 죽음의 단계에 들어선 환자의 고통을 덜어주기 위하여 그 환자가 죽음을 맞이하도록 해주는 것을 의미한다. 안락사라는 용어는 '아름다운 죽음'이라는 뜻을 가진 Enthanatos라는 그리스어에서 유래하는데 영어로는 Euthanasia, 독일어로는 Euthanasie라고 표기한다. 독일어권에서는 '임종원조'라는 의미에서 Sterbehilfe, 영미권에서는 '자비로운 죽임'이라는 뜻으로 Mercy-Killing이라고 부르기도 한다. 오늘날 안락사는 때때로 도움을 받은 죽음의 모든 형태를 뜻하는 포괄적 용어로도 쓰이지만, 가장자주 의미하는 것은 치명적인 주사를 놓는 것과 같이 다른 사람의 생명을 끊는 직접적인 행동이다. 최근 의학의 놀라운 발달은 수많은 형태의 식물인간을 낳게 되어, '무의미한 연명의 거부', '인간답게 살려는 욕망' 등의 요구가 나오게 되었고, 이러한 요구를 안락사와 결부시키기에 이르렀다. 따라서 안락사는 "합리주의적 발상에 기초하여 인간의 생명이 불가역적인 죽음으로 인식되었을 때 이를 인위적으로 단축시키는 행위"라고 정의할 수 있다.

한편 존엄사의 정의와 관련하여서도 이러한 기존의 안락사의 개념에 대한 논쟁과 유사한 의견대립이 있고, 안락사와 존엄사의 관계에 대하여도 의견이 분분하다. 예컨대 안락사와 존엄사를 구분하는 견해의 개념정의에 의하면 '존엄사(death with dignity)'란 "죽음에 직면한 환자가 품위 있는 죽음을 맞도록 하기 위하여 생명유지조치를 중지하는 것"을 말한다. 존엄사를 안락사에 포함시키지만 소극적 안락사와 존엄사를 분리하는 견해의 개념정의에서 '존엄사'는 "의식회복의 가능성이 없는 식물인간에 대하여 그에 부착된 생명유지 장치를 제거하여 인간으로서의 존엄을 유지하면서 죽음을 맞게 하는 것"을 말한다. 이러한 정의로부터 논자에 따라서는 '존엄사'를 '소극적 안락사'나 '부작위에 의한 안락사' 또는 '광의의 안락사'라고 표현하는 입장도 있다.

그밖에 유사한 개념으로 '치료중단'이란 용어를 사용하는데 이는 연명치료중단을 줄인 용어이다. 연명치료란 의학적으로 무의미하고 단지 생명현상을 유지시킬 뿐인 치료라는 의미를 함축하고 있고, 그러한 연명치료의 중단은 종래 안락사와 다른 것이라는 점을 강조하자는 목적에서 안락사와 구별하여 '치료중단'이란 용어가 사용되기도 한다. 기존의 안락사 개념과 일부 중복되는 유사한 개념들이 새롭게 등장하면서 종래의 안락사의 일반적 분류와 정확하게 합치하지 못하고 그 의미도 변하기도 한다. 따라서 혼란을 피하기 위하여 구체적 행위를 표시하는 '치료중단'이나 '의사조력자살' 등의 표현을 사용하는 것이 적절할 수 있으며, 육체적 고통과 사기(死期) 임박이라는 안락사 요건의 결여로 치료중단을 소극적 안락사로 볼 수 없으므로 치료중단 자체의 허용여부와 허용조건을 제도화할 필요가 있다는 견해도 있다.

15) 조규범, "존엄사에 대한 입법론적 고찰", 조선대 법학논총 제17집 제1호, 2010, 220-222면.

Ⅲ. 적극적 안락사 허용론에 대한 검토

1. 적극적 안락사의 개념

'적극적 안락사'(aktive Sterbehilfe)란 환자의 고통완화 · 제거를 목적으로 하지만 그 시술방법이 "적극적인 처치", 즉 작위에 의하여 행해지는 안락사를 말하는 것으로, 고통완화 · 제거를 위하여 행해지는 안락사가 환자의 생명단축을 직접적인 목적으로 해서 시술되는 측면을 강조하여 '직접적 안락사'(direkte Sterbehilfe)라고도 한다.[16] 예를 들어 암의 말기단계에서 환자의 고통이 참을 수 없는 정도에 이르렀을 때 치명적인 용량의 모르핀을 환자에게 주사함으로써 생명을 마감케 하는 의사의 적극적인 처지가 이에 해당한다. 우리가 보통 안락사라고 부르는 것은 이와 같은 직접적인 적극적 안락사를 의미한다.[17]

생명단축을 직접적 목적으로 하는 적극적 안락사는 환자의 명시적인 요구가 있다고 하더라도 ① 형법상 절대적 생명보호의 원칙에 위배되고 생명보호의 상대화를 초래하게 되며, ② 생명의 신성불가침이 무너지고, ③ 안락사 남용의 위험을 방지한다는 관점에서 위법하다고 보아 허용하지 않으려고 하는 것이 우리 형법학계의 통설적 견해[18]이고 판례[19]의 태도이다. 다만 최근에 이를 비범죄화의 차원에서 예외

16) 적극적 안락사의 유형에는 환자의 고통을 완화 · 제거하기 위한 적극적인 처치가 불가피하게 부작용을 수반하여 환자의 생명단축을 초래한 경우인 '간접적 안락사'(indirekte Sterbehilfe)가 포함된다. 그러나 간접적 안락사는 환자의 반대의사가 없는 한 ① 형법 제20조의 기타 사회상규에 위배되지 아니하는 행위로서, 또는 ② 피해자의 승낙과 긴급피난으로서, 또는 ③ 형법 제20조의 업무로 인한 행위로서 위법하지 않다거나, ④ 허용된 위험으로서 인정된다(이상용, 앞의 책, 50-51면).

17) 안락사의 유형은 그 개념만큼이나 다양하게 분류되고 있다. 예를 들어 허일태 교수는 형법상 의미 있는 안락사를 우선 그 허용성과 관련하여 어떠한 작용을 하는지에 따라 도태적 안락사, 존엄사, 협의의 안락사 그리고 진정안락사로 구별하고, 둘째로 시술방식에 따라 (직접적)적극적 안락사, (직접적)소극적 안락사, 간접적 안락사, 방조적 안락사 등 4가지 유형으로 구별하고, 셋째로 임의성의 여부에 따라 임의적 안락사, 비임의적 안락사, 강제적 안락사로 구별하고 있다(허일태, "안락사에 관한 연구", 형법연구 I, 세종출판사, 1997, 390-398면).

18) 김일수, "안락사 문제의 실정법적 연구", 현대사회, 1984년 봄호, 187면; 박상기, 형법총론, 박영사, 2002, 160면; 배종대, 앞의 책, 70면; 이재상, "안락사의 형태와 허용한계", 김종원교수화갑기념논문집, 1991, 578면; 전지연, "현행형법에 따른 안락사의 허용여부에 대한 검토", 명형식교수화갑기념논문집, 1998, 163면; 허일태, 앞의 논문, 428, 436면.

19) 대판 1957.7.26, 4290형상126.

적으로나마 허용하자는 견해가 제기되고 있다.[20]

2. 적극적 안락사 허용론의 근거

적극적 안락사의 비범죄화의 논거로 우선 한국과 독일에 있어서 안락사 논쟁의 '배경', 즉 법률적 배경, 문화적 배경, 역사적 배경이 다르기 때문에 독일형법학계의 지배적 경향을 그대로 답습하여 적극적 안락사는 항상 위법하다고 하여 허용하지 않으려는 종래 다수견해는 문제가 있다고 한다. 보다 구체적으로 법률적 배경의 차이에 있어서는 독일형법이 촉탁살인죄는 처벌하나 자살과 자살관여를 처벌하는 규정을 두지 않음으로써, 촉탁살인죄와 함께 자살관여죄의 처벌규정이 있는 우리 형법과는 다르다는 것을 지적한다. 즉 독일에서는 이미 환자 스스로가 의사, 약사의 도움을 받아서 "안락한 방법으로 자살"할 수 있는 길이 형법상 허용되어 있으나, 우리나라에선 환자가 의료인의 도움을 받아 스스로 안락하게 자살하는 것이 막혀있으므로 오히려 고층빌딩에서 투신한다든가 깊은 물속에 몸을 던진다든가 하는 경우와 같은 비인도적인 사례들이 발생하고 있다는 것이다. 이외에도 문화적 배경의 차이로는 생사관(生死觀)에 대한 기독교문화권과 불교, 유교문화권의 차이를 들며, 역사적 배경상의 차이로는 독일이 나치시대에 안락사라는 명분으로 저지른 집단살해의 사실을 지적한다. 이 때문에 독일인들은 안락사에 대하여 의식적으로 강한 저항감을 보이고 있지만, 우리나라는 안락사의 위험성에 대해 경계는 하되, 이성적 접근을 해야 하고 또 그래야 한다고 한다.[21]

다음으로 적극적 안락사를 허용한다면 절대적 생명보호의 원칙과 생명의 불가침성이 무너지고 안락사 남용의 위험성이 크다는 주장(소위 '안락사 위법설')에 대해서는, 우리 사회에서도 생명의 보호는 이미 "상대화"되어 있을 뿐만 아니라 생명보호에 있

20) 임웅, 앞의 논문, 228면 이하; 임웅, 앞의 책, 25-27면; 한상훈, "안락사의 허용성에 대한 비교법적 고찰", 형사법연구 제21호(2004 여름), 179-182면 참조. 특히 한상훈 교수는 의사조력자살을 허용하는 동일한 요건과 절차의 맥락에서 직접적 안락사를 배제할 이유는 없다고 하면서 초기에는 보다 엄격하게 안락사를 허용하고, 시행경과를 주시하여 간접적 안락사, 소극적 안락사(치료중단), 자살조력, 직접적 안락사의 순서로 점진적으로 확대하는 방안도 검토해볼 필요가 있다고 한다.

21) 임웅, 앞의 논문, 228-231면.

어서도 “절대성”은 타당하지 않으며, 과학의 발전은 인간생명도 이제는 신이 다룰 일(神事)이 아니라 인간이 다룰 일(人事)로 만들었음을 지적한다. 또한 그 남용의 우려에 대해서는 환자 본인의 의사가 그 가족이나 친족에 의해 왜곡될 가능성 및 환자 자신의 진의가 경솔하게 형성되거나 외부의 영향으로 자율성이 의심되는 사례를 제시하는데, 이에 대해서는 제도적인 보완장치를 통해 남용의 위험성을 방지할 수 있다고 주장한다. 그리고 오히려 적극적 안락사의 비범죄화론이 환기하는 죽음에 대한 진지한 성찰과 죽음의 인간다운 수용이 생명의 엄숙함과 삶에 대한 책임감을 각성케 한다고 주장한다.[22]

이러한 논거를 바탕으로 적극적 안락사 허용론은 생명에 대한 자기결정권의 관점에서 적극적 안락사의 예외적 허용을 숙고해야 하며, 그 허용요건과 한계를 명백히 하기 위해서는 입법적 조치에 의해 정면으로 합법화하는 것이 낫다는 결론을 도출하고 있다.[23]

3. 적극적 안락사 허용론에 대한 검토

앞서 언급한 적극적 안락사의 비범죄화의 논거는 다음과 같은 점에서 많은 문제점을 노출하고 있다고 본다.

우선 적극적 안락사 허용론은 한국과 독일의 안락사 논쟁의 ‘배경’이 다르기 때문에 우리나라에서 적극적 안락사의 법률적 허용을 신중히 논의할 필요가 있다고 주장하고 있으나, 이 논거는 다음과 같은 점에서 문제의 소지를 안고 있다. 첫째로 이 견해는 한국형법과는 달리 독일형법이 자살관여죄를 처벌하는 규정이 없으므로 환자 스스로가 의사, 약사의 도움을 받아서 “안락한 방법으로 자살”할 수 있는 길을 형법상 허용하고 있음을 지적하고 있다. 이것은 환자의 자살에 “도움을 주는 정도”에 관여한 의사, 약사의 불가벌, 즉 ‘의사조력자살’(Physician-Assisted Suicide, PAS)[24]의 정당화를 논증하는 데는 적합할지 모르나, 환자 자신의 적극적 안락사를 돕는 의

22) 임웅, 앞의 논문, 231-234면.

23) 임웅, 앞의 논문, 237-240면.

24) 미국의 오리건 주 존엄사법(Oregon Death with Dignity Act)은 일정한 요건 하에서 의사조력자살을 합법화하였다. 이에 대한 자세한 설명은 한상훈, 앞의 논문, 166-168면 참조.

사의 행위가 환자의 생명단축에 독극물을 투여하는 것과 같은 적극적 안락사까지 허용할 수 있다는 논거로는 타당하지 않다. 그리고 자살관여자의 가벌성은 각국의 형사정책적 입장에 따라 다를 수 있는 것이며,[25] 이를 처벌한다고 하여 환자가 투신자살하는 등의 비인도적 사례가 발생한다는 주장은 아직 검증되지 않은 사실로서 막연한 추측에 불과하다. 뿐만 아니라 환자의 고통을 완화·제거한다는 미명하에 독극물을 투입하는 의사의 행위가 더 비인도적인 행위가 아닐까한다. 둘째로 문화적 배경이 다름을 지적하고 있으나, 불교에서도 "살생하지 말라"는 계는 오계(五戒)[26]의 핵심사항으로 적게는 육식을 하면서 죄를 짓지 말고, 크게는 낙태를 하면서 죄를 짓지 말며, 더 크게는 전쟁에 참가하여 살생의 죄를 짓지 말라는 것이다. 따라서 환자의 자살에 도움을 주는 행위는 허용될 수 없다. 그리고 "유가에서 명예를 지키기 위한 자결을 숭상하였다"는 점을 지적하고 있으나, 일찍이 공자는 "신체발부(身體髮膚)는 수지부모(受之父母)하니 불감훼상(不敢毀傷)이 효지시야(孝之始也)요"라 하여 부모님이 주신 육체를 감사히 여겨 작은 것 하나라도 함부로 자르지 않음을 강조했는데, 하물며 자신의 목숨을 끊는 자살은 불효중의 불효라 할 수 있다. 따라서 우리 국민의 생사관의 뿌리인 불교와 유교에서도 사람의 생명을 소중히 여기고 있음을 직시해야 한다. 셋째로 역사적 배경과 관련해서도 '생존가치 없는 생명'(lebensunwertes Leben)은 훼멸해도 좋다는 명분아래 자행됐던 독일 나치시대의 쓰라린 역사적 경험을 "안락사의 위험성을 경계는 할지언정 알레르기반응을 보일 필요는 없다"는 식으로 인식하기보다 안락사 남용의 위험성을 다시금 일깨우는 인류의 소중한 역사적 교훈으로 진지하게 받아들여야 한다.

다음으로 안락사 위법설의 논거에 대한 적극적 안락사 허용론의 반박논거에 대해서도 다음과 같은 비판을 제기할 수 있다. 먼저 사형제도, 정당행위, 정당방위, 정당화적 의무의 충돌, 면책적 긴급피난을 언급하며 "형법상 생명보호의 절대성을 인정

25) 우리나라가 자살방조를 처벌하는 규정을 입법화하고 있는 형사정책적 이유로는 첫째, 자살방조를 처벌하지 않으면 자살방조의 형식을 이용한 일반 살인을 할 가능성이 많으므로 이를 억제하기 위해서 요구된다는 점 둘째, 생명이라는 법익침해는 당해 가족뿐만 아니라 사회적·국가적으로 큰 이해관계를 갖기 때문에 이를 그것들의 보호차원에서 자살방조를 처벌한다는 점을 들 수 있다(김경화, 의료행위의 형법적 한계, 동아대학교 법학박사학위논문, 2001, 131면).

26) 불교에서 계(戒)란 '마음이 착한 습관성'이 그 원뜻으로 규칙을 지키려고 맹세하는 결의를 말하는데, 살(殺)·도(盜)·사음(邪淫)·망언(妄言)·음주(飮酒)로부터 벗어날 것을 맹세하는 오계(五戒)가 대표적이다(http://100.naver.com/100.nhn?docid=114766 2006.8.21. 검색).

할 수 없고, 생명의 보호가 상대화되어 있음을 인정하지 않을 수 없다"고 주장하고 있으나, 우리 헌법과 형법은 여전히 인간의 생명존중과 그 보호를 최고의 가치로 여기고 있음을 부인할 수 없다. 다만 사형제도와 정당행위 등의 여러 위법성조각사유를 인정한 것은 생명보호의 상대성을 인정한 것이 아니라 특수한 상황에서 타인의 법익침해에 대한 정당화사유를 예외적으로 인정한 것으로 파악해야 한다. 그리고 생명의 신성불가침이 생명공학기술의 발달로 동요되고 있음은 사실이나, 아직까지 적극적 안락사 허용론의 주장처럼 "경이롭고 자연스럽게 받아들여지고" 있기보다 생명윤리에 대한 끝임 없는 문제가 제기되고 있는 상황이다. 예를 들어 황우석 교수의 줄기세포연구 성과에 전 세계가 놀라워했지만, 그 이면에서는 줄기세포연구의 생명윤리 문제에 대한 논의가 더욱 거칠게 일고 있음을 인식해야 한다.[27)]

마지막으로 안락사 남용의 위험성에 대해서도 '안락사심사위원회'의 신설과 같은 제도적 보완장치를 통해 남용의 위험성을 방지할 수 있다고 주장하고 있다. 그러나 '장기등이식에관한법률'에 의해 설치된 뇌사판정위원회가 있음에도 여전히 우리 사회에서 불법 장기매매가 끊이질 않는 현실을 본다면 과연 안락사심사위원회의 설치와 같은 제도적 보완장치만으로 안락사 남용문제가 해결될지 의문이다. 또한 적극적 안락사의 허용으로 말미암아 현재와 같은 열악한 의료체계 하에서 경제적 약자인 환자가 안락사라는 미명아래 죽음으로 내 몰릴 수 있음을 직시해야 한다.

필자는 이와 같은 입장에서 적극적 안락사의 예외적 허용 내지 비범죄화에 반대한다. 즉 불치의 질병으로 죽음에 직면한 환자에 대하여 그를 극심한 고통으로부터 구제하기 위해 약물 등과 같은 물질, 수단을 사용하여 환자의 생명을 단절하거나 사망을 촉진(hasten death)하는 적극적 안락사는 인간의 생명에 대한 법익의 불가처분성, 불가형량성 및 절대적 생명보호의 원칙 등에 입각한 엄격한 법해석과 평가를 통해 어떠한 경우에도 허용해서는 안 된다고 본다. 나아가 독극물 투여가 아닌 환자의 죽음에 소극적으로 도움을 주는 정도에 그치는 의사조력자살의 가벌성에 관해서도 원칙적으로 현행 형법의 자살관여죄로의 처벌 가능성을 유지해야 한다고 본다. 그렇

27) 보건복지부는 2006년 3월 16일 황우석 교수팀의 연구논문조작에 따른 사이언스지의 2004년 논문취소 및 그에 따라 '생명윤리및안전에관한법률'에 의한 연구 승인 요건에 흠결이 발생하여 황우석 교수의 체세포복제배아연구 승인을 취소하였다. 이에 따라 황우석 교수는 체세포이식행위를 할 수 없으며, 이를 위해 난자를 제공받는 것도 금지된다(보건복지부 2006년 3월 16일 보도자료 참고).

다고 하여 모든 의사조력자살이 형사처벌되어야 한다는 것은 아니다. 우리 형사소송법상 검사의 기소편의주의가 인정되기 때문에 사안에 따라 경미한 의사조력자살의 경우에는 형사 소추되지 않을 수 있을 것이다.[28)]

Ⅳ. 소극적 안락사 허용론에 대한 검토

1. 소극적 안락사의 개념

'소극적 안락사'(passive Sterbehilfe)란 사기가 임박하고 현대의학의 견지에서 불치이며, 특히 지속적 식물상태에 있는 환자에 대하여 의사가 생명유지에 필요한 의료적인 처치를 취하지 않거나 이미 부착된 생명유지장치를 제거하는 경우를 말하는데, 이를 '부작위에 의한 안락사'라고도 한다.[29)] 예를 들어 환자의 병세가 말기암 상태이고 심한 기능장애로 말미암아 절망적으로 악화되어 의사가 혈액순환촉진제의 투여와 인공호흡기의 연결을 단념함으로써 환자로 하여금 자연스런 죽음을 맞이할 수 있도록 하는 것이 이에 해당한다. 이것은 결국 치료중단에 의하여 환자가 사망하는 경우라고 볼 수 있다.[30)]

2. 소극적 안락사 허용론의 근거

소극적 안락사 허용론이 제기하는 논거에 관해서는 환자의 의사표시 능력유무에

---

28) 예를 들어 불치의 질병에 걸린 환자에 대한 의사의 자살방조가 환자의 편안한 자살에 단순히 방조하는 것에 불과할 뿐만 아니라 자살 환자의 자살이 객관적으로 불가피한 사정이 충분히 있고, 자살 환자도 자살에 대한 변별력이 성숙한 단계에서 자살을 의욕하고 실행하였다면, 의사의 자살방조행위에 대해 검사는 사회적 비난가능성이 없음을 이유로 기소를 하지 않을 수 있다.

29) 치료행위의 중단이 작위인가 부작위인가에 대한 자세한 논의로 김혁돈, "환자의 자기결정권과 치료중단", 형사법연구 제25호(2006 여름), 116-126면 참조.

30) 치료중단에 대한 상세한 논의는 김재봉, "치료중단과 소극적 안락사", 형사법연구 제12호, 1999, 153면 이하; 이상돈, 치료중단과 형사책임, 법문사, 2003; 이상용, 앞의 책, 2001; 정현미, "안락사와 형법", 형사정책연구(1994 겨울), 200면 이하 참조.

따라 다음과 같은 두 가지 유형으로 나누어 살펴볼 수 있다.

첫째로 환자의 의식이 명료하여 치료중단을 명시적 의사로 요청한 경우에는 ① 환자의 자기결정권 내지 치료거부권을 존중하고, ② '존엄사'(menschenwürdiges Sterben)할 권리(헌법 제10조)를 인정해야 하며, ③ 의사의 치료의무가 소멸한다는 논거를 들어 살인죄가 성립되지 않는다는 것이 우리 형법학계의 지배적 견해이다.[31] 이 입장에서는 소극적 안락사를 ① 촉탁·승낙살인죄 또는 보통살인죄의 구성요건에 해당하지만 '기타 사회상규에 위배되지 아니하는 행위'로 위법성이 조각되는 것으로 이해하거나,[32] ② 환자에 대하여 생명유지의무를 부담하고 있는 의사는 소극적 안락사에 있어서 부작위범의 성립만이 문제가 되는데, 환자의 명시적 의사가 있거나 비가역적 의식상실 등의 요건이 갖추어진 경우에 의사의 생명유지의무가 소멸함으로써 의사의 치료중단은 살인죄의 부작위범으로서 성립하지 않는다고 한다.[33]

둘째로 지속적 식물상태에 있는 환자와 같이 치료중단의 의사표시가 불가능한 경우에도 환자의 의사를 추정할 수 있는 생전유언(living will)[34], 사전지시(advanced direcktives),[35] 사전처분(Patientenverfügung)[36] 등이 있는 때에는 치료중단에 대한 명시적 의사표시가 있는 경우와 마찬가지로 소극적 안락사가 허용된다고 한다.

---

31) 김일수, 앞의 논문, 186면; 김재봉, 앞의 논문, 165-166면; 박상기, 형법총론, 29-30면; 배종대, 앞의 책, 69-70면; 이재상, 앞의 논문, 581-583면; 이형국, 앞의 책, 21면; 허일태, 앞의 논문, 437면.

32) 배종대, 앞의 책, 70면; 이재상, 앞의 논문, 583-584면.

33) 김일수, 앞의 논문, 186면; 전지연, 앞의 논문, 172면 이하; 이정원, 형법각론, 법지사, 2003, 47면 이하.

34) 1969년 미국의 안락사교육협의회(Euthanasia Educational Council)에 의하여 처음으로 발의되고 기안된 생전유언은 죽을 권리의 선언으로서 인식되고 있는데, 그 내용과 형식에 다소 차이가 있지만 미국의 39개 주에서 채택하고 있다(문국진, 앞의 책, 290면).

35) 이는 환자가 판단능력을 상실할 경우에 대비하여 미리 자신의 의사표시를 대신 해 줄 대리인을 지정하는 것으로 현재 알라바마(Alabama) 주를 제외하고 미국의 모든 주가 이에 관한 법률을 가지고 있다고 한다(김재봉, 앞의 논문, 162면).

36) 이는 독일에서 임종을 앞둔 환자의 의사를 확정하는 방법으로 논의되는 것으로 문서 또는 구두로 의료진 또는 주변인에게 자신의 장래 치료에 대하여 동의하거나 거절하는 의사표명을 말한다. 독일에서는 환자의 사전처분의 유효조건으로 환자의 처분이 문서로 작성될 것, 사전에 의사로부터 설명을 들었을 것, 법적인 조언을 받고 공정증서에 의한 증명을 받을 것을 요구된다고 한다(Volker Lipp, Patientenautonomie und Lebensschutz. Zur Diskussion um eine gesetzliche Regelung der "Sterbehilfe", Göttingen, 2005, S. 28; 김혁돈, 앞의 논문, 2006, 133면에서 재인용).

그러나 환자의 의사를 추정할 수 있는 객관적 자료가 없는 경우에 ① 환자의 의사로부터 독립하여 가족 등 대리인이 환자에 대신하여 치료중단 여부에 대하여 결정하는 대리결정의 방법,[37] ② 치료행위가 무의미하거나 목적이 상실된 경우 또는 환자가 비가역적 의식상실의 상태에 빠진 경우 등과 같이 일정한 의학적 사유가 발생한 경우에 치료중단을 허용하는 방법,[38] ③ 치료중단에 의하여 환자가 얻는 이익과 손실을 형량하여 치료중단 여부를 결정하는 이익판단 내지 이익형량에 의한 방법[39] 등에 의해 소극적 안락사가 허용된다고 한다.

3. 소극적 안락사 허용론에 대한 검토

소극적 안락사의 허용론과 관련하여 우선 의사능력 있는 환자가 치료중단을 원하는 의사표시를 명시적이고 진지하며 자유로운 상태에서 진의에 합치하여 하거나 이에 관한 의사를 생전유언, 사전지시, 사전처분 등의 객관적 자료에 의해 추정할 수 있는 경우에 의사는 환자의 자기결정권 내지 치료거부권을 존중하여 치료를 중단할 수 있다. 뿐만 아니라 의사는 그에 구속을 받으며, 빈사상태의 환자로부터 치료를 중단함으로써 죽음을 자연적이고 인간의 존엄에 상응하는 과정에 맡기는 것이 인도적이다. 그리고 형법상으로도 환자의 명시적 의사 내지 추정적 승낙에 따른 치료중단은 환자의 양해에 의하여 구성요건이 탈락하므로 더 이상 형사처벌이 문제되지 않는다.[40]

따라서 치료중단에 의한 소극적 안락사의 허용여부와 관련한 논의 중점은 환자가 지속적 식물상태와 같이 의식상실 상태에 있고 그의 의사를 추정할 수 없는 경우에 안락사를 허용할 수 있는지, 있다면 어떠한 허용요건을 갖추어야 하는가에 있다고 여겨진다. 이와 관련하여 앞서 언급한 바와 같이 우선 대리결정의 방법이 있다. 그

37) 이상돈, 의료형법, 법문사, 1998, 239면.

38) Roxin, "An der Grenze von Begehung und Unterlassung", FS-Engisch, 1969, S. 398; Lackner, StGB, vor § 211 Rn. 8; SK-Horn, § 212 Rn. 26c; Dreher/Tröndle, StGB, vor § 211 Rn. 16.

39) 김재봉, 앞의 논문, 169면.

40) 예컨대 프랑스의 '환자의 권리와 임종에 관한 법률'과 벨기에의 '안락사에 대한 법률'도 환자의 자기결정권에 기하여 이러한 치료중단을 불가벌로 규정하고 있다(김혁돈, 앞의 논문, 2006, 127면).

러나 이 방법은 보라매병원 사건과 유사하게 환자와 대리인의 사이가 좋지 않거나 과도한 치료비를 회피하려는 경우에 환자의 생명이 대리인에 의하여 손쉽게 희생되는 등 대리권 남용의 우려를 극복할 수 없다는 문제가 있어 찬성하기 어렵다.

다음으로 일정한 의학적 사유에 따른 방법도 치료행위의 무의미성이나 목적상실의 의미가 불명확하고, 이를 판단할 주체가 누구인가의 문제가 언급되고 있지 않으며, 비가역적 의식상실 여부도 지속적 식물상태의 환자가 간혹 의식을 회복하는 사례가 있다는 점에서 신뢰성이 문제될 수 있으므로 지지하기 어렵다.[41]

마지막으로 환자의 의사를 추정할 객관적 자료가 없는 경우에 환자에게 최선의 이익이 무엇인가를 판단하여 치료중단 여부를 결정해야 한다는 이익형량에 의한 방법이 있다.[42] 이에 따르면, 치료중단의 의사표시가 불가능한 경우에 소극적 안락사가 허용되기 위해서는 죽음의 임박이나 의식회복의 불가능성이 합리적인 의심이 없을 정도로 의학적으로 확정될 것이 원칙적으로 요구되며, 이를 바탕으로 관계이익의 형량이 이루어져야 한다. 이때 고려해야 할 것으로 제시하는 관계이익은 환자의 고통제거, 인간의 존엄성 보장과 함께 치료가능성, 의식회복가능성, 예상수명의 정도, 치료기간 등이며, 가족 등의 유산상속이나 경제적 부담 등은 고려대상에서 제외되어야 한다고 한다.[43] 하지만 이러한 이익형량의 방법은 다음과 같은 두 가지 문제점을 안고 있다고 생각된다. 하나는 "죽음의 임박이나 의식회복의 불가능성이 합리적인 의심이 없을 정도로 의학적으로 확정될 것"이란 요건과 관련해서 지속적 식물상태의 환자는 죽음의 임박이라 볼 수 없고, 의식회복의 불가능성이 곧 의식회복의 가능성이 제로(zero)일 것을 요구하는 것은 아닐 지라도 현대의학에서 어느 정도까지를 의식회복이 불가능한 것으로 보아야 하는지를 일률적으로 결정하기란 매우 어려울 수밖에 없다. 그리고 이러한 결정을 할 주체도 언급되고 있지 않은데, 의학적으로 확정될 것이라 하여 공정성과 객관성을 확보한 제3의 기관이 아닌 환자가족과 해당 병원의 관련 의료진에 의한 결정만으로는 공정성과 객관성을 유지하기 곤란할 것이다. 다른 하나는 "환자의 최선의 이익을 판단함에 있어 관계이익으로 가족 등의 유산상

41) 같은 취지로 김재봉, 앞의 논문, 168-169면.

42) 김재봉, 앞의 논문, 167면. 김재봉 교수는 의사능력 없는 환자의 치료중단에 의한 소극적 안락사 자체를 반대하는 견해는 찾아보기 힘들다고 하며, 단지 그 허용요건이나 판단방법에 다양한 견해의 대립이 있음을 지적하고 있다.

43) 김재봉, 앞의 논문, 167-170면.

속이나 경제적 부담 등은 고려대상에서 제외되어야 한다"고 하지만 지속적 식물상태에 있는 환자 등의 치료기간은 수년에 이를 수밖에 없다. 치료비를 전적으로 부담해야 하는 가족의 정신적·경제적 고통은 극에 달할 수밖에 없는 현재의 의료현실에서 유산상속이나 경제적 부담이란 요인은 가장 큰 고려대상이 될 수밖에 없다. 그 결과 지속적 식물상태에 있는 환자 등에 대한 치료중단의 판단에 있어 인간의 존엄성 보장과 같은 요인은 허울에 지나지 않고 유산상속이나 경제적 부담에 의한 치료중단이 남용될 위험성이 있다. 나아가 앞서 언급한 관계이익도 인간의 생명을 포기할 만큼 우월하다고 볼 수 없기 때문에 이익형량의 원칙에도 부합할 수 없다. 이러한 이유로 이익형량에 의한 방법 역시 소극적 안락사 허용론의 근거로는 미흡하다고 본다.

따라서 지속적 식물상태에 있는 환자라 할지라도 아직은 살아있는 생명으로서 그의 추정적 의사를 확인할 수 없는 경우에 인위적 치료중단을 통해 생명을 단축시키는 소극적 안락사는 절대적 생명보호의 원칙에 부합되지 않으므로 원칙적으로 허용되어서는 안 된다. 다만 이미 치료중단이 의료현장에서 일정한 범위 내에서 사회적 관행으로 묵인되고 있는 상황에서 법 이론만을 앞세워 형사처벌을 강행한다면 의사는 법적 책임을 회피하기 위해 '방어적 진료'(defensive medicine)를 할 수밖에 없는 의료왜곡현상이 발생할 수 있다.[44] 뿐만 아니라 병원의 중환자실에 가면 불의의 사고로 지속적 식물상태에 있는 환자, 기계장치에 의지해 심장만 뛰고 있을 뿐 다시 살아날 가망이 거의 없는 환자, 현대의학으로도 치유할 수 없는 불치병으로 사망선고만 기다리고 있는 환자, 살아 있다고 한들 지독한 고통에 시달리기만 할 뿐 죽지도 못하는 상황에 처해 있는 환자들을 쉽게 볼 수 있는데, 현대의학의 한계에 부딪쳐서 회복의 희망을 잃고 치료를 포기하는 가족이나 이에 응한 의료진의 행위를 모두 위법하다고 보는 것은 형법이 개인에게 불가능한 것을 요구하는 것에 지나지 않는다. 이 때문에 환자의 의사를 추정할 수 없는 경우에 치료중단에 의한 소극적 안락사는 원칙적으로 살인죄의 구성요건에 해당하지만 일정한 요건을 충족한 경우에 형법 제20조의 '기타 사회상규에 위배되지 아니하는 행위'로 위법성이 조각되거나

44) 이상돈 교수는 치료중단의 절차적 정당화가 이루어지지 않는다면 시민들의 심정윤리적 타락, 의료체계의 기능장애, 의료윤리의 타락과 같은 왜곡현상이 발생할 수 있음을 적절히 지적하고 있다(이상돈, 의료형법, 256-257면 참조).

의사의 생명유지의무의 소멸로 인해 살인죄의 부작위범이 성립될 수 없는 것으로 보아야 한다. 그렇다면 소극적 안락사의 허용여부에 대한 논의 중점은 환자의 의사를 추정하기 불가능한 경우에 치료중단 행위가 사회상규에 위배되지 않거나 의사의 생명유지의무가 소멸되기 위해 어떠한 요건과 절차를 갖추어야 하는가라는, 즉 절차적으로 정당화될 수 있는 현실적 대안의 마련에 놓여져야 한다.

4. 치료중단에 의한 소극적 안락사의 절차적 정당화 시도

이상의 논의를 통해 치료중단에 의한 소극적 안락사는 원칙적으로 허용될 수 없지만, 그렇다고 이를 살인죄로 처단함으로써 의사의 생명유지의무를 무조건적으로 강화하려 한다면 이는 의료현실을 무시한 맹목적인 형사정책에 지나지 않음을 알 수 있다. 그렇다면 치료중단이 법 이론상 살인죄의 구성요건에 해당한다 할지라도 사회상규에 위배되지 아니하여 정당화될 수 있는 현실적 대안의 마련이 필요하다. 다만 형법 제20조의 사회상규에 위배여부가 자의적으로 해석될 여지가 있으므로[45] 그 위배여부를 명확하게 하기 위해서는 치료중단의 절차적 정당화의 시도가 이루어져야 하며, 보다 궁극적으로는 가족과 의사를 잠재적 범죄인으로부터 벗어나게 할 수 있는 의료체계의 개선이 요구된다.

이와 같은 치료중단의 절차적 정당화와 관련하여 ① 치료중단을 결정하는 주체는 의사와 보호자이어야 하며, ② 보호자는 의사에게 치료중단을 요구하기 위해서는 의사의 환자상태에 대한 의학적 의견서를 바탕으로 관련 종교인과 사회상담원의 상담을 필수적으로 거치게 하여야 하며, ③ 상담절차를 거친 후에도 보호자가 의사에게 환자에 대한 치료중단을 요구하면 의사는 일정 수의 같은 전공분야의 동료의사와 의학적 협의를 거치고, 병원의 경영진과 경제적 협의를 거쳐야 하며, ④ 의사는 협의 후에 치료중단에 대하여 자율적인 결정을 내릴 수 있어야 하며, ⑤ 보호자와 의사는 각자가 거친 상담과 협의 및 결정의 내용을 기록해 두어야 하며, ⑥ 치료중단의 절차를 준수할 의무를 의사에게 부여하고 그 위반에 대하여 행정형벌 정도의 형

---

45) 이에 관한 적절한 지적으로는 김영환, "형법 제20조 정당행위에 관한 비판적 고찰", 김종원교수화갑기념논문집, 법문사, 1991, 143면; 천진호, "사회상규에 위배되지 아니하는 행위에 대한 비판적 고찰", 비교형사법연구 제3권 제2호, 2002, 161면 참조.

법적 제재를 가해야 한다는 견해가 제시되고 있다.[46)]

그러나 이러한 치료중단의 절차적 정당화는 다음과 같은 문제점을 가지고 있다. 먼저 치료중단을 결정하는 주체로 의사와 환자의 가족만을 언급하고, 나아가 동료의사와 의학적 협의 및 병원의 경영진과 경제적 협의를 마친 후 치료중단에 대한 결정을 의사 단독의 자율적 결정에 맡겨야 한다고 하는데, 공정성과 객관성을 확보한 제3의 기관에 의한 적절한 통제절차가 없다면 환자의 치료에 대한 경제적 부담에 시달리는 가족과 병원의 경영난을 우려하는 의사의 이익이 결합할 경우에 너무나도 쉽게 치료중단의 합의가 이루어질 가능성이 있고, 그 결과 치료중단을 가장한 합법적 살인이 자행될 위험성을 배제할 수 없다.

따라서 치료중단의 결정을 공정하고 객관적으로 결정할 수 있게 하기 위해서는 의료법에 의한 의료인, 변호사의 자격을 가진 자, 공무원, 교원, 종교인, 기타 학식과 사회적 덕망이 풍부한 자 등으로 구성된 '치료중단윤리위원회'[47)]와 같은 제3의 공적 기구를 설치하여 이 틀 속에서 환자가족의 종교인 및 사회상담원과의 상담결과와 담당의사 및 병원의 소명을 바탕으로 치료중단의 여부가 결정되는 것이 바람직하다.[48)] 신상진 의원 대표발의 "존엄사법안" 제2장에서도 '국가의료윤리심의위원회'와 '기관의료윤리심의위원회'를 구성하여 결정하도록 하고 있어 같은 입장이라고 보여진다. 하지만 이와 달리 대한의사협회 등에 의해 마련된 2009년의 연명치료중지에 관한 지침에 따르면 임종 환자는 의학적 판단과 가족의 동의에 따라 연명치료를 중

---

46) 이상돈, 의료형법, 260-261면.

47) 예컨대 2002년 안락사법(정식 법명칭은 '요청에 의한 생명단절과 조력자살의 심사절차 및 형법과 장례법 개정법률'-Review procedures of termination of life on request and assisted suicide and amendment to the Penal Code and the Brurial and Cremation Act-)이 의회를 통과하여 시행되고 있는 네덜란드의 경우에 의사는 안락사를 시술한 후, 지역병리학자에게 안락사시술에 관한 종합보고서를 제출해야 하며, 지역병리학자는 다시 이를 의사, 법률가, 윤리전문가 등 3인의 위원으로 구성된 '지역심사위원회'(regional review committee)에 보고해야 한다(안락사법 제21조 이하 참조). 지역심사위원회는 의사가 안락사법상의 주의요건을 모두 충족하는지 심사하며, 요건을 충족시키지 못한다고 판단되면 검찰에 통지하여 의사는 처벌되게 된다. 이에 대한 자세한 설명은 한상훈, 앞의 논문, 170-171면 참조.

48) 이와 달리 일차적으로 병원윤리위원회의 결정과 그 결정에 대한 정당성이 의심스러울 경우에 독일식 후견법원제도를 도입하여 해결하자는 견해로 김혁돈, 앞의 논문, 2008, 134면. 그러나 병원마다 각기 다른 병원윤리위원회가 얼마나 공정하고 객관적인 결정을 할 수 있을지에 관해서는 의문시되고, 독일식 후견법원제도의 도입도 쉽지 않은 문제이기 때문에 이 견해를 지지할 수 없다.

지할 수 있고, 뇌사이거나 뇌사에 준하는 환자는 의사의 의학적 판단에 따라 연명치료를 중지할 수 있으며, 의사결정 능력이 없으며 특수한 연명치료를 적용해야 할 환자(말기 환자 또는 지속적 식물상태의 환자로서 의사결정 능력이 없고, 특수 연명치료를 적용해야만 생존할 수 있는 환자)는 병원윤리위원회가 결정의 주체로 하고 있다. 그러나 뇌사자는 뇌사판정위원회의 판정으로 사망이 인정되므로 의사의 의학적 판단만으로 충분하지만, 뇌사에 준하는 환자 내지 임종 환자는 아직 살아 있는 자이므로 가족의 동의는 물론이고 병원윤리위원회에서 결정하는 한편 말기 환자를 포함하여 특히 식물상태로 6개월 이상이 지났고 회복 가능성이 없는 지속적 식물상태의 환자에 대해서는 생명권 존중의 차원에서, 그리고 사망에 대한 판단은 의학적 판단뿐만 아니라 규범적 판단도 요구된다는 이유에서 '치료중단윤리위원회' 내지 '국가의료윤리심의위원회'와 같은 제3의 공적 기구에서 결정하는 것이 타당하다고 본다.[49] 물론 이러한 '치료중단윤리위원회' 내지 '국가의료윤리심의위원회'가 설치된다고 할지라도 뇌사판정위원회의 예에서 보듯이 소극적 안락사의 남용문제가 완벽히 해결될 수 없다는 비판은 불가피하지만 이러한 절차적 정당화의 과정을 밟으면서 사회상규에 위배 여부에 대한 판명이 자연히 이루어질 수 있다고 본다.

나아가 소극적 안락사의 방법으로서, 특히 지속적 식물상태의 환자에 대해 인공호흡기의 제거 이외에 인공영양이나 수분의 공급 정지가 허용되는지 여부에 대해 검토가 요구된다. 우선 지속적 식물상태의 환자에게 영양소 내지 수분 공급이 '의료'인지, 아니면 '간호'인지에 대해 생각해 볼 필요가 있다. 그런데 사람은 태어난 순간부터 산소를 스스로의 힘에 의해 호흡한다. 그러나 아직 스스로 영양물을 섭취하고 물을 마실 수 없다. 따라서 태어난 자녀의 생명을 유지하기 위해 부모가 그것들을 공급해 주지 않으면 안 된다. 이렇듯 먹는 것이나 마시는 것은 생명의 유지를 위해 가장 상징적이고 일상적인 일이다. 따라서 이는 '의료'가 아니라 '간호' 내지 '양육'이라고 보아야 한다. 이는 사람의 종말기에도 마찬가지라고 할 수 있다. 즉 위독한 환자에게 튜브에 의한 영양 공급은 신체적 침습을 필요로 하지 않고 환자의 생명을 유지하기 위한 기본적 간호행위라고 한다면 소극적 안락사의 방법으로서 그 중단은 부정적으로 이해하지 않을 수 없다. 더욱이 환자 본인이 영양소나 수분의 공급을 거

49) 김재윤, "생명공학과 의료기술의 발전에 따른 형사법적 쟁점과 과제", 법학논총 제31집 제2호, 2011, 56면.

연명치료의 대상, 종류, 절차[50)]

1. 대상 환자

연명치료를 적용해야 하는 대상은 2명 이상의 의사가 회복가능성이 없다고 판단한 말기환자 또는 지속적 식물상태(PVS: Persistent vegetative state)의 환자이다.

말기환자란 원인 상병이 중증이고 회복할 수 없는 환자이다. 말기 환자에 대한 의료는 주로 대증적(對症的)인 연명치료이며, 원인에 대한 치료는 현재의 의료수준에 비추어 불가능하거나 그 효과가 미약하다.

지속적 식물상태는 심한 뇌손상으로 지각 능력이 완전히 소실되어 외부 자극에 대하여 의미 있는 반응이 없는 상태가 지속되는 경우를 말한다.

▷ 연령치료 중지의 대상 환자는 다음과 같다.

① 말기 암 환자: 수술, 방사선 치료, 항암 화학요법 등의 적극적인 치료가 효과가 없거나 미약한 경우
② 말기 후천성면역결핍증 환자: 인간 면역결핍바이러스에 감염된 뒤에 치명적인 감염증 등이 합병하여 적극적인 치료에 반응이 없거나 미약한 경우
③ 만성질환의 말기상태 환자: 심장 · 폐 · 뇌 · 간 · 신장 · 근육 등의 만성질환이거나 진행성 질환의 말기 상태로 치료 방법이 없거나 효과가 미약한 경우
④ 뇌사 상태환자: 법률에 정의된 뇌사로 진단되었거나, 뇌사 판정 기준 가운데 무호흡 검사 등 일부 기준을 제외한 나머지 기준이 충족되어 2인 이상의 전문의사가 이에 준한다고 판정한 경우
⑤ 임종환자: 말기 환자 가운데 상태가 극히 위중하여 여러 계통의 기능이 매우 저하되거나 상실된 상태(multi-organ failure)여서 적극적인 치료를 하여도 죽음이 임박하여 짧은 시간에 사망할 것으로 예상되는 경우
⑥ 지속적 식물상태 환자: 식물상태로 6개월 이상이 지났고 회복 가능성이 없는 경우

▷ 연명치료의 적용 또는 중지를 결정하기 위하여 말기 환자와 지속적 식물상태환자는 다음과 같은 수준으로 구별한다.

제1수준: 말기 상태이나 의사결정 능력이 있는 환자; 암, 후천성면역결핍증후군을 비롯하여 만성심부전, 만성 폐쇄성폐질환, 간성혼수, 만성신장질환, 진행성 신경근육계통 질환 등의 말기 상태 환자로서 의사결정 능력이 있는 환자

제2수준: 의사결정 능력이 없으나 특수 연명치료 없이 생존할 수 있는 환자; 제1수준의 말기 환자 또는 지속적 식물상태의 환자로서 의사결정 능력은 없지만 특수 연명치료 없이 생존할 수 있는 환자

제3수준: 의사결정 능력이 없으며 특수 연명치료를 적용해야 할 환자; 말기환자 또는 지속적 식물상태의 환자로서 의사결정 능력이 없고, 특수 연명치료를 적용해야만 생존할 수 있는 환자

제4수준: 임종환자 또는 뇌사상태환자; 이 지침에서 정한 임종환자 또는 뇌사상태 환자

---

50) 대한의사협회 · 대한의학회 · 대한병원협의회, 연명치료 중지에 관한 지침 제정 특별위원회, 연명치료 중지에 관한 지침, 2009.9.

2. 연명치료의 종류

연명치료란 말기환자의 상병 원인을 직접 치료하거나 주된 병적상태를 개선할 수는 없지만 생명을 연장할 수 있는 치료이다. 연명치료는 다음과 같이 일반적인 것과 특수한 것으로 나눈다.

일반 연명치료는 생명유지에 필수적이지만 전문적인 의학지식이나 의료 기술, 특수한 장치가 필요하지 않은 치료이다. 관을 이용한 영양공급, 수분산소공급, 체온유지, 배변과 배뇨 도움, 진통제 투여, 욕창예방, 일차 항생제 투여 등이 있다.

특수 연명치료는 생명유지를 위하서 고도의 전문적인 의학지식과 의료기술, 특수한 장치가 반드시 필요한 치료이다. 환자에게 고통을 줄 수 있는 심폐소생술, 인공호흡기 적용, 혈액투석, 수혈, 장기이식, 항암제 투여, 고단위 항생제 투여 등이 있다. 심폐소생술은 심장 마사지, 강심제나 승압제 투여, 제세동기(defibrillator) 적용, 인공호흡 등을 포함한다.

3. 연명치료 적용 또는 중지에 관한 절차

연명치료에 관한 결정은 1. 환자의 자기 결정권과 2. 환자의 상태에 대한 의학적 판단을 기초로 한다. 환자의 상태에 따라 다음과 같은 절차를 거쳐 연명치료 적용이나 중지여부, 중지할 연명치료의 내용 등을 결정할 수 있다. 이 결정 과정은 기록으로 보존하여야 한다.

제1단계: 임종환자 또는 뇌사 상태 환자

임종 환자는 의학적 판단과 가족의 동의에 따라 연명치료를 중지할 수 있다. 뇌사이거나 뇌사에 준하는 환자는 의사의 의학적 판단에 따라 연명치료를 중지할 수 있다.

제2단계: 의사결정 능력이 없으며 특수 연명치료를 적용해야 할 환자

환자가 특수연명치료를 받고 있거나 받아야만 생존할 수 있는 상태라면 (1) 환자가 기왕에 구체적이고 명시적으로 표시한 의사를 존중한다. (2) 만약 환자의 명시적 의사 표시가 없다면 ① 객관적인 의학적 판단과 ② 환자의 추정적 의사 또는 최선의 이익을 고려하여 병원윤리위원회에서 특수 연명치료의 중지 여부를 판단한다.

병원 윤리위원회는 담당의사 이외에 2명 이상의 전문의사가 환자의 의학적 상태를 판단하도록 해야 하며, 환자의 추정적 의사는 포괄적인 사전 의료지시, 환자의 나이, 직업, 경력, 평소의 종교, 신념이나 생활 태도 등을 고려하여 판단하여야 한다.

병원윤리위원회는 위의사항 이외에 가족들의 동의, 환자로 인한 가족들의 정신적 고통, 이미 지출하였거나 앞으로 지출할 비용 등으로 인한 경제적인 어려움 등을 고려할 수 있다. 병원윤리위원회는 당해 의료기관에서 연명치료 중지 여부뿐만 아니라 다른 의료기관으로 전원(轉院) 여부도 결정할 수 있다.

부하여 '기아사'(飢餓死)를 요구하는 것은 질병의 진행에 맡겨 자연스런 사망을 요구하는 것으로 보기 어렵고 새롭게 기아라고 하는 죽음의 원인을 설정하기 때문에 자살과 유사하다. 그러므로 환자 본인이 기아사를 원한다고 해도 의사의 치료의무에 따라 영양소나 수분의 공급은 계속되어야 한다.[51]

다른 한편으로 치료중단에 의한 소극적 안락사의 문제를 절차적 정당화의 시도로

51) 김재윤, 앞의 논문, 56-57면.

해결하는 것도 중요하지만 보다 궁극적으로는 말기암 환자나 지속적 식물상태에 있는 환자가 마지막 순간까지 존엄하게 죽을 권리를 보장하는 의료체계의 개선에 대한 사회적 합의도출과 함께 이를 위한 선진적 의료복지정책의 마련과 그 시행이 우선시되어야 할 것이다.[52)]

V. 맺는 말

이상으로 국내에서 전개되고 있는 안락사 허용론을 중심으로 우선 안락사의 개념 정의를 새롭게 시도해 보았고, 그 동안 논의되었던 적극적 안락사와 소극적 안락사 허용론의 논거를 간략히 소개하는 동시에 인간의 생명존중과 안락사 허용의 위험성을 바탕으로 적극적 안락사와 소극적 안락사를 허용하는 입법화에 반대하는 입장을 표명했다. 다만 적극적 안락사와 달리 치료중단에 의한 소극적 안락사의 경우 원칙적으로 허용되지 않지만 일정한 상황에서 형법 제20조의 '기타 사회상규에 위배되지 아니하는 행위'로 위법성이 조각될 수 있어야 함을 언급했다. 그리고 치료중단 행위가 사회상규에 위배되지 않을, 예컨대 '치료중단윤리위원회' 내지 '국가의료윤리심의위원회'라는 제3의 공적 기구에 의한 사전 심사절차의 구축과 같이 절차적으로 정당화될 수 있는 현실적 대안의 마련과 함께 말기환자가 존엄하게 자신의 죽음을 맞이할 수 있도록 하는 선진적 의료복지정책의 마련이 필요함을 강조하였다.

지금까지 살펴본 안락사 허용여부에 관한 논쟁은 일도양단(一刀兩斷)의 결론이 도출될 수 있는 사안은 아니라고 본다. 안락사의 문제는 현대의학으로도 치유가 불가능한 병으로 고통 받고 있는 환자와 그 가족, 그리고 그를 치료하는 의사와 병원 등 여러 사회주체의 다양한 이익이 고려되어야 하기 때문에 섣불리 안락사를 허용하는 법률을 제정해서는 안 된다. 전 세계적으로도 네덜란드와 미국의 오레곤 주만이 안락사를 허용하고 있는데, 이는 안락사 허용의 입법화가 안고 있는 여러 위험성 때문이라고 여겨진다. 따라서 안락사 허용여부에 대한 소모적 논쟁보다는 실질적으로 말기암 환자나 의식회복가능성이 희박한 환자 등이 숨을 거두는 그 순간까지 인

52) 예를 들어 말기암 환자에 대해 호스피스 시설을 확대하는 것이 안락사에 대한 대안으로 의미를 지닐 수 있다는 지적으로 홍완식, 사회적 쟁점과 법적 접근, 건국대학교출판부, 2006, 177면.

간의 존엄성을 유지할 수 있도록 하는 선진적 의료복지정책의 마련과 그 시행이 더욱 강조되어야 할 것이다. 그렇게 되었을 때만이 회생 가능성이 여전히 남아 있음에도 불구하고 가족들의 경제적 부담을 덜어주기 위해 죽음을 선택할 수밖에 없는, 즉 환자의 '자연스럽게 죽을 권리'가 아주 쉽게 '죽어야 할 의무'로 바뀌는 냉혹한 현실을 극복할 수 있을 것이라고 여겨진다.

(국민참여재판법) (사면법)

[§ 10]

사형제도와 인간의 존엄성*

— 사형제도를 폐지할 수 없다면 그 보완책은 무엇인가?

Ⅰ. 들어가는 말

사례 1 KAL 858기 폭파사건

1987년 11월 29일 바그다드발 서울착 KAL 858편 보잉 707기가 미얀마 랑군 상공에서 공중 폭발해 탑승객 115명이 전원 사망했다. 사건 발생 이틀 뒤인 12월 1일 바레인을 탈출하려던 폭파범 용의자 중 한명인 김현희(당시 24세)가 생포됐고, 공범인 김승일은 독약 앰플을 깨물어 자살했다. 북파 공작원 김현희는 형법 제250조 제1항 살인 등 혐의로 기소된 뒤 1990년 3월 27일 대법원에서 사형이 확정됐으나, 정부는 "사형을 집행하지 않고 살려두는 것이 정치 · 외교적으로 효용가치가 높다"는 이유로 사형선고 한 달 만인 4월 12일 김현희를 특별사면했다.

사례 2 인혁당 재건위사건

1972년 유신체제를 선포한 뒤 사회 지식인들을 중심으로 한 반대운동에 부딪혀 위기감을 느낀 박정희 대통령은 1974년 4월 3일 '민청학련 단체, 불순세력 배후조종으로 인민혁명을 수행하려 하고 있다'는 내용의 특별담화를 발표했다. 다음날인 4월

* 이 글은 원래 김재윤, "사형 구제제도의 현황과 완비", 비교형사법연구 제9권 제2호(2007.12), 733-760면에 게재된 것으로 최근의 논의까지를 반영하여 수정 · 보완한 것임.

4일 유신정권은 '긴급조치 4호'를 선포하고 민청학련을 범죄단체로 규정했다. 중앙정보부는 이에 때맞춰 민청학련의 배후로 제2차 인혁당, 즉 인혁당 재건위를 지목 후 관련자 26명을 구속했다. 1974년 4월 7일 비상보통군법회의는 도예종씨 등 8명의 사형과 15명의 징역을 선고했고, 1년 뒤인 1975년 4월 8일 대법원은 상고를 기각 형을 확정했으며, 재판 종료 18시간 후인 4월 9일 사형이 전격 집행되었다.

그 후 2002년 12월 10일 75년에 사형당한 8명의 유가족은 서울지방법원에 재심을 신청하였고, 사형집행 후 32년만인 2007년 1월 23일 16번에 걸친 재심공판 끝에 피고인 8명의 대통령 긴급조치 위반, 국가보안법 위반, 내란예비음모, 반공법 위반 혐의 등 모든 사안에 대한 무죄판결이 내려졌다.

이탈리아의 계몽주의 형법학자 베카리아(Cesare Beccaria, 1738~1794)가 그의 저서 『범죄와 형벌』(Dei Delitti e delle Pene, 1776)에서 "일반의지의 표현인 법률은 살인을 증오하고 살인자를 처벌한다. 이러한 법률이 국민들로 하여금 살인행위를 하지 못하도록 억제시키기 위하여 공적 명령으로서 스스로 살인을 행하는 것이 얼마나 불합리하고 모순되는 것인가?"[1)]라고 반문하며 사형폐지론을 최초로 전개한지 230여년이 지난 지금에도 사형존폐에 관한 논쟁은 한국을 포함한 다수의 사형존치국가[2)]에서 여전히 현재진행형으로 남아 있다. 이처럼 문명의 세기인 21세기에서 조차 베카리아와 그 추종자들의 기대와 달리 사형존폐 논쟁이 종식되지 않고 있는 것은 이 문제가 단순히 형법학이라는 이론적 차원의 논증으로 끝나는 것이 아니라 한 사회의 법문화와 국민의 법감정, 사형제도에 관한 과학적·실증적 연구 및 형사사법제도 운영상황, 사회적 여론에 따른 정치적 상황 등 종합적인 고려 아래에서만 결정될 수 있는 사안이기 때문이다. 다만 사형제도를 유지하고 있는 국가에서도 사형제도 폐지 내지 적어도 개선이 뚜렷한 흐름이라는데 이론의 여지가 없다.

마찬가지로 현재 한국에서의 사형존폐에 관한 논쟁도 1998년 이후 현재까지 단 1건의 사형집행이 이루어지고 있지 않는 상황과 국민 다수의 법감정이 사형폐지에 반대하고 있는 상황[3)] 등을 고려하여 사형제도 존치론 내지 폐지론이라는 극단적 대

---

1) 체자레 벡카리아(이수성·한인섭 공역), 범죄와 형벌, 길안사, 1995, 94면.

2) 2012년 12월 31일 기준으로 모든 범죄에 대한 사형폐지국은 97개국, 일반 범죄에 대한 사형폐지국은 8개국, 사실상 사형폐지국은 35개국이며, 사형존치국은 58개국으로 집계되고 있다(국제앰네스티 한국지부 홈페지 http://amnesty.or.kr/ 2013.12.17. 검색)

3) 여론·설문조사에 의한 사형폐지 반대론의 비율을 살펴보면, 조선일보와 한국갤럽의 여론조

결양상 보다 단기적으로 사형존치로 인한 폐해를 최소화시킬 수 있는 방안(예컨대, 사형대상범죄의 축소, 사형적용기준의 확립, 형사절차의 엄격화, 사형집행유예제도 등)과 장기적으로 사형을 폐지하고 대체형벌로 절대적 내지 상대적 종신형을 도입하는 방안 등 사형제도의 개선방안에 논의의 초점이 맞추어지고 있는 실정이다.[4] 프랑스가 1789년 대혁명 이후 의회에서 사형폐지에 관한 논의를 최초로 전개한 이래 사형폐지를 위한 수많은 노력이 있었음에도 약 200년 흐른 1981년 9월 30일에서야 161 대 126표로 사형폐지법안이 통과[5]된 역사적 사실을 고려할 때 한국사회에서 단기간의 사형폐지가 아닌 이와 같은 사형제도 개선방안의 연구는 커다란 의미가 있는 것으로 평가할 수 있다.

그러나 이러한 사형제도 개선방안 중에서 논의가 미흡한 것이 바로 사형에 대한 구제제도가 아닐까 한다. 왜냐하면 아직까지 형법을 비롯한 특별형법에서 사형을 규정한 다수의 법조항을 발견할 수 있으며,[6] 사형이 위헌이 아니라는 것이 대법원 및 헌법재판소의 확고한 입장이고,[7] 형법학계의 견해도 사형폐지론이 절대적 대세라고

사(2003.9.27.): 52.3%, 국가인권위원회와 (주)데이타코리아 네트워크의 설문조사(2003.10~12): 65.9%, 한국사회여론연구소(www.ksoi.org)의 여론조사(2004.7.): 66.3%에 달한다. 국회 법제사위원회, 사형폐지에관한특별법안(유인태의원 대표발의) 검토보고, 2005. 2, 각주 4)에서 재인용.

4) 사형제도 개선방안에 대한 자세한 논의로는 강석구·김한균, 앞의 보고서, 136-176면; 김종덕, "사형제도의 개선방안", 법학연구 제20집, 한국법학회, 2005, 23면 이하; 박상기, "한국에서의 사형제도, 이상과 현실", 형사법연구 제16호 특별호, 2001, 69면 이하; 박찬걸, "사형제도의 합리적 대안에 관한 연구", 법학논총 제29집 제1호, 한양대학교법학연구소, 2012, 5면 이하; 이훈동, "사형제도에 대한 새로운 시각", 교정연구(제16호), 2002, 155면 이하; 이보영·박봉진, "사형제도의 존폐와 그 현실적 대안 -절대적 종신형제 도입을 촉구하며-", 법학연구 제25집, 한국법학회, 2007, 347면 이하; 윤종행, "사형제도와 인간의 존엄성", 법학연구 제13권 제2호, 연세대학교법학연구소, 79면 이하; 전지연, "대한민국에서의 사형제도", 비교형사법연구 제6권 제2호, 2004, 43면 이하; 주호노, "사형제도의 폐지와 그 대안에 관한 소고" 경희법학 제47권 제4호, 2012, 591면 이하; 허일태, "사형의 대체형벌로서 절대적 종신형의 검토", 형사정책 제12권 제2호, 2000, 223면 이하 참조.

5) 프랑스 사형폐지론의 역사에 관한 자세한 설명으로는 홍기원, "프랑스 사형폐지론의 역사 -계몽주의에서 1981년 사형폐지까지-", 법과 사회, 2002, 111면 이하 참조.

6) 사형을 법정형으로 정하고 있는 법률로는 형법, 군형법, 국가보안법 등 21개 법률이 있으며, 총 113개 조항에 걸쳐 규정되어 있다. 사형대상범죄의 현상에 대한 자세한 분석으로는 강석구·김한균, 앞의 보고서, 136-150면 참조.

7) 대판 1987.9.8, 87도1458; 대판 1991.2.26, 90도2906; 대판 1992.8.14, 92도1086; 헌재 1996.11.28, 95헌바1.

할 수 없다는 점[8] 등을 고려할 때 사형 구제제도를 활성화하는 것 역시 중요한 사형제도 개선방안의 하나일 수 있기 때문이다. 이러한 사형 구제제도로는 우선 사전적 구제제도로서 2008년 1월 1일부터 시행된 국민사법참여제도(소위 "배심제도")와 사후적 구제제도로서 "사면제도"와 "재심제도"를 언급할 수 있다. 전자는 사형을 선고하기 전에 국민의 사전 통제장치로서, 그리고 후자는 형사사법체계의 구조적 오류로 인해 이미 잘못된 사형선고를 바로 잡을 수 있는 제도적 장치라는 점에서 중요한 역할을 할 수 있다.

따라서 이하에서는 사형제도의 존폐에 관한 본질적 논쟁보다는 사형제도가 현존하는 현 시점에서 사형을 선고받기 전인 제1심 단계에서부터 피고인을 사전적으로 구제할 수 있는 배심제도와 이미 최종적으로 사형을 선고받은 피고인을 사후적으로 구제할 수 있는 사면제도 및 재심제도에 관하여 고찰하는데 중점을 두고자 한다. 특히 한국에서의 사형제도는 [사례 1, 2]에서와 같이 쓰라린 역사적 교훈은 남겼는데, 이들 사례를 기초로 하여 사형 구제제도가 올바르게 자리매김하기 위해서 어떠한 방향으로 개선되어야 하는지를 살펴보고자 한다.

사형제도 폐지를 위한 입법적 노력[9]

사형폐지를 위한 국회에서의 입법적 노력은 제15대 국회에서부터 제18대 국회에 이르는 동안 계속되었으나 성과는 나타나지 않았다. 제15대 국회에서는 1999년 12월 7일 유재건 의원 외 90인이 형벌로서의 사형을 영구히 폐지하고 사형을 무기징역형으로 대체하는 '사형폐지특별법안'을 제안하였다.[10] 제16대 국회에서는 2001년 10월 30일 정대철 의원 등 63인 외 92인이 사형을 폐지하고 무기징역 또는 무기금고를 선고할 경우 복역을 개시한 후 15년을 경과하지 아니하면 가석방이나 사면 또는 감형을 할 수 없도록 하는 '사형폐지에 관한 특별법안'을 제안하였다.[11] 제17대 국회에서는 2004년 12월 9일 유인태 의원 등 175인이 사형을 폐지하고 이를 가석방이 없는 종신형으로 대체하는 '사형폐지에 관한 특별법안'을 제안한 바 있다.[12] 제18대 국회에서는 2008년 9월 12일 박선영 의원 등 39인은 사형을 가석방이나 사명 또는 감형을 할 수 없는 종신징역형으로 대체하는 '사형폐지에 관한 특별법안'을 제안

8) 예컨대 학계만 보더라도 사형존치론, 폐지론, 개선·신중론의 입장이 서로 대등하고, 어느 입장도 다수설의 지위를 차지하고 있지 않다. 사형존폐에 관한 학계의 동향에 대한 상세한 분석으로는 강석구·김한균, 앞의 보고서, 90-103면 참조.

9) 주호노, 앞의 논문, 595-596면.

10) 의안번호 제152463호.

11) 의안번호 제161085호.

12) 의안번호 제171129호.

하였다.[13] 또한 2009년 10월 8일 김부겸 의원 등 53인은 사형을 폐지하고 이를 사망할 때까지 형무소에 구치하며 가석방할 수 없는 종신징역과 종신금고로 대체하는 '사형폐지에 관한 특별법안'을 제안하였다.[14] 그리고 2010년 11월 22일 주성영 의원 등 10인은 사형을 폐지하고 사망할 때까지 교도소 내에 수용하며 가석방이나 사면, 감형 또는 복권을 할 수 없는 종신형으로 대체하는 '사형폐지에 관한 특별법안'을 제안한 바 있다.[15]

결국, 제15대 국회에서 제안된 법률안은 사형제도의 폐지를 내용으로 하고 있지만, 제16대 국회에서 제안된 법률안은 15년이 경과한 다음부터는 가석방이 가능한 소위 상대적 종신형을 내용으로 하고 있다. 제17대 국회와 제18대 국회에서 제안된 법률안은 사형제도의 폐지와 그 대체형으로써 가석방이나 사면 등을 할 수 없는 소위 절대적 종신형을 제시하고 있는 것이 특징이다. 다시 말해서, 국회에서 제안된 법률안은 사형제도의 단순폐지로부터 시작하여 사형제도가 폐지되었을 때 대체형벌로서의 종신형에 관한 모색으로까지 발전하였음을 알 수 있다. 그리고 제16대 국회에서는 상대적 종신형이 제안되었으나, 제17대 국회 이후부터는 절대적 종신형이 제안되었다. 그러나 제15대 국회에서부터 제18대 국회에서까지 제안되었던 법률안들은 모두 임기만료로 자동 폐기되어[16] 더 이상의 논의는 제18대 국회 이후를 기대할 수밖에 없게 되었다.

Ⅱ. 사형의 사전적 구제제도로서 배심제도

1. 한국의 배심제도 개관

2007년 6월 1일 법률 제8495호로 제정된 '국민의 형사재판 참여에 관한 법률'[17] (이하 '법률'이라 함)은 근대 사법제도가 도입된 지 한 세기 이상 동안 형사재판에서 철저하게 배제되었던 일반국민이 배심원이라는 이름으로 형사재판에 적극 참여할 수 있는 획기적인 계기를 마련하였다. 이러한 국민사법참여제도는 사법의 민주적 정당

---

13) 의안번호 제1800928호.

14) 의안번호 제1806259호.

15) 의안번호 제1809976호.

16) 이에 관하여는 대한민국 국회 홈페이지 의안검색시스템〈http://likms.assembly.go.kr/bill/jsp/main.jsp〉 참조.

17) 2003년 10월 28일 대법원 산하에 설치된 사법개혁위원회는 2004년 12월 31일 '사법개혁을 위한 건의문'을 제출하였고, 사법개혁의 종합적 · 체계적 추신을 위해 2005년 1월 18일 대통령자문기구로 발족된 사법제도개혁추진위원회는 2005년 5월 16일 '국민의형사재판참여에관한법률(안)'을 의결하였다. 이어 법무부는 2005년 12월 6일 동법률안을 국회에 제출하였고, 국회는 2007년 4월 30일 본회의에서 동법률안을 수정의결하였다. 이 법률에 대한 자세한 내용으로는 법제사위원회, 국민의 형사재판 참여에 관한 법률안 심사보고서, 2007. 4 참조.

성을 강화하고 투명성을 제고하기 위한 근본적인 대안이며, 기존의 관료주의적 · 권위주의적 사법으로부터 벗어나 진정으로 국민을 위한, 국민에 의한, 그리고 국민의 사법으로 진일보하게 하는 원동력이 될 것이며,[18] 시행 6년째를 맞이한 현재 비교적 정착단계에 이르고 있다고 평가된다.[19]

법률은 전체 60개조와 부칙 2개조로 구성되어 있는데, 본 논문의 주제와 관련된 핵심 조항만을 간략히 소개하기로 한다. 우선 종래 법률 제5조[20]는 형사중죄사건을 국민참여재판의 대상사건으로 하여 죄명을 직접 규정하고 일정한 범위를 정하여 대법원 규칙에 위임하는 이원적 방식을 취하였다. 이에 형법상 고의의 살인죄와 고의의 기본범죄로 인하여 사망의 결과가 발생한 사건, 강도와 강간이 결합되거나 강도 또는 강간에 치상, 치사의 결과가 발생한 사건과 「특정범죄가중처벌 등에 관한 법률」에 규정된 뇌물, 국고손실, 약취, 유인 등 범죄, 「특정경제범죄 가중처벌 등에 관한 법률」에 규정된 배임수재죄, 「성폭력범죄의 처벌 및 피해자보호 등에 관한 법률」에 규정된 특수강도강간 등이 포함되어 있다. 그러나 2012년 1월 17일 법률을 개정하여 법원의 재판에 건전한 국민의 상식을 반영하고 사법신뢰의 향상을 위하여 국민참여재판 대상사건을 「법원조직법」 제32조 제1항에 따른 합의부 관할사건으로 확대하고, 대상사건에 해당하는 경우에도 피고인의 의사에 따라 국민참여재판으로 할 것인지 여부를 결정하도록 하였다(법률 제5조 제2항, 제8조). 그리고 성폭력범죄의 피해자 등이 국민참여재판을 원치 않는 경우가 많음에도 불구하고 피해자의 이러한 의사를 반영할 수 있는 명문의 규정이 없어 2차적 피해가 우려된다는 지적에 따라 성폭력범죄 피해자가 국민참여재판을 원하지 않는 경우 또는 성폭력범죄 피해자 보호할 필요가 경우에는 국민참여재판 배제결정 또는 통상절차 회부결정을 할 수 있

---

18) 한인섭, “배심재판과 형사절차의 변화 전망”, 법과 사회 제25호(2003 하반기), 32면.

19) 2008년 1월 1일부터 2011년 12월 31일까지 피고인의 수를 기준으로 1,490건의 사건이 접수되어 그 중 574건(38.5%)이 국민참여재판으로 진행되었고, 접수 대비 판결 비율이 해마다 높아져 2011년에는 52.3%에 달하다고 있음을 그 근거로 제시하고 있다(한상훈, “국민참여재판에서 배임원 평결의 기속적 효력에 관한 검토”, 형사정책 제24권 제3호, 2012.12, 9면).

20) 제5조(대상사건) ① 다음 각 호에 정하는 사건을 국민참여재판의 대상사건(이하 “대상사건”이라 한다)으로 한다.
1. 「법원조직법」 제32조제1항(제2호 및 제5호는 제외한다)에 따른 합의부 관할 사건
2. 제1호에 해당하는 사건의 미수죄 · 교사죄 · 방조죄 · 예비죄 · 음모죄에 해당하는 사건
3. 제1호 또는 제2호에 해당하는 사건과 「형사소송법」 제11조에 따른 관련 사건으로서 병합하여 심리하는 사건

도록 하였다(법률 제11조 제1항).

다음으로 법률 제13조[21]에 따르면, 배심원의 수는 원칙적으로 대상사건의 법정형을 기준으로 정한다. 즉 법정형이 사형, 무기징역 또는 무기금고에 해당하는 대상사건의 경우에는 9인의 배심원이 참여하고, 그 이외의 대상사건에 대하여는 7인의 배심원이 참여한다. 다만 피고인이 공소사실의 주요부분을 인정하는 경우에는 법원은 5인의 배심원이 참여하게 할 수 있다. 법률이 배심원의 수를 이와 같이 복수로 정하고 그 인원을 9인 이하로 정한 것은 사건의 다양성, 복잡성, 처리의 효율성 등을 고려한 것이다.

마지막으로 법률 제46조[22]는 법관과 배심원의 엄격한 역할분담이나 공동결정 어느 한쪽을 선택하지 않고 혼합하는 방식, 즉 영미식 배심제와 독일식 참심제의 특징을 고려하여 혼합하는 방식을 채택하고 있다. 즉 변론이 종결되면 재판장은 법정에서 배심원에게 공소사실의 요지와 적용법조, 기타 유의할 사항에 대하여 설명하며, 재판장의 설명이 끝나면 배심원들은 퇴정하여 법관의 관여 없이 독자적으로 유·무죄에 관하여 평의하고(배심원 과반수가 요청하면 법관의 의견을 들을 수 있음), 만장일치

---

21) 제13조(배심원의 수) ①법정형이 사형·무기징역 또는 무기금고에 해당하는 대상사건에 대한 국민참여재판에는 9인의 배심원이 참여하고, 그 외의 대상사건에 대한 국민참여재판에는 7인의 배심원이 참여한다. 다만, 법원은 피고인 또는 변호인이 공판준비절차에서 공소사실의 주요내용을 인정한 때에는 5인의 배심원이 참여하게 할 수 있다.
②법원은 사건의 내용에 비추어 특별한 사정이 있다고 인정되고 검사·피고인 또는 변호인의 동의가 있는 경우에 한하여 결정으로 배심원의 수를 7인과 9인 중에서 제1항과 달리 정할 수 있다.

22) 제46조(재판장의 설명·평의·평결·토의 등) ①재판장은 변론이 종결된 후 법정에서 배심원에게 공소사실의 요지와 적용법조, 피고인과 변호인 주장의 요지, 증거능력, 그밖에 유의할 사항에 관하여 설명하여야 한다. 이 경우 필요한 때에는 증거의 요지에 관하여 설명할 수 있다.
②심리에 관여한 배심원은 제1항의 설명을 들은 후 유·무죄에 관하여 평의하고, 전원의 의견이 일치하면 그에 따라 평결한다. 다만, 배심원 과반수의 요청이 있으면 심리에 관여한 판사의 의견을 들을 수 있다.
③배심원은 유·무죄에 관하여 전원의 의견이 일치하지 아니하는 때에는 평결을 하기 전에 심리에 관여한 판사의 의견을 들어야 한다. 이 경우 유·무죄의 평결은 다수결의 방법으로 한다. 심리에 관여한 판사는 평의에 참석하여 의견을 진술한 경우에도 평결에는 참여할 수 없다.
④제2항 및 제3항의 평결이 유죄인 경우 배심원은 심리에 관여한 판사와 함께 양형에 관하여 토의하고 그에 관한 의견을 개진한다. 재판장은 양형에 관한 토의 전에 처벌의 범위와 양형의 조건 등을 설명하여야 한다.
⑤제2항부터 제4항까지의 평결과 의견은 법원을 기속하지 아니한다.
⑥제2항 및 제3항의 평결결과와 제4항의 의견을 집계한 서면은 소송기록에 편철한다.

로 평결한다.

배심원이 만장일치에 이르지 못하면 평결을 하기 전에 심리에 관여한 판사의 의견을 들은 후 2차 평의하여 평결하며 이때에는 과반수로 평결한다. 이 평결에도 법관은 참여할 수 없다. 배심원이 제1차 또는 제2차 평의에서 유죄의 평결을 한 경우 법관과 함께 양형에 관하여 토의를 하며 이때 배심원은 법관에게 양형에 관한 의견을 개별적으로 개진한다. 법관은 이러한 배심원의 의견을 고려하여 최종적으로 유·무죄와 양형에 대하여 판결한다.

배심원의 평결과 양형의견은 법관을 법률적으로 기속하지 아니하고, 단지 권고적 효력만 있다. 평결 및 양형의견의 결과는 서면에 기재하여 법관에게 교부하는 방식으로 전달하고, 위 서면은 선고조서, 판결서 등과 함께 소송기록에 편철한다.

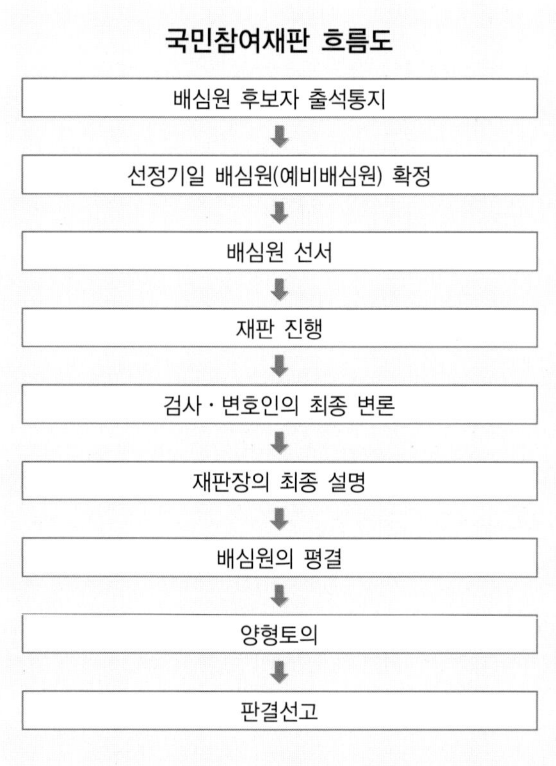

[그림 10-1] 국민참여재판 흐름도[23)]

23) 부산일보 2013년 8월 28일자 기사(http://www.busan.com/).

2. 사형의 사전적 구제제도로서 배심제도의 역할과 한계

배심제도의 도입은 한국의 형사사법체계의 근본 틀을 변화시킬 것으로 기대되고 있다.[24] 배심제도가 모든 형사사건이 아닌 중죄사건을 중심으로 진행된다고 해도 그 도입과 함께 변화될 형사절차의 효과는 모든 형사사건에 미칠 수밖에 없어 그 동안 형사절차상 관행으로 비판받아오던 서면심리주의와 조서재판주의가 극복되고 구두변론주의, 집중심리주의 등의 원칙으로 대표되는 공판중심주의가 올바르게 실현될 것으로 예상된다.[25]

그리고 배심제도의 도입은 사형의 사전적 구제제도로서도 일정한 역할을 할 수 있을 것으로 기대되는데, 이는 국민참여재판의 대상사건에 형법상 고의의 살인죄(형법 제250조) 등을 포함하고 있으며, 이 경우 9인의 배심원이 참여할 수 있기 때문이다. 보다 구체적으로 1995년 9월 2일 아내와 딸의 살해 혐의로 구속되어 제1심에서 사형선고를 받았지만 그 후 8년 동안의 형사재판을 통해 최종적으로 무죄확정판결이 내려진 사건을 중심으로 이 사건에 배심제도가 적용되었을 경우 사형의 사전적 구제제도로서 배심제도가 어떻게 작용할 수 있는지를 살펴보기로 한다.

이른바 "치과의사 살해사건"이라 불리는 이 사건의 공소사실 요지는 피고인이 1995년 6월 11일 23:00경부터 다음 날 06:30경까지 아내의 독단적인 성격과 피고인의 부모형제와의 불화 등으로 다툼을 벌이다 그 동안 쌓인 감정이 폭발하여 거실 베란다의 커튼 줄을 잘라 아내의 목을 졸라 살해하고, 이어 다른 줄로 딸(1세)의 목을 졸라 살해한 다음, 사건 당일 07:00경 안방 장롱 안의 옷에 불을 놓아 주거로 사용하는 건조물을 소훼하였다는 것이다. 이 사건에서 피고인은 일관되게 공소사실을 부인하였으나, 제1심에서 유죄(사형선고), 항소심에서 무죄, 대법원에서 유죄취지의 파기환송판결, 파기항소심에서 무죄판결을 거쳐, 결국 2003년 2월 26일 대법원에서 무죄판결[26]이 확정되었다. 결국 이 사건에서 검사의 입증은 적어도 6인의 법관들(항소심

---

24) 국민참여재판의 전반에 대한 상세한 분석으로 김혜정, "국민참여재판제도의 시행평가와 몇 가지 쟁점에 대한 개선방안" 영남법학 제32호(2011.6.), 83면 이하; 탁희성 · 최수형, 형사정책과 사법제도에 관한 연구(Ⅴ) -국민참여재판제도의 평가와 정책화 방안, 한국형사정책연구원, 2011; 한성훈, "국민참여재판제도의 구조적 문제에 관한 연구", 법학논총 제29집 제2호, 한양대학교법학연구소, 2012, 47면 이하 참조.

25) 이에 대한 자세한 분석으로 안경환 · 한인섭, 배심제와 시민의 사법참여, 집문당, 2005, 57-84면 참조.

3인, 파기환송심 3인)의 '합리적 의심'을 넘어서지 못한 수준이었다. 만약 이 사건에 대해 배심제도가 적용되어 9인의 배심원이 재판에 참여했다면 8년이라는 긴 세월을 거치지 않더라도 제1심 단계에서 검사는 9인의 배심원 전원에게 '합리적 의심을 품게 하지 않을 정도'(proof beyond a reasonable doubt)로 유죄의 입증을 할 수 없었을 것이 예상되며, 그 결과 배심원 전원의 만장일치로 유죄평결을 얻어 내지 못하고 무죄가 선고되었을 것이다. 이는 적어도 피고인이 무죄를 주장하는 사건에서 배심제도가 얼마만큼 효과적으로 사형의 사전적 구제제도로서 기능할 수 있음을 반증하는 것이라 하겠다.

그러나 배심제도는 사형의 사전적 구제제도로서 다음과 같은 두 가지 측면에서 일정한 한계가 있음을 부인할 수 없다. 그 하나는 9인 배심원이 대중의 여론과 언론에 의해 쉽게 흔들려 이들이 편견 없고 공정한 심판자로 신뢰할 수 있는가의 문제이다. 이는 특히 언론에 의해 집중조명이 되는 연쇄살인사건이나 강간살인사건 등의 강력사건이나 다수의 인명을 살해한 [사례 1] 사건 등에 있어 배심제도를 통한 사형의 사전적 구제기능을 기대할 수 없기 때문이다. 어쩌면 이러한 강력사건 등에 피고인이 무죄를 끝까지 주장하지 않는 한 배임원은 유죄평결을 당연시 할 것이며, 양형에 관한 토의시 재판장으로부터 토의 전에 처벌의 범위와 양형의 조건 등에 관해 설명을 들었음에도 불구하고 선고형으로 사형이란 의견을 개진할 가능성을 배제할 수 없다.

다른 하나는 9인의 배심원이 만장일치로 무죄평결을 내렸음에도 그 평결은 법률 제46조 제5항에 따라 권고적 효력을 가질 뿐 법관을 기속하지 않기 때문에 배심원과 직업법관 간의 평결결과가 상이할 경우 직업법관은 배심원의 평결을 무시하고 상반된 판결을 내릴 수 있다. 이러한 번복가능성이 존재하는 상황에서 배심원이 재판과정에 책임감과 의욕을 가지고 적극적 · 능동적으로 참여하는 것을 기대하기 어려울 뿐만 아니라 재판결과에 대한 신뢰성 역시 확보하기 어렵다.[27]

---

26) 대판 2003.2.26, 2001도1314: "공소사실을 인정할 수 있는 직접증거가 없고, 공소사실을 뒷받침할 수 있는 가장 중요한 간접증거의 증명력이 환송 뒤 원심에서 새로 현출된 증거에 의하여 크게 줄어들었으며, 그밖에 나머지 간접증거를 모두 종합하여 보더라도 공소사실을 뒷받침할 수 있는 증명력이 부족한 경우, 피고인의 진술에 신빙성이 부족하다는 점을 더하여 보아도 제출된 증거만으로는 합리적인 의심의 여지없이 공소사실을 유죄로 판단할 수 없다."

27) 이러한 법률의 문제점에 대한 상세한 분석으로는 윤영철, "사법개혁과 배심제", 민주법학 제29

3. 사형의 사전적 구제제도로서 배심제도의 개선방향

배심제도가 국민으로부터 사법신뢰를 획득할 수 있는 제도로 정착하기 위해서 뿐만 아니라 앞서 언급한 사형의 사전적 구제제도로서 기능하는 데 나타나는 한계를 극복하기 위해서는 향후 다음과 같은 방향으로 제도개선이 이루어져야 한다고 본다.

첫째, 배심원이 대중의 여론과 언론의 영향에서 벗어나 편견 없고 공정한 심판자로 신뢰할 수 있는 평결이 이루어지도록 해야 한다. 이를 위해 활발한 기피제도의 운영, 배심원들의 대외적 접촉의 차단, 그리고 특정인의 편견이 전체를 좌우할 수 없도록 하는 평의제도의 고도의 활성화 등이 필요하다. 이를 통해 개인적 편견과 선입견을 줄이는 한편 대중의 여론과 언론의 영향에 구속되지 않는 실체적인 사실 확정이 가능할 것이다.[28)]

둘째, 법률 제46조 규정하고 있는 평결의 권고적 효력과 배심원의 양형절차에의 참여와 의견개진 부분은 재검토가 필요하다고 본다. 우선 법률이 평결의 권고적 효력을 강조하는 데에는 일반인의 판단에 대한 직업법관의 불신이 내재되어 있고, 배심제도의 시행초기라는 현실적인 여건이 감안 된 결과라 보인다. 하지만 재판에 일반국민의 법감정을 반영하고 민주적 정당성을 부여하려는 배심제도 도입의 목적이 제대로 달성될 수 있으려면, 배심원의 평결, 적어도 배심원의 만장일치 평결만큼은 기속적 효력을 부여함으로써 배심원의 평결에 대한 신뢰와 권위를 확보하는 것이 바람직하다고 본다.[29)] 나아가 배심원의 양형절차에의 참여와 의견개진은 배심원에게 과도한 부담이 아닐 수 없다. 이는 배심제에서 사실인정은 배심원이, 양형은 법관이 하게 되어 있는 원칙과도 배치되는 문제이고,[30)] 사실상 법률문외한인 배심원

호, 2005, 97면 이하; 하태영, "국민의 사법참여 -'국민의 형사재판 참여에 관한 법률(안)'을 중심으로-", 형사법연구 제24호, 2005, 305면 이하; 한상훈, 앞의 논문, 27면 이하 참조.

28) 안경환 · 한인섭, 앞의 책, 100-104면 참조.

29) 한상훈 교수는 5년간의 시범실시 기간 동안 배심원의 평결과 법원의 판결이 90% 이상 일치하였음을 근거로 향후에는 "약한 기속적 효력"이 적합하다는 견해를 제시하고 있다(한상훈, 앞의 논문, 29면).

30) 미국 배심제도에 의하면 배심원이 유죄평결을 내린 경우에는 양형을 위한 청문(sentencing hearing)이 개최된다. 양형은 법관의 전권이므로 여기서는 배심원이 참여하지 않는 것이 원칙이다. 사실인정절차와는 달리 양형단계에서는 엄격한 증거법칙이 완화된다. 양형에서 지나친 편차를 방지하기 위해 양형지침서(sentencing guideline)가 연방과 주 차원에서 성안되어 활발히 운용되고 있다(안경환 · 한인섭, 앞의 책, 182면).

이 법률전문가인 직업법관에게 법률문제에 대해 적극적으로 의견을 개진하기 어렵다는 것은 자명하기 때문이다. 따라서 법률문외한인 배심원의 평의는 공판정에서 제시되는 증거에 기초하여 피고인의 유·무죄를 판단하는 사실인정문제만을 취급하도록 하고, 고도의 법률문제인 양형은 직업법관이 전담하도록 하는 것이 합리적이고 바람직하다.[31)]

가까운 장래에 적어도 앞서 언급한 법률의 제도적 보완이 이루어진다면 배심제도가 사형의 사전적 구제제도로서 올바르게 기능할 수 있을 뿐만 아니라 특정한 법률이 정의롭지 못하거나 그 법률을 특정한 사안에 적용할 때 현저히 부당한 결과가 초래될 경우 피고인을 무죄 방면시키는 이른바 '배심에 의한 법적용거부'(jury nullification)가 활발히 전개될 것으로 본다.

Ⅲ. 사형의 사후적 구제제도로서의 사면제도와 재심제도

1. 사형의 사후적 구제제도로서의 사면제도

(1) 한국의 사면제도 개관

사면이란 좁은 의미로는 "형사소송법이나 그 밖의 형사법규의 절차에 의하지 아니하고 형의 선고의 효과 또는 공소권을 소멸시키거나 형집행을 면제시키는 국가원수의 특권"[32)]을 말하고, 넓은 의미로는 협의의 사면 이외에 감형과 복권까지 포괄하여 "법원에 의한 형의 선고와 그 부수적 효과 및 행정기관에 의한 징계처분의 효과 또는 일부를 면제시키는 행위"[33)]를 말한다. 이러한 사면권은 헌법상 대통령의 권한이며,[34)] 이를 근거로 사면법이 제정·시행되어 오고 있다.[35)]

---

31) 윤영철, 앞의 논문, 117-118면; 안경환·한인섭, 앞의 책, 80-81면.

32) 권영성, 헌법학원론, 법문사, 2000, 953면.

33) 변종필, "사면의 법리와 사면권행사의 법치국가적 한계", 형사법연구 제12권, 1999, 285-286면.

34) 헌법 제79조 제1항에서 "대통령은 법률이 정하는 바에 의하여 사면·감형 또는 복권을 명할 수 있다"고 규정하여 사면권 행사의 주체를 대통령으로 정하고 있다. 제2항은 "일반사면을 명하려면 국회의 동의를 얻어야 한다"고 하여 일반사면에 대한 국회의 동의절차를, 제3항은 "사면·감형 및 복권에 관한 사항은 법률로 정한다"고 하여 사면법정주의를 규정하고 있다.

협의의 사면에는 일반사면과 특별사면이 있다. '일반사면'(Amnestie)은 범죄의 종류를 정하여 이에 해당하는 모든 범죄인에 대하여 형선고의 효과를 전부 또는 일부 소멸시키거나 형의 선고를 받지 아니한 자에 대하여는 공소권을 소멸시키는 것이다. 이것의 목적은 사회 내의 평화유지, 즉 법적 수단으로 해결될 수 없는 근원적인 갈등의 종결에 있는 것으로, 일정한 종류의 "죄"를 대상으로 하기 때문에 대상자의 개성이 중시되지 않는다. 이에 대해 '특별사면'(Begnadigung)이란 형의 선고를 받은 특정인에 대하여 형의 집행을 면제하여 주는 처분을 말한다. 특별사면은 주로 각종 국경일이나 경축일 등에 행사되는데, 이것은 자비와 화해의 행위이면서 개별사례에서 재판의 흠결을 보충하거나 오판을 수정하는 기능을 한다. 특별사면은 일반사면과는 달리 이미 형의 선고를 받은 자만을 대상으로 하고, 또 일정한 "죄"가 아니라 일정한 "자"를 대상으로 하기 때문에 처음부터 대상자가 특정됨과 동시에 그 개성이 중시된다. 따라서 행위자의 개별사정들, 예컨대 범행후의 행위양태, 책임인식, 회오의 표시, 범죄 피해자 및 기타 관련자의 사정 등이 중요한 의미를 갖는다.[36]

이와 같은 사면권을 대통령이 행사하기 위해서는 사면법에 규정된 일정한 상향식 절차를 준수해야 한다. 즉 일반사면의 경우 헌법상 대통령령으로써 하되 국회의 동의를 얻도록 규정되어 있기 때문에(헌법 제79조 제2항) 국무회의의 심의를 거쳐(헌법 제89조 제3호) 국회의 동의를 받아야 한다. 그리고 특별사면과 감형 및 복권의 경우 수형자가 재소하는 교도소장·형의 집행을 지휘한 담당검찰관의 상신신청보고에 이어, 검찰총장의 상신신청을 거쳐 법무부장관의 상신(사면법 제10조)이 있은 다음, 국무회의의 심의(헌법 제89조 제9호)를 거쳐 대통령이 최종적으로 결정한다(헌법 제79조 제1항, 사면법 제9조). 따라서 국회의 동의 없이 이루어진 일반사면이라든가 상향식 절차를 준수하지 않는 특별사면과 감형 및 복권 등의 경우 대통령은 "헌법이나 법률을 위배한"(헌법 제65조 제1항) 것이 되어 탄핵소추의 대상이 된다.[37]

---

35) 현행 사면법은 1948년 8월 20일 법률 제2호로 제정되었으며, 2007년 첫 번째 개정 이후 현재까지 모두 3차례의 개정이 이루어졌다. 사면법은 제정 당시 일제강점기와 미군정 동안 형법·행정형법·미군정령 등을 위반한 자들을 빨리 사면시키고자 하는 정치적 고려가 크게 작용하였으며, 사면법제정 직후인 1948년 9월 27일에 1948년 8월 15일 이전의 대부분의 범죄자들을 대상으로 제1차 일반사면이 단행되었다고 한다. 이에 대해 자세한 설명으로 송기춘, "헌법상 사면권의 본질과 한계", 공법연구 제30집 제5호, 2002, 191면 각주 14) 참조.

36) 문채규, "사면의 형법체계적 위치와 한계 -총체적 형법학의 양형체계의 맥락에서-", 형사법연구 제24호, 2005, 296면; 변종필, 앞의 논문, 286-288면.

(2) 사형의 사후적 구제제도로서 사면제도의 역할과 한계

대통령의 적극적인 사면권 행사는 국민이 부당하게 침해된 신체의 자유를 되찾고 시민의 권리를 다시 회복시키는 기능을 담당할 수 있다. 특히 오판에 의해 사형이 언도된 사형수 내지 사형수가 개전의 정이 현저하여 굳이 사형을 집행할 형사정책적 필요성이 없는 경우에 있어 대통령의 특별사면 내지 특별감형은 제한적이나마 그 사후적 구제제도로서 기능할 수 있다. 실제로 김대중 전대통령은 1980년 9월 계엄사령부 군법회의에서 이른바 '김대중내란음모사건'을 주동한 혐의로 사형선고를 받고 1981년 1월 대법원에서 사형 확정판결을 받았으나, 세계 각국의 양심적 지식인 · 문화인 · 정치인들이 대거 그의 구명운동을 벌이자 군사정권은 그의 형량을 무기징역으로 특별감형한 데 이어 1982년 12월 미국 망명을 허용한 사례가 있다. 이처럼 지난날 군사 통치시대에 정치 예속적인 그릇된 사법권행사로 인해 인권침해가 빈번했던 시대에는 대통령의 특별사면 내지 특별감형으로 억울한 수형자들을 풀어주거나 그 형량을 감경해 줌으로써 오히려 인권보호의 순기능을 담당하였다.

그러나 특별사면 내지 특별감형이 사형의 사후적 구제제도로서 기능하는 데에는 다음과 같은 한계를 지닐 수밖에 없다. 그 하나는 특별사면 내지 특별감형에 의해 사형이 사후적으로 구제될 수 있는 대상이 한정적이고, 사형집행 전단계라는 시간상의 제약을 받는다는 것이다. 즉 모든 사형수가 특별사면 내지 특별감형에 의해 사형집행을 면할 수 있는 것이 아니라 오판에 의심이 가거나 사형수가 개전의 정을 현저히 보인 경우가 아니면 그 대상자가 될 수 없다.[38] 뿐만 아니라 [사례 2]의 '인혁당재건위사건'과 같이 사형선고 18시간 후에 사형이 신속하게 집행된 경우에는 이 제도가 사형의 구제제도로서 무용지물이 될 수밖에 없다.

다른 하나는 특별사면 내지 특별감형은 사형의 사후적 구제제도라는 순기능을 담당할 수 있지만 대통령이 이를 정치적인 목적으로 남용했을 때 "사법정의와 사회정의가 훼손되고 법적용집행의 형평성이 깨지고 사법권의 독립에 심각한 악영향을 미

---

37) 국무회의의 심의라는 절차가 사면권자에게 실질적인 영향을 미칠 수 없다는 점에서 형식적인 통과의례에 지나지 않는다는 비판에 대해서는 변종필, 앞의 논문, 295-296면 참조.

38) 이처럼 특별감형에 의해 사형수가 무기수로 감형되어 사형이 사후적으로 구제되는 경우는 극히 제한적이고 그 인원도 소수에 불과하다. 최근의 사례로는 2002년 12월 31일 4명, 2000년 8월 15일(광복 55주년 경축 특별사면) 2명, 1999년 8월 15일(광복 54주년 경축 특별사면) 5명 등이 있다. 법무부 홈페이지(http://www.moj.go.kr/) 참조.

칠 수 있다"[39]는 것이다. 한국에서 특별사면 내지 특별감형은 그 정치적 남용과 자의적 행사로 인해 끊임없이 비판의 대상이 되고 있다.[40] 예컨대 [사례 1]에서 북한 공작원 김현희는 KAL 858기를 폭파해 탑승객 115명 전원을 사망케 하여 1990년 3월 대법원에서 사형이 확정되었음에도 판결문의 잉크가 채 마르기도 전인 다음달 12일 특별사면이란 형식으로 그 집행을 면하였다. 반면에 전 사형수 김인제씨는 1994년 10월 여자 친구를 살해한 혐의로 친구 대신 사형수가 되어 9년째 복역 중 2002년 12월에서야 무기수로 특별감형이 되었으나 아직도 차디찬 교도소 내에서 수감생활을 하고 있다.[41] 이 두 사건 모두 특별사면 내지 특별감형이라는 사면제도에 의해 사형이 사후적으로 구제되었다는 점에서는 동일하나, 한국에서 특별사면권의 남용을 전형적으로 보여주는 사례라 하겠다.

(3) 사형의 사후적 구제제도로서 사면제도의 개선방향

헌법상 보장된 대통령의 사면권은 대통령의 고유권한이지만 초법적인 권한이 아닌 동시에 사법부의 판단을 변경하는 효과가 있기 때문에 적정하고 공평하게 행사되어야 한다. 그럼에도 그동안 한국에서는 사면권이 정치적·정략적 차원에서 오·남용되어 법적 형평성과 정의에 현저히 반하는 사태를 야기했을 뿐만 아니라 국민들이 형사사법을 불신하게 하는 원인을 제공하였다.[42] 이에 따라 학계는 물론이고 정치권에서도 사면대상을 제한하고 명확한 절차를 규정함으로써 대통령의 무분별·무원칙적인 사면권 행사에 대해 적절하고 합리적인 규제를 가하는 방향으로 사면법

39) 허영, "대통령의 특별사면권", 고시계, 1999(10), 2면.

40) 이에 대한 상세한 분석으로 이승호, "사면제도의 개혁을 위한 소고", 형사정책 제25권 제1호(2013.4), 117면 이하 참조.

41) 전 사형수 김인제씨가 무기수로 특별감형된 데에는 2002년말 공범친구가 김씨의 교정위원에게 본인이 범인이라는 고백한 편지가 결정적으로 작용하였다. 사건개요와 전 사형수 김인제씨의 사면운동에 대해서는 http://www.hope100.org/ 참조.

42) 먼저 일반사면은 그간 총 7차례 실시되었는데, 문민정부에서 단행한 일반사면은 무려 그 대상자가 750여만 명에 이르는 엄청난 규모 때문에 형벌의 예방적 효과를 크게 저해하였다는 평가를 받고 있다. 그리고 특별사면은 그간 100여회에 걸쳐 시행되었는데, 그 엄청난 횟수와 규모도 문제지만 특히 특별사면 대상자와 관련하여 비판의 가해지고 있다. 예컨대 12·12 사건, 5·18 사건 관련자들에 대한 특별사면, 한보사건에 관련된 정치인들에 대한 특별사면, 김영삼 전대통령의 차남인 김현철씨에 대한 특별사면 등에 대해 여론의 신랄한 비판이 가해졌다(문채규, 앞의 논문, 281-282면).

을 개정하고자 하는 지속적인 노력이 있었음에도 현재까지 아무런 진전이 없는 상황이다.[43] 특히 정치권에서 대통령의 특별사면권에 대해 무소불위의 제왕적 권력으로까지 비판하면서도 반세기가 넘도록 사면법 개정이 되고 있지 않는 것은 특별사면의 최대 수혜자가 바로 정치인들이기 때문이 아닌가 한다. 따라서 대통령의 사면권 행사가 공정하고 투명하게 이루어지도록 하기 위한 구체적인 제도나 기준을 입법화하는 것이 필요하다. 이와 관련하여 2005년에 제안된 안상수의원안(2005.8.26)[44]은 대법원장 등의 의견청취, 사면심사위원회의 신설, 집단살해범죄 등 일정 범죄에 대한 특별사면 제외 등을 사면법의 주요 개정내용으로 하고 있는데, 안상수의원안을 중심으로 사면제도가 사형의 사후적 구제제도로서 제한적이나마 올바르게 자리매김할 수 있는 방향이 무엇인지를 검토하면 다음과 같다.

우선 안상수의원안은 그동안 학계와 다른 의원안에서도 계속 도입이 주장되었던 사면심사위원회의 신설을 제안하고 있다. 즉 법무부장관은 특별사면, 특정한 자에 대한 감형 및 복권을 상신할 때에는 법무부장관 소속하에 9명의 위원으로 구성된 사면심사위원회의 심의를 거쳐야 하고, 위원회가 심의·의결한 사항은 대통령이 특별사면, 감형 및 복권을 함에 있어서 참고해야 하며(안 제10조제2항 및 제3항, 안 제10조의 3, 안 제10조의 4 신설),[45] 대통령은 특별사면 등을 행함에 있어 대법원장 등의 의

43) 그동안 국회에 사면법 개정을 위한 '입법청원'이 7건 발의된 바 있고, 의원발의 '사면법 일부개정법률안'이 11건이 상정되었다. 이중 4건은 이미 임기만료 폐기되었으며, 제17대 국회(2004-2008)에 상정된 이성권의원안, 노회찬의원안, 심재철의원안, 이해봉의원안, 이낙연의원안, 안상수의원안, 염동원의원안 등 7건이 제출되었으나 임기만료 폐기되었다. 18대 국회와 19대 국회에서는 특별사면의 남용방지를 목적으로 하는 다수의 입법안에 제출된 바 있다. 이들 개정안에 대한 상세한 분석으로 이승호, 앞의 논문, 129면 이하 참조.

44) 이에 대한 자세한 내용은 법제사위원회, 사면법 일부개정법률안(안상수 의원 대표발의) 검토보고서, 2005. 9 참조.

45) 안 제10조 ②법무부장관은 제1항의 규정에 따라 상신할 때에는 제10조의3의 규정에 따른 사면심 사위원회의 심의를 거쳐야 한다.
③사면심사위원회가 심의·의결한 사항은 대통령이 특별사면, 특정한 자에 대한 감형 및 복권을 함에 있어서 참고하여야 한다.
안 제10조의3 제10조제2항의 규정에 따른 특별사면, 감형 및 복권 상신의 적격 여부를 심사하기 위하여 법무부장관 소속하에 사면심사위원회를 둔다.
안 제10조의4 ①사면심사위원회는 위원장 1인을 포함하여 9인으로 구성한다.
②위원장은 법무부장관이 되고, 위원은 대통령이 위촉한다, 이 경우 위원 중 3인은 국회가, 3인은 대법원장이 각각 추천하는 자를 위촉한다.
③위원의 임기는 3년으로 하되, 1차에 한하여 연임할 수 있다.

견을 구하도록 함(안 제9조의 2 신설)[46]으로써 대통령의 독단적 · 전횡적인 사면권 행사에 제한이 가능토록 하고 있다. 이러한 사면심사위원회의 도입은 그동안 정치인들에게 자의적이고 과도하게 행사되었던 특별사면의 오 · 남용의 문제를 해결할 수 있을 뿐만 아니라 사형수에게도 공정하고 투명한 사면심사의 기회를 제공할 수 있다는 측면에서 바람직하다고 본다.

다음으로 안상수의원안은 일정한 범죄의 경우 특별사면의 대상에서 원칙적으로 배제하는 사면배제규정을 두고 있다. 즉 안 제10조의2를 신설[47]하여 집단살해 · 헌정질서파괴범죄 · 「공직선거 및 선거부정방지법」의 규정에 따라 공무담임권이 제한되는 범죄 · 「정치자금에 관한 법률」 · 「특정범죄가중처벌 등에 관한 법률」 제2조 내지 제4조 및 「특정경제범죄가중처벌 등에 관한 법률」 제3조 내지 제5조의 범죄 등에 대해서는 특별사면을 할 수 없으나, 예외적으로 이와 같은 범죄로 사형의 확정판결을 받거나 무기징역 또는 무기금고의 확정판결을 받고 10년이 경과하지 아니한 자는 당사자의 신청과 사면심사위원회위원의 4분의 3의 찬성을 얻어 법무부장관이 특별사면을 상신할 수 있는 길을 열어 놓고 있다. 이는 법집행의 실효성이나 형평성 또는 국민의 법감정 등을 고려하여 원천적으로 대통령의 사면 대상에서 제외함으로

46) 안 제9조의2 대통령은 제9조의 규정에 따라 특별사면, 특정한 자에 대한 감형과 복권을 행함에 있어 대법원장, 국가청렴위원회 위원장, 국가인권위원회 및 중앙선거관리위원회 위원장의 의견을 구하여야 한다.

47) 안 제10조의2 ①다음 각 호의 어느 하나에 해당하는 때에는 특별사면을 할 수 없다.

1. 유기형의 확정판결을 받은 후 1년이 경과하지 아니하거나 형기의 3분의 1이 경과하지 아니한 때
2. 무기징역 또는 금기금고를 확정판결을 받은 후 10년이 경과하지 아니한 때
3. 벌금 또는 과료를 완납하지 아니한 때
4. 「형법」 제250조의 죄로서 「집단살해의 방지와 처벌에 관한 협약」에 규정된 집단살해에 해당하는 때
5. 「헌정질서파괴범죄의 공소시효 등에 관한 특례법」 제2조의 헌정질서파괴범죄를 저지른 때
6. 「공직선거법」 제266조의 규정에 따라 공무담임권이 제한되는 범죄를 저지른 때
7. 「정치자금법」 제30조의 범죄를 저지른 때
8. 「특정범죄가중처벌 등에 관한 법률」 제2조 내지 제4조 · 제5조의2 · 제5조의4 및 「특정경범죄가중처벌 등에 관한 법률」 제3조 내지 제5조의 범죄를 저지른 때

②제1항의 규정에 불구하고 사형의 확정판결을 받은 자 또는 무기징역이나 무기금고의 확정판결을 받고 10년이 경과하지 아니한 자는 당사자의 신청에 의해 사면심사위원회위원의 4분의 3의 찬성을 얻어 법무부장관이 특별사면을 상신할 수 있다. 이 경우 사면심사위원회의 찬성을 얻지 못하면 그 신청이 있은 후 1년 이내에는 이를 다시 신청할 수 없다.

써 대통령의 사면권 남용을 방지하려는 취지이다. 다만 특별사면의 제외 범죄에 [사례 1]과 같은 테러관련 범죄 및 민간인 학살, 인신매매, 민간항공기·선박 납치 등 반인륜적 또는 반인도주의적 범죄를 저지른 자에 대해서도 특별사면의 대상에서 제외하는 것이 바람직하다고 본다.[48] 나아가 사형수에 대한 특별사면이 너무 쉽게 이루어지는 것도 문제지만 안상수의원안과 같이 획일적으로 사면심사위원회위원의 4분의 3의 찬성을 얻도록 함으로써 제도적 살인이라는 사형에 대해 사후적 구제기능을 거의 불가능하게 하는 것 또한 문제라고 보인다. 따라서 사형의 확정판결을 받은 자에 대해서는 당사자의 신청과 무관하게 사면심사위원회가 오판의 가능성, 정치적 목적에 의한 사형선고 여부, 범인의 개전의 정 등을 연 1회 의무적으로 심사하여 위원의 4분의 3의 찬성에 의한 특별사면 내지 위원의 3분의 2의 찬성에 의한 특별감형을 적극적으로 검토함으로써 사면제도가 사형의 사후적 구제제도로서 최소한도라도 기능할 수 있도록 해야 한다고 본다.

2. 사형의 사후적 구제제도로서의 재심제도

(1) 한국의 재심제도 개관

'재심'(Wiederaufnahme)이란 유죄의 확정판결에 대하여 중대한 사실인정의 오류가 있는 경우에 판결을 받은 자의 이익을 위하여 이를 시정하는 비상구제절차를 말한다. 이러한 재심제도는 형사사법체계의 구조적 오류로 인해 억울하게 유죄판결과 형집행을 받게 된 피고인의 인권보호를 위한 최후의 보장수단으로서 뿐만 아니라 판결이 정의감에 비추어 용납될 수 없을 정도로 허위임이 인정되는 경우에 소송경제의 이념에 매몰되어 정의의 이념을 훼손하기보다 법적 안정성을 위태롭게 하지 않는 범위 내에서 실질적 정의의 실현을 가능케 하는 수단으로서 단순한 형사소송법상의 형식적 절차가 아닌 실천적 의미를 함축하고 있는 제도이다.

재심은 확정판결의 사실오인을 시정하기 위하여 이를 공판절차에서 다시 심판하는 것을 본질로 하기 때문에 재심이유가 있는가 여부를 심사하는 재심개시절차와 재심개시결정이 있는 경우에 사건을 다시 심판하는 재심심판절차라는 2단계의 구조

---

48) 예컨대 프랑스의 경우 사면법에 전범, 반인륜적 범죄, 테러관련 범죄 등 특정범죄에 대한 사면배제규정을 두고 있다(성낙인, 헌법학, 법문사, 2004, 818면).

를 취하게 된다. 그리고 재심의 대상은 유죄의 확정판결에 국한되나(형사소송법 제420조),[49] 항소 또는 상고의 기각결정에 대해서도 형사소송법 제420조 제1호 · 제2호 · 제7호의 사유가 있는 경우에는 재심청구를 할 수 있다(형사소송법 제421조 제1항).[50] 특히 형사소송법은 유죄의 확정판결에 대한 재심사유로 제420조에서 7가지를 규정하고 있다. 이 가운데 원판결의 사실인정자료가 허위인 경우에 인정되는 '오류형'(propter falsa)의 재심사유는 제1 · 2 · 3 · 4 · 6 · 7호이고, 확정판결 후에 사실인정을 변경할 만한 새로운 증거가 발견된 경우에 인정되는 '신규형'(propter nova)의 재심사유는 제5호이다. 다만 제4호와 제6호를 신규형으로 보는 견해[51]도 있으나, 사실인정자료에 오류원인이 내재하고 있다는 점에서 오류형으로 보는 것이 타당하다고 본다.[52] 형사소송법 제420조의 7가지 재심사유 중에서 실천적으로 가장 중요한 의미를 지니는 것은 제5호이다. 이 재심사유는 유죄의 선고를 받은 자에 대하여 포괄적으로 무죄 등을 인정할 "명백한" 증거가 "새로 발견"된 때에 인정되는데, 여기서 어떤 증거가 "새로운" 증거이며(증거의 신규성), 어떤 증거가 무죄 등을 인정할 "명백한" 증거(증거의 명백성)인가 하는 점이 문제되기 때문이다. 특히 이 문제는 재심을 확대운영할 것인가 아니면 제한 운영할 것인가 하는 정책적 결단과 깊은 관계가 있으며,

---

49) 형사소송법 제420조 (재심이유) 재심은 다음 각호의 1에 해당하는 이유가 있는 경우에 유죄의 확정판결에 대하여 그 선고를 받은 자의 이익을 위하여 청구할 수 있다.

1. 원판결의 증거된 서류 또는 증거물의 확정판결에 의하여 위조 또는 변조인 것이 증명된 때
2. 원판결의 증거된 증언, 감정, 통역 또는 번역이 확정판결에 의하여 허위인 것이 증명된 때
3. 무고로 인하여 유죄의 선고를 받은 경우에 그 무고의 죄가 확정판결에 의하여 증명된 때
4. 원판결의 증거된 재판이 확정재판에 의하여 변경된 때
5. 유죄의 선고를 받은 자에 대하여 무죄 또는 면소를, 형의선고를 받은 자에 대하여 형의 면제 또는 원판결이 인정한 죄보다 경한 죄를 인정할 명백한 증거가 새로 발견된 때
6. 저작권, 특허권, 실용신안권, 의장권 또는 상표권을 침해한 죄로 유죄의 선고를 받은 사건에 관하여 그 권리에 대한 무효의심결 또는 무효의판결이 확정된 때
7. 원판결, 전심판결 또는 그 판결의 기초 된 조사에 관여한 법관, 공소의 제기 또는 그 공소의 기 초된 수사에 관여한 검사나 사법경찰관이 그 직무에 관한 죄를 범한 것이 확정판결에 의하여 증명된 때 단, 원판결의 선고전에 법관, 검사 또는 사법경찰관에 대하여 공소의 제기가 있는 경우에는 원판결의 법원이 그 사유를 알지 못한 때에 한한다.

50) 형사소송법 제421조 (동전) ①항소 또는 상고의 기각판결에 대하여는 전조 제1호, 제2호, 제7호의 사유 있는 경우에 한하여 그 선고를 받은 자의 이익을 위하여 재심을 청구할 수 있다.

51) 강구진, 형사소송법원론, 학연사, 1982, 595면.

52) 이재상, 형사소송법(제9판), 박영사, 2013, 785면; 손동권 · 신이철, 새로운 형사소송법, 세창출판사, 2013, 783면.

실제로도 대다수의 사건이 제5호와 관련되어 다투어지고 있다.[53)]

(2) 사형의 사후적 구제제도로서 재심제도의 역할과 한계

소송당사자는 물론이고 제3자인 일반국민은 실체진실발견을 통한 실질적 정의의 실현이라는 형사소송의 이념이 언제나 완벽하게 달성되기를 기대하지만 현실에서 이러한 기대는 쉽사리 실망으로 변하곤 한다. 수사단계에서부터 최종 확정판결에 이르는 동안 수사기관의 고문 등에 의한 자백, 참고인 및 증인의 허위진술, 정치적 사건에서 표적 · 기획수사 등에 의해 일반국민 또는 범죄자가 억울하게 유죄판결을 받는 경우가 과거 빈번히 발생했고, 현재까지도 일정부분 상존하고 있기 때문이다. 재심제도는 이러한 형사사법체계의 구조적 오류로 인해 야기된 오판을 최종적으로 시정하는 제도로서 중요한 의미를 가진다. 특히 재심제도는 그 오판이 [사례 2]의 '인혁당 재건위사건'에서와 같이 정치적 탄압의 도구로 악용된 사형선고라는 의심이 드는 경우[54)]에 재심제도에 의해 사후적으로나마 그 오류를 바로잡을 수 있다는 점에서 사형의 사후적 구제제도로서 커다란 역할을 할 수 있다.

그러나 재심제도 역시 사형의 사후적 구제제도로서는 아주 제한된 역할을 할 수밖에 없는데, 무엇보다도 오판에 의해 선고된 사형이 집행된 이후에 재심청구가 받아들여져 무죄판결을 받아내더라도 명예를 회복할 뿐 사법살인에 의한 무고한 생명의 희생을 막을 수 없기 때문이다. 그렇다면 재심제도가 사형의 사후적 구제제도로서 실질적 의미를 갖기 위해서는 사형집행 전단계에서 재심청구사유가 보다 적극적으로 받아들여질 필요가 있다. 하지만 사형집행이 있은 후 30년만인 2005년 12월 27일에야 재심결정이 내려진 [사례 2]의 '인혁당 재건위사건'에서 보듯이 형사소송법 제420조 제5호에서 규정한 증거의 신규성과 명백성에 대한 명확한 기준의 부재는

---

53) 증거의 신규성과 명백성의 문제는 조총련지령간첩사건에 대한 대법원 결정(대결 1995.11.8, 95모67)을 계기로 이전보다 한층 심화된 형태로 논의되고 있다. 이 사건에 대한 평석으로는 이재상, "1995년 형사판례회고", 형사판례연구 제4집, 1996, 426-428면; 조용구, "형사 재심사유로서 증거의 명백성의 의의와 판단방법", 형사재판의 제문제, 1977, 407-433면 참조.

54) 앞서 언급한 김대중내란음모사건은 물론이고 조봉암의 진보당사건(이종전, 진보당사건과 조봉암의 사형집행, 시민과 변호사, 통권 제33호 및 통권 34호 참조; 법원행정처 편, 法院史, 406면 참조)에서도 독재자들의 권력유지 내지 권력강화를 위해 사형제도가 적극적으로 활용된 바 있다.

조속한 재심개시절차를 어렵게 하여 재심제도의 활성화에 장애가 되고 있다.

(3) 사형의 사후적 구제제도로서 재심제도의 개선방향

재심제도가 사형의 사후적 구제제도로서 제한적이나마 올바르게 기능하기 위해서는 사형선고를 받은 피고인에 대한 재심청구사유를 완화하여 재심을 폭넓게 허용할 필요가 있다고 본다. 이를 통하여 억울한 피고인의 생명권을 보호할 수 있을 뿐만 아니라 형사사법에 대한 국민의 신뢰감을 높이고 민주주의적 사법절차에 대한 확신을 갖게 할 수 있기 때문이다.[55]

재심제도가 확대운영 되기 위해서는 무엇보다 형사소송법 제420조 제5호의 증거의 신규성과 명백성을 해석함에 있어 법적 안정성의 측면보다는 피고인의 인권보장 측면에서 다음과 같이 완화된 방향으로 해석이 이루어져야 할 것이다.

우선 증거의 신규성과 관련하여 증거가 법원 이외에 당사자에 대하여도 신규일 것을 요하는가에 대하여 견해대립이 있다. 이는 예컨대 전 사형수 김인제씨 사례와 같이 다른 사람을 대신하여 죄를 뒤집어쓰고 당해 범죄에 대해 유죄판결이 확정된 다음, 자신이 대신범인(소위 '몸받이')이었다는 점을 이유로 재심을 청구할 수 있는가의 문제이다. 이에 대해서는 재심제도의 취지에 비추어 허위의 진술을 하여 유죄판결을 받은 자에게 재심을 인정하는 것은 형평과 금반언의 원칙에 반한다는 점을 근거로 당사자에게도 신규성을 요한다는 필요설,[56] 재심은 제재가 아니라 무고한 사람을 구제하여 정의를 회복하기 위한 제도이고 사실오인으로 인해 무고하게 처벌받은 피고인을 구제하는 데 그 취지가 있으므로 법원에 대해 신규성이 있으면 족하다는 불필요설,[57] 그리고 당사자에 대해 신규임을 요하지는 않지만 당사자가 고의나 과실로 제출하지 않은 증거는 신규성을 인정할 수 없다는 절충설[58]이 있다. 불필요

---

55) 박상기, 앞의 논문, 75면.

56) 김기두, 형사소송법(전정신판), 박영사, 1987, 333면; 정영석 · 이형국, 형사소송법, 법문사, 1994, 516면.

57) 강구진, 앞의 책, 601면; 배종대 · 이상돈 · 정승환, 신형사소송법, 홍문사, 2008, 821면; 신동운, 신형사소송법(제3판), 법문사, 2011, 1472면; 신양균, 형사소송법(신판), 화산미디어, 2009, 1092면; 이재상, 앞의 책, 789면; 차용석 · 최용성, 형사소송법(제2판), 세영사, 2004, 824면.

58) 백형구, 형사소송법(제7정판), 박영사, 2000, 839면; 임동규, 형사소송법(제4판), 법문사, 2006, 758면.

설이 한국의 다수설이고, 판례[59]는 절충설을 취하고 있다.

생각건대 ① 재심의 이념이 판결의 오류로 인하여 무고하게 유죄로 된 자의 구제를 위한 인권보장에 있다는 점, ② 국가기관이 무고한 자임을 알면서도 처벌하는 것은 소극적 실체진실주의에 반하며, ③ 법률적 판단이나 증명방법에 있어서 열악한 피고인의 원심에 있어 과실이나 태만을 문제 삼는다면 여죄의 발각이 두려워 알리바이 주장을 하지 않았던 경우에도 신규성을 부정해야 하는데, 이는 피고인에게 지나치게 가혹한 것이라는 점 등을 고려할 때 법원에 대한 신규성만을 요구하는 불필요설이 타당하다고 본다. 앞서 언급한 몸받이의 경우에도 법원에 대한 신규성은 긍정되므로 증거의 신규성을 인정할 수 있다.

다음으로 증거의 명백성과 관련해서도 명백성의 정도에 관하여 견해가 대립되고 있다. 이 문제는 특히 증거의 명백성 판단에서 '의심스러울 때에는 피고인에게 유리하게'(in dubio pro reo) 원칙이 적용되는지 여부에 그 논의가 집중되고 있다. 이에 대해 명백한 증거라 함은 새로운 증거가 확정판결을 파기할 고도의 가능성 내지 개연성이 인정되는 것으로, 새로운 증거의 증거가치가 확정판결이 그 사실인정의 기초로 한 것보다 '경험칙이나 논리칙상 객관적으로 우위'에 있을 것을 필연적으로 요구하는 적용부정설(엄격설)이 있다.[60] 한국에서 다수 학자가 지지하는 이 견해에 따르면 진술서나 증언확인서를 제출하거나 증인신문을 구하는 것은 명백한 증거에 해당하지 않고 'in dubio pro reo' 원칙은 재심에 관여는 적용되지 않는 것이 된다. 판례[61] 역시 같은 입장을 취하고 있다.

이와 반대로 적용긍정설(완화설)은 형사소송법 제420조 제5호의 "무죄를 인정할"을 해석할 때, 형사소송에서 증명의 대상으로서 무죄사실이라는 것은 존재하지 아니하고 유죄의 심증을 동요시키면 무죄의 입증을 다하는 것이므로 증거의 명백성 판단에도 'in dubio pro reo' 원칙을 적용해야 한다고 한다.[62] 이 견해에 따르면 예컨

---

59) 대결 1966.6.11, 66모24; 대결 1983.5.26, 83모26.

60) 백형구, 앞의 책, 839면; 이재상, 앞의 책, 791면; 정영석 · 이형국, 앞의 책, 515면; 임동규, 앞의 책, 744면.

61) 대판 1993.10.12, 93도1512; 대결 1987.2.11, 86모22; 대결 1990.2.19, 88모38; 대결 1999.8.11, 99모93.

62) 강구진, 앞의 책, 602면; 윤재우, 형사재심제도에 관한 연구, 39-44면; Schünemann, ZStW 84, 1972면. 재심사유를 완화하여 그 길을 획기적으로 넓혔다고 평가받고 있는 일본 최고재판소의 白鳥決定(日最決 1975.5.20, 刑集 29-5, 177)에서 같은 입장을 취하고 있다. 즉 일본 최

대 진술서만으로 '합리적 의심'(reasonable doubt)을 품을 수 있는 경우에는 'in dubio pro reo' 원칙이 적용되므로 범죄사실의 부존재에 관한 고도의 개연성이 존재하는 것으로 '추정'할 수 있어 증거의 명백성을 인정할 수 있다고 한다.

그리고 절충설은 확정판결의 사실인정에 대해 '진지한 의문'(ernstliche Zweifeln)이 제기될 수 있는 경우에만 비로소 증거의 명백성을 인정할 수 있다고 한다.[63] 이 견해에 따르면 예컨대 진술서에 의하여 원판결법원의 심증형성에 대해 품을 수 있는 의심이 진지한 것인지에 따라 명백성 판단이 달라진다. 즉 새롭게 제출된 진술서가 '진범이 따로 있다'거나 '현장부재증명' 등과 같이 객관적으로 볼 때 그 내용에 '진지한 의문'을 품을 수 있는 경우에는 증거의 명백성이 인정될 수 있다.

생각건대 한국에서 재심제도가 제한적으로 운용될 수밖에 없는 가장 큰 원인은 바로 형사소송법 제420조 제5호의 증거의 명백성에 관해 지나치게 엄격하게 해석하는 데 있다고 본다. 즉 다수설과 판례는 명백한 증거를 인정하기 위하여 새로운 증거가 확정판결을 파기할 고도의 개연성을 요구하지만 수사기관도 아닌 일반국민이 확정판결을 파기할 고도의 개연성을 갖는 새로운 증거를 수집하기란 불가능에 가깝다. 그리고 재심사유 인정여부를 결정하는 재심개시절차 단계에서부터 지나치게 높은 진입장벽을 쌓아 놓는 것은 재심심리절차라는 본 경기를 하기도 전에 경기장에의 출입을 사실상 막는 결과를 초래하여 피고인의 권리구제 및 인권보호를 구현하고자 하는 재심제도를 유명무실하게 할 위험이 있다. 그렇다고 적용긍정설과 같이 증거의 명백성에 관한 판단에 'in dubio pro reo' 원칙을 무제한적으로 적용하여 재심을 비상구제절차가 아닌 제4심으로 변질되게 하는 것도 타당하지 않다. 따라서 확정판결의 사실인정에 대해 고도의 개연성과 합리적 의심의 중간단계에 있는 '진지한 의문'이 제기될 정도면 증거의 명백성을 인정하는 절충설이 타당하다고 본다. 이러한 절충설에 의할 때 실질적 정의실현과 법적 안정성이라는 상충된 이념을 조화롭

고재판소는 白鳥決定에서 "무죄를 선고할 명백한 증거라 함은 확정판결에서의 사실인정에 관하여 합리적인 의심을 품게 하고 그 인정을 번복하기에 족한 개연성이 있는 증거임을 말한다. 명백한 증거인가를 판단함에 있어서 재심개시를 위해서는 확정판결의 사실인정에 합리적인 의심을 생기게 할 정도면 족하다는 의미에서 '의심스러울 때에는 피고인에게 유리하게'라는 형사재판의 철칙이 적용된다"고 판시한 바 있다.

63) 권영법, "형사재심에 대한 비판적인 고찰", 안암법학 제36권, 2011, 223면; 배종대 · 이상돈 · 정승환, 앞의 책, 821면; 신양균, 앞의 책, 1096면.

게 실현할 수 있고, 피고인의 지위가 여전히 낮은 현실을 고려할 때 재심제도의 확대운영을 통한 피고인의 권리구제라는 재심제도의 이념에도 부합할 수 있다고 본다.

요컨대, 재심제도가 유죄의 확정판결, 특히 사형의 사후적 구제제도로서 기능하기 위해서는 형사소송법 제420조 제5호에서 규정한 증거의 신규성과 명백성과 관련하여 신규성은 법원에 대한 신규성만을 요구하고, 명백성은 '진지한 의문'이 제기될 정도면 충분하다고 해석함으로써 재심개시절차의 문호를 확대할 필요가 있다고 본다. 법규에 명확한 기준이 없는 경우에 그 해석은 법규의 가능한 문언의미 내에서 피고인에게 유리한 방향으로 확대해석해야 할 것이다.

Ⅳ. 맺는 말

계몽주의 시대부터 전개되어온 사형제도 존폐에 관한 논쟁은 문명의 세기인 21세기에서조차 종식되지 못하고 어쩌면 더욱 가열되는 양상을 띠고 있다. 이는 최근 전 세계적으로 잔인한 연쇄살인 사건, 다중을 무차별적으로 살해하는 총기난사 사건, 무고한 시민을 정치적 · 종교적 이유로 살해하는 테러사건 등이 빈번히 발생하는 현상과도 무관하지 않아 보인다. 이러한 참혹한 살해사건의 피해 유가족은 물론이거니와 그 현장을 직 · 간접적으로 목격한 일반시민의 분노는 사형제도의 열렬한 지지자로 변모하게 하는 강력한 요인이 됨을 부인할 수 없다.

한국에서도 사형제도 존폐에 관해 첨예한 논쟁이 지속되고 있지만 국민의 법감정은 여전히 존속 쪽에 무게가 실려 있어 폐지까지는 더 많은 노력과 시간이 필요해 보인다. 이에 사형존폐 논의도 단시간 내에 폐지가 어려운 현실적 여건을 감안하여 사형대상범죄의 축소, 사형집행유예제도 등과 같은 여러 사형제도의 개선방안에 논의의 초점이 맞춰지고 있다. 하지만 이러한 사형제도 개선방안 중 그 구제제도에 대해서는 논의가 미흡한 면이 있어 본 논문에서는 사형의 사전적 구제제도로서 배심제도와 사후적 구세제도로서 사면제도 및 재심제도의 역할과 한계, 그리고 개선방안을 중심으로 논의를 전개하였는데, 이를 요약하면 다음과 같다.

우선 2008년 1월 1일부터 시행된 국민참여재판제도는 사형을 선고할 수 있는 형사중죄사건에 일반국민이 배심원으로 적극 참여할 수 있는 획기적인 계기를 마련함으로써 사형을 선고하기 전에 국민의 사전통제가 가능할 것으로 기대된다. 다만 배심제도가 사형의 사전적 구제제도로서 올바르게 기능하기 위해서는 적어도 사형을 법정형으로 하는 모든 형사중죄사건에 배심제도가 확대 운영되어야 할 것이며, 배심원이 공정한 심판자로서 신뢰할 수 있는 평결이 이루어지도록 평의제도의 고도의 활성화 등이 요구되고, 배심원의 만장일치 평결만큼은 기속적 효력을 부과함으로써 배심원의 평결에 대한 신뢰와 권위를 확보하는 것이 바람직하다고 본다.

다음으로 오판에 의한 사형이 선고되거나 개전의 정이 현저한 사형수에 대한 대통령의 특별사면 내지 특별감형은 사형의 사후적 구제제도로서 기능할 수 있다. 하지만 이러한 사면제도, 특히 특별사면 내지 특별감형이 정치적으로 오·남용되었을 때에는 [사례 1]의 '김현희 KAL기 폭파사건'과 [사례 2]의 '인혁당 재건위사건'에서 보듯이 법적 형평성과 정의에 현저히 반하는 결과를 초래할 수 있다. 따라서 대통령의 무분별하고 자의적인 사면권 행사에 대해 적절하고 합리적 규제를 가하여 공정하고 투명한 사면권 행사가 이루어지도록 하기 위해서는 사면심사위원회의 신설, 테러범죄 등을 포함한 일정 범죄에 대한 특별사면 제외, 사형수에 대한 연 1회의 의무적 특별사면 내지 특별감형의 심사 등과 같은 구체적 제도나 기준의 입법화가 필요하다고 본다.

마지막으로 형사사법체계의 구조적 오류로 인해 야기된 오판을 최종적으로 시정하는 재심제도 역시 사형의 사후적 구제제도로서 기능할 수 있다. 하지만 한국의 재심제도는 형사소송법 제420조 제5호에 규정된 증거의 신규성과 명백성을 제한 해석함으로써 피고인의 인권보호와 실질적 정의실현이라는 재심제도의 본래 의미를 퇴색시키고 있다. 따라서 재심제도가 사형의 사후적 구제제도로서 올바르게 기능하기 위해서는 재심청구사유를 완화하여 재심을 폭넓게 허용해야 할 것이다. 이를 위해서는 형사소송법 제420조 제5호에서 규정한 증거의 신규성과 명백성과 관련하여 신규성은 법원에 대한 신규성만을 요구하고, 명백성은 '진지한 의문'이 제기될 정도면 충분하다는 해석, 즉 피고인에게 유리한 방향으로의 확대해석이 필요하다고 본다.

그러나 앞서 언급한 배심제도, 사면제도 및 재심제도는 사형의 구제제도로서 일정한 한계를 지닐 수밖에 없다. 이러한 한계를 극복하는 최선의, 그리고 유일한 길은 사형제도를 조속한 시일 내에 폐지하는 것이라고 본다. 왜냐하면 법으로써 인간의 존엄한 생명을 박탈하는 사형제도는 자연법에 반하는 "제도살인"인 동시에 "사법

살인"에 지나지 않기 때문이다. 문명의 세기인 21세기에서 조차 분노와 복수감정에 사로잡혀 법의 이름으로 피의 복수를 정당화하는 반이성적 제도를 유지해야 한다고 강변하는 것은 어쩌면 우리 스스로 문명인임의 포기를 선언하는 것과 다를 바 없지 않을까 한다.

색인

ㅇ

ㅈ

ㅊ

ㅌ

ㅍ

ㅎ

저자약력

김 재 윤

- 건국대학교 법과대학 졸업(법학사)
- 건국대학교 대학원 졸업(법학석사)
- 독일 트리어(Trier) 대학교 법학 석사(LL.M.) 및 법학 박사(Dr. jur.)
- 인제대학교 법학과 조교수
- 現 전남대학교 법학전문대학원 부교수

주요 저서 및 논문

- 『Umweltstrafrecht in der Risikogesellschaft –Ein Beitrag zum Umgang mit abstrakten Gefährdungsdelikten–』(Dissertation, Göttingen, 2004)
- 『의료분쟁과 법』(율곡출판사, 2006)
- 『현대형법의 위기와 과제』(전남대학교출판부, 2009)
- 『형법판례 –총론편–』(전남대학교출판부, 3인 공저, 2010)
- 『새로운 형법총론』(율곡출판사, 2인 공저, 2011)
- 『새로운 형법각론』(율곡출판사, 2인 공저, 2013)
- 『로스쿨 의료형법』(전남대학교출판부, 2013)
- 「타인의 인체파생물질 사용의 형법적 정당화사유」
  (법학논총 제33집 제2호, 전남대학교 법학연구소, 2013.8, 29–50면) 외 다수

생명의 형법적 보호

Der strafrechtliche Schutz des Lebens

인쇄 | 2014년 1월 27일
발행 | 2014년 2월 10일

저자 | 김재윤
발행인 | 지병문
발행처 | 전남대학교출판부

등록 | 1981. 5. 21. 제53호
주소 | 500-757 광주광역시 북구 용봉로 77
전화 | (062) 530-0571~2, **마케팅부** 530-0573
팩스 | (062) 530-0579
홈페이지 | http://www.cnup.co.kr
이메일 | cnup0571@hanmail.net

값 17,000원

ISBN 978-89-6849-083-5 (93360)

이 도서의 국립중앙도서관 출판시도서목록(CIP)은 서지정보유통지원시스템 홈페이지(http://seoji.nl.go.kr)와 국가자료공동목록시스템(http://www.nl.go.kr/kolisnet)에서 이용하실 수 있습니다.
(CIP제어번호 : CIP2014002440)